AF361978

LA PAZ TENDRÁ LA ÚLTIMA PALABRA

Al emplear las expresiones "La Virgen se aparece…" o "La Virgen dice…", el autor y el editor de este libro no pretenden de manera alguna adelantarse al juicio de la Iglesia en lo referente a la autenticidad de las apariciones de María en Medjugorje. Sólo expresan su opinión personal, o la de los testigos, de los hechos que ocurren en Medjugorje en la actualidad.

Ambos declaran que publican este libro con un fin informativo y se someterán al discernimiento de la Iglesia cuando ésta se pronuncie.

Disponible en e-book en Amazon.

ISBN: 978-3-9524986-7-5
Copyright 2017 Children of Medjugorje Inc.
Publicado en Francia por Éditions des Béatitudes, Febrero 2017
Título original: La paix aura le dernier mot
Traducido del francés por: Juan Antonio Timor
Adaptado para Latinoamérica: Annick Garrison y Gisèle Riverti
Diseño de tapa y diagramación: Alessandro Agus
Impreso en Argentina

© 2017 Lumen Cordium GmbH
Marktgasse, 20 – 9000 Sankt Gallen – Svizzera
+39 335 5600967 – www.lumencordium.com
"Todos los Derechos Reservados"

SOR EMMANUEL MAILLARD

LA PAZ TENDRÁ LA ÚLTIMA PALABRA

ÍNDICE

A la Reina de la Paz

*A mis hermanos y hermanas de "La familia de María",
que me han permitido extraer algunas historias
de su espléndida revista "El Triunfo del Corazón"[1]*

*A todos aquellos, conocidos o desconocidos,
que han rezado para que Dios sea glorificado por este libro.*

[1] Familie Mariens – Triomphe du Cœur:
contact@familledemarie.org – www.familledemarie.org
famillemariens@web.de (la revista existe en los siguientes idiomas: alemán, italiano,
francés y eslovaco)

Presentación

San Lucas en su Evangelio nos cuenta que la Virgen María, por su parte, guardaba y meditaba en su corazón todas las cosas sorprendentes de las que era testigo. Creo que esto es el origen mismo del Santo Rosario. Con el Rosario recorremos de la mano de María los misterios del Señor para meditarlos y guardarlos, porque su último sentido se revelará sólo con el paso del tiempo.

Nosotros los hombres debemos saber esperar para entender la acción de Dios.

Como la Virgen, Sor Emmanuel es una mujer que escucha, guarda en su corazón y espera. Por eso sabe que *la paz tendrá la última palabra.*

En el Evangelio encontramos una pormenorizada descripción de la pasión y muerte del Señor. Después de una noche de agonía en el Huerto de los Olivos, comienza una terrible sucesión de hechos que llevarán a Jesús a recorrer las afueras y las calles de Jerusalén. Será el reo en tres juicos: el de los sacerdotes, el de Herodes y el de Pilato. El relato se detiene en las falsas acusaciones del Sanedrín, en la frívola sensualidad del monarca y en la cobardía del prefecto romano. En pocas horas pasa de todo: Judas lo vende por unas monedas y Pedro lo traiciona por miedo; el sirviente del sumo sacerdote lo abofetea, los soldados romanos lo flagelan, los guardias aburridos lo coronan de espinas y el pueblo pide que sea crucificado; Herodes se ríe de él y Pilato se lava las manos. La llegada del sol no mengua la intensidad de esa noche: la cruz, las calles, los insultos, las caídas, el cansancio, María, el Cireneo, la Verónica, las mujeres de Jerusalén, el Gólgota, los clavos, las siete palabras, la muerte, el terremoto y el velo rasgado del templo.

La resurrección, en cambio, se anuncia con un relato conciso: el sepulcro está vacío. Los cuatro evangelistas no describen la escena. Nadie veló dentro del sepulcro para poder contarlo. No sabemos cómo el cuerpo de Jesús recuperó el abrazo de su alma. Pero esas pocas palabras desvanecen las muchas anteriores. El sepulcro vacío hace que toda la pasión y muerte del Señor tengan la consistencia de un mal recuerdo.

La última palabra no es una más, es la definitiva. Es la que permite leer todas las anteriores, teniéndola como única clave hermenéutica. La última palabra es la que vence. La crueldad y la traición, el dolor y la muerte, el egoísmo y la mentira parecían enseñorearse sobre Jesús el viernes, pero ese domingo sólo la Verdad y la Vida mostraban su victoria inapelable.

Sor Emmanuel nos cuenta en este hermoso libro muchas historias que repiten ésta de Cristo con un ropaje distinto. Cada pequeña historia renace como un eco de la gran historia de la salvación. En cada vida se repiten muchas palabras que como gritos pretenden imponerse como la definitiva, pero *la paz tendrá la última palabra*. Ella acallará todos los ruidos que pretendieron confundirnos con su volumen.

Sor Emmanuel escuchó las historias de tantos peregrinos y las guardó en su corazón. El tiempo le mostró el resto, por eso nos enseña que *la paz tendrá la última palabra*.

Verlo en Cristo, verlo realizado también en los hermanos, es la llave para poder esperarlo también en nosotros. Somos peregrinos y en esta historia todavía estamos caminando. Las olas, que enfrenta nuestra barca, tantas veces parecen ser obstáculos infranqueables y su bramido se muestra inapelable.

Pero ya lo sabemos, el domingo muy de madrugada el sepulcro fue encontrado vacío... *la paz dijo la última palabra*.

Pbro. Eduardo Pérez dal Lago[2]

---

[2] El padre Eduardo Pérez dal Lago, sacerdote diocesano de Buenos Aires, fue uno de los testigos del Milagro Eucarístico ocurrido en la Parroquia de Santa María en 1992 y, como tal, se empeña en difundir la adoración eucarística y la devoción mariana. Es iconógrafo, restaurador e iluminador de manuscritos. Preside la Escuela de Arte Sacro La Santa Faz que busca mostrar al mundo la belleza de Cristo para que el mundo vuelva a enamorarse de Él. Es director del Instituto de Mariología de la Universidad del Salvador.

Es el autor de Aproximación bíblica al enigma del ser personal. Grupo Editorial Latinoamericano (1995), Cuentos para encontrarnos, Editorial Elefante Blanco (1996) y de El

PRÓLOGO

Conozco a Sor Emmanuel desde hace mucho tiempo. Su testimonio personal ha tenido en mí un impacto profundo. Ella sirve a la Santísima Virgen y a la Iglesia de una manera maravillosa a través de su apostolado en Medjugorje y sus muchos viajes por el mundo, siempre preocupada por compartir los mensajes de la Virgen María.

Este libro procura reposo a nuestro mundo extenuado.

Durante sus misiones, la gente comparte con sor Emmanuel sus esperanzas, sus problemas, sus luchas, sus angustias, sus inquietudes. Habiendo encontrado esa extraordinaria fuente de gracia que es Medjugorje en el seno de la Iglesia, única para nuestro tiempo, confían recibir de ella toda la luz y la esperanza que el Cielo puede dar.

Los escritos de sor Emmanuel siempre han trasmitido esa esperanza y "La paz tendrá la última palabra" hace honor a esta reputación. Las historias de este libro son verídicas y ofrecen ejemplos concretos de personas que han logrado vivir la paz en un mundo atribulado. Algunas están extraídas de su propia vida; otras, de la vida de los santos, como el Padre Pío y la Madre Teresa, y otras al fin se refieren a personas que, literalmente, han salido del infierno para anunciar la Buena Noticia. Recolectadas por el mundo entero entre aquellos que han encontrado la luz, estas historias son tan reales como apasionantes porque responden a la pregunta de nuestro mundo inquieto: ¿Cómo encontrar la verdadera paz?

Camino de la Belleza – Via Pulchritudinis, Ediciones Paulinas (2013), así como de numerosos artículos sobre arte religioso publicados en prestigiosas revistas internacionales. eduardoperezdallago@gmail.com – www.elmandylio.org.ar – www.santafaz.org.ar

Cuando comiences a leer este libro prepárate para pasar una noche sin dormir porque ¡no podrás dejarlo! Pero léelo en pequeñas dosis, un capítulo por día, para poder absorber toda la riqueza que contiene. ¡Es un "evangelio" para los tiempos modernos!

¡Espero que les guste tanto como a mí!

Por favor, unámonos para que juntos intercedamos por sor Emmanuel y por todos aquellos que han contribuido a la realización de este excelente libro".

Sor Briege McKenna[3]

---

[3] Sor Briege McKenna es una religiosa irlandesa muy carismática, dotada con el don de profecía y de curación, tanto interior como física. Recorre el mundo con el aval de la Iglesia para "recentrar" a los sacerdotes y a los fieles en Cristo. Predica especialmente sobre la Eucaristía como lo hacía el padre Emiliano Tardif. Jesús le ha confiado en particular a sus sacerdotes, sobre los cuales ejerce un ministerio excepcional. Conduce para ellos grandes retiros espirituales por doquier y les habla con palabras fuertes para reavivar su fe, prayer@sisterbriege.com – www.sisterbriege.com

Es la autora del best-seller Los milagros sí ocurren, editado por Hispasa en El Salvador (1999), traducido en 25 idiomas y de El Poder de los Sacramentos, Editorial Creamos & Play, 2014, disponible también en e-book (Bloc de la RCCeE de Catalunya).

"¡Queridos hijos! Hoy quiero colocarlos a todos bajo mi manto, para protegerlos de cualquier ataque satánico. Hoy es el Día de la Paz, pero alrededor del mundo entero hay mucha falta de paz; por eso los llamo a construir conmigo un nuevo mundo de paz por medio de la oración. Sin ustedes, no puedo lograrlo y por eso los llamo a todos con mi amor maternal, y Dios hará el resto... Que la ternura de mi pequeño Jesús los acompañe siempre..." (Mensaje del 25 de diciembre de 1992)

INTRODUCCIÓN

¡Queridos lectores!

Me he sentido impulsada a escribir este libro porque los he mirado; larga y profundamente. Los he visto llegar con su equipaje, sus preguntas, sus esperanzas, su sed y sus problemas. He percibido en sus miradas luz y oscuridad; los he observado en las calles, los centros comerciales y los embotellamientos del tráfico; los he escuchado en sus hogares y los he visto derramar lágrimas furtivas; he ido hasta el fin del mundo para conocerlos; he comido y he bebido con ustedes tanto en lejanos lugares rurales como en las torres de sus ciudades. He orado en sus iglesias y llorado con sus enfermos... y pensé: "¡Pero si para todo esto Dios tiene una respuesta luminosa!"

Así que clamé al Cielo por ustedes, pero no me parecía suficiente. Me habían pedido que hablara, que escribiera, que contara, que dijera "algo". ¿Pero qué decir? ¿Acaso podría añadir mis propios mensajes a los sublimes mensajes de la Reina del Cielo? ¡Añadir no, pero ilustrar, sí! Al mirarlos, un gran deseo inflamó mi corazón: ¡el de colaborar con Ella, para su felicidad! Creo que ha sido Ella quien me ha permitido reconocer en tal o cual suceso concreto, o en un determinado testigo, ¡pequeños regalos para ustedes! ¡Cómo deseo que hagan renacer la esperanza en ustedes y aligeren sus corazones creados para volar muy alto! Cuánto anhelo que este gran potencial de amor que llevan en su interior pueda realizarse un poco más, un poco mejor, con la ayuda de estos sencillos relatos cosechados en nuestro mundo actual, que ansía desesperadamente la paz.

Con Dios, todo –incluso lo peor– puede convertirse en felicidad. Si hoy en día pareciera que el mundo ha caído en manos del enemigo en muchos aspectos, si el Mal conoce un momento de gran alboroto, utilizando todos los ecos electrónicos posibles, no olvidemos a Aquella que fue elegida –junto con su descendencia– para aplastar la cabeza de la serpiente. Ella ya puso manos a la obra. *"Éste es mi tiempo... Es un tiempo de gracia"*, ha dicho en Medjugorje. Su profecía, dada en Fátima, atraviesa nuestro mundo moderno como un rayo en un cielo oscuro: *"Al final, mi Corazón Inmaculado triunfará y habrá un tiempo de paz"* (13 de julio 1917). A la pequeña Jacinta, durante una aparición privada, le dijo: *"La paz mundial está confiada al Inmaculado Corazón de María; es a Ella a quien hay que pedírsela"*.

El triunfo del Inmaculado Corazón no caerá del Cielo de repente como en las superproducciones cinematográficas. Se irá realizando paulatinamente a través del corazón de sus hijos, de sus "apóstoles" que la siguen fielmente, y que habrán derrotado a Satanás. Ya vemos sus primeros destellos o, más bien, notamos su cercanía a la manera de aquellos viajeros que, después de días de marcha, perciben el mar por la humedad del aire marino, incluso antes de que aparezca a sus ojos.

Las maravillas de Dios rara vez son publicadas en los grandes medios de comunicación. Éstos en cambio no se privan de bombardearnos con su prensa amarilla, sabiamente orquestada para evitar que el hombre pueda pensar y conocer lo profundo de su corazón... Por ello, en mi pequeño mosaico de historias, al estilo impresionista, a través de una Carolina, un Tony Daoud, un Claudio Newman, una Ivona y muchos otros más, te invito a descubrir las bellezas ocultas y las victorias magníficas que Dios va tejiendo en nuestras vidas, y que merecen ser proclamadas desde las azoteas. ¡Déjate cautivar por la realidad de estas historias para que en ti fluyan ríos de alegría! Que, en medio de las sordas angustias y el caos del ateísmo, un nuevo valor venga a habitar tu vida cotidiana, al descubrir lo que Dios sueña hacer ¡también en ti! ¡Que un nuevo entusiasmo enriquezca tu corazón, al adoptar a estos nuevos amigos que se convertirán en miembros de tu familia espiritual! Entonces ¡salta, baila y llora de alegría ante Quien te ama con locura y desea revelarte su espléndido rostro y permitirte explorar su corazón!

Sí, nuestro Dios es paz y, para ti también, ¡la paz tendrá la última palabra!

1

¿IR DE LA MANO DE LA VIRGEN?

Cuando Dave tenía 7 años un vecino abusó sexualmente de él en el estacionamiento subterráneo de su edificio, en los Estados Unidos. Como podemos imaginar, quedó profundamente traumatizado. Su corazón infantil, aplastado por el estupor y la rabia, no lograba comprender lo que le había sucedido. La herida sangraba en silencio porque, por vergüenza, el niño no se había abierto con nadie. Esa carga demasiado pesada empañó toda su infancia y su adolescencia.

Más tarde, ya adulto, Dave se orientó hacia ciertas prácticas sexuales perversas. A pesar de su gran éxito profesional, sentía que poco a poco sus propias adicciones, que en el fondo le disgustaban, lo estaban minando interiormente. Trataba de cambiar, pero sus buenos propósitos nunca duraban más de unos pocos días. Esa tendencia que no lograba evitar lo condujo lentamente de la depresión a la desesperación.

De origen judío, cierto día Dave tuvo un encuentro con Jesucristo y pidió el bautismo, lo que iluminó su camino con una gran luz durante varios meses. Pero a causa de la debilidad de su voluntad, llegó a caer aún más bajo.

Se veía a sí mismo como algo perjudicial, un andrajo, una basura. Toda su identidad se estaba hundiendo en un agujero negro como si estuviera yéndose a pique en un mundo de tinieblas sin salida posible. Su vida se había convertido en una pesadilla.

Un día, no pudiendo soportar más vivir así, decidió suicidarse. Mientras tramaba su plan y se disponía a ejecutarlo con la meticulosidad de los auténticos desesperados, un amigo llamó a su puerta y le dijo a bocajarro:

– ¡Dave, organizo un viaje a Medjugorje y he venido a invitarte! ¡Dale, ven con nosotros; te sentará bien!

– ¿Medjugorje? ¿Qué es eso?

El amigo le explicó en pocas palabras el impacto que este pueblo le había producido y le dio escuetamente algunos detalles, concluyendo: "Es un lugar de gracia; de donde nadie parte de la misma forma en que ha llegado".

– ¿Y dónde queda?

– En Bosnia Herzegovina.

Dave no tenía ni idea de dónde se encontraba Bosnia Herzegovina, pero pensó: "Bueno, de acuerdo, voy; ¡es mi última oportunidad! Si esto no se arregla allí, me mataré".

Así fue como, en medio de un tremendo calor de verano, Dave y su grupo llegaron a Medjugorje. Atormentado por sus funestos pensamientos, se sentía demasiado mal como para poder disfrutar de las actividades programadas por el grupo. Todo le resbalaba sin que nada llegara a conmoverlo, de tan encerrado que estaba en su infierno interior.

Una noche, como no podía dormir, se levantó alrededor de las dos de la madrugada para pasear por el pueblo, o más bien para vagar como alma en pena. En su deambular, se encontró en la puerta de la iglesia de Santiago Apóstol y, desde allí, vio una estatua blanca de la Virgen rodeada por una pequeña verja. Decidió acercarse. Al llegar ante su Madre del Cielo, cayó de rodillas y empezó a llorar como un niño. Entre sollozo y sollozo gritaba su miseria: "¡Me quiero morir! ¡Mi vida ya ha durado demasiado! ¡Sólo provoco daño! ¡Tengo que desaparecer! ¡No puedo más!"

De pronto oyó una voz femenina, a la vez muy dulce y decidida: "Dave, ¡dame tu mano y déjame conducirte a mi Hijo Jesús!" Sorprendido al darse cuenta de que no estaba solo, giró la cabeza para ver quién había hablado. Pero a esa hora avanzada de la noche, no había ni un alma a su alrededor. "¡Estamos bien! Ahora oigo voces; ¡lo único que me faltaba! ¿Me estaré volviendo loco, o qué?" Pero la voz misteriosa dijo nuevamente el mismo mensaje, en el mismo tono: "Dave, dame tu mano y déjame conducirte a mi hijo Jesús". La voz sonaba como una música… Sólo entonces Dave se dio cuenta de que era la Virgen María la que le hablaba y lo invitaba.

Conmocionado, decidió hacer lo que la voz le decía: saltó la pequeña verja y, habiéndose acercado a la estatua, puso su mano en la de la Virgen.

De hecho, Ella tenía una mano en el corazón y la otra extendida hacia adelante. Dave permaneció un buen rato así, de la mano de la Virgen, mientras continuaba lamentándose y gritando su desesperación. "¡Tengo demasiados problemas; me quiero morir; estoy acabado!" Fue entonces cuando la voz de la Virgen volvió a dejarse oír: "Dave, dame todos tus problemas y déjame que se los presente a mi Hijo Jesús, con un corazón de madre". Silencio por parte de él. La Virgen María insiste con el mismo mensaje y finalmente Dave decide hacer lo que Ella le pide. Entonces hizo una descripción detallada de cada uno de sus problemas, cada uno de sus tormentos, bloqueos, fracasos y de sus innumerables decepciones afectivas… Su lista parecía no tener fin. Pero cada vez que hablaba de un problema, lo depositaba en el corazón de María y lo abandonaba para siempre. Después de su larga enumeración, experimentó una gran paz; la sensación de haber dejado su pesado fardo en un lugar seguro hizo que se sintiera de repente más ligero. Volvió a su hotel paseando tranquilamente, se acostó y durmió como un niño.

Siete años más tarde, me encontré con él en Medjugorje. De hecho, Dave había escuchado uno de mis CDs e intentaba hablar conmigo. Entonces me contó toda su historia. Luego añadió estas palabras conmovedoras: "Sor Emmanuel, seguro que no me vas a creer, pero te puedo decir que desde aquella noche en que me aferré a la mano de la Virgen y le di todos mis problemas; nunca más he caído en los horribles pecados que cometía tan seguido. ¡Nunca más me he soltado de su mano! ¡La Madre de Dios me sujeta y yo me sujeto a ella! No tengo ninguna intención de dejarla porque me conozco demasiado bien; si la dejo estoy perdido. Cada verano vuelvo a Medjugorje para dar gracias a Jesús y María por haberme salvado la vida. Me hicieron un hombre feliz por el solo hecho de vivir. ¡Imagínate, después de todo el horror de mi vida! Feliz de dar testimonio del amor de ambos a quienes están en una situación difícil y confusa como la mía era antes".

Dave no sabía entonces que aquel doble mensaje que había recibido directamente de la boca de la Virgen, Ella lo había dado ya varias veces en Medjugorje a todos sus "queridos hijos" en sus primeras apariciones. ¡En realidad nos lo dirige a todos nosotros!

*****

¿La Virgen nos enviará un correo electrónico?

Me gusta contar el testimonio de Dave. Este mensaje de María llega a todos los que sufren. Además, después de escuchar su testimonio, dos o tres hombres suelen acercarse a mí y me dicen: "Sor Emmanuel yo soy otro Dave, pero antes de su conversión. ¡Quiero salir del pozo y hoy he vuelto a tener esperanza; rece por mí!"

Ir de la mano de María es para nosotros la mejor de las opciones. María es la única madre que conocía de antemano la identidad del niño que llevaba en su seno y el plan de Dios para Él. Igualmente, en su calidad de Madre del Creador, Ella conoce el plan de Dios para cada uno de nosotros. Ir de su mano es garantizarnos la seguridad. En medio de las vicisitudes de este mundo, nos conduce por una vereda segura y no le teme a las espinas que parecen interponerse en nuestro camino.

¿Cómo ir verdaderamente de la mano de María? ¡Nada más fácil! Cada vez que tenemos que hacer una elección, tomar una decisión, considerar alguna orientación, sea en asuntos de poca o gran importancia, en lugar de contentarnos con reflexionar a solas o llamar a los amigos para ver lo que piensan, basta con tomarse un momento de silencio y pedirle a la Virgen: "Tú, mamá querida, ¿qué harías en mi lugar?, ¿qué elegirías?" Ya se trate de la elección de un cónyuge, del lugar para ir de vacaciones, de una película, o de una palabra que debemos decirle a alguien; y hasta para comprar un vestido.

¡Por supuesto que la Virgen no nos enviará un correo electrónico o un WhatsApp![4] No, ella tiene una manera mucho más profunda y eficaz para respondernos. De hecho, durante los tiempos de silencio en los que estamos abiertos a su inspiración, Ella inclina nuestro corazón hacia la voluntad de Dios de una forma muy delicada, a veces imperceptible para nuestros sentidos. Incluso aunque no advirtamos el trabajo que Ella opera en nosotros, nuestro corazón se va ajustando y cambia, y nos volvemos más capaces de tomar decisiones que resulten agradables al

---

[4] Es cierto que los dos mensajes mensuales de la Virgen se transmiten también por internet, llegando así a millares de personas en unos minutos. Pueden encontrarlos en https://www.facebook.com/ChildrenofMedjugorjeArgentina/ Para recibir estos mensajes basta con inscribirse a la lista de contactos que es muy amplia: gisele.riverti@gmail.com

Señor. Frecuentemente lo he experimentado por mí misma: cuántas veces he decidido realizar una acción y cuántas veces le he pedido a la Virgen: "¿Tú qué piensas? ¿Qué harías en mi lugar?" Entonces, muchas veces después de un tiempo de silencio, he tenido que rendirme ante la evidencia: no, no debía hacer aquello sino lo otro.

Sí, ir de la mano de María no es un simple gesto, sino un compromiso de todo nuestro ser, con las exigencias que ello implica. María, como Esposa del Espíritu Santo que es, siempre nos indicará un camino que nos haga crecer, mientras que a nosotros nos gustan los caminos fáciles. Mantengamos bien sujeta nuestra mano en la suya y si llegáramos a soltarla para recorrer solos nuestros caminos sin salida, más vale que Ella nos alcance de prisa, como haría cualquier buena madre cuando ve a su hijo amenazado por un peligro.

Ir de la mano de María es también garantizarnos la asistencia constante del Espíritu Santo. San Luis María Grignon de Montfort afirmaba: "Cuando el Espíritu Santo encuentra el amor de María en un alma, ¡allí va Él a toda prisa!"[5] O también: "Cuanto más encuentra el Espíritu Santo a María en un alma, tanto más poderoso y operante es para engendrar a Jesús en esa alma, y esa alma en Jesús".

Si María ha logrado ese golpe maestro capaz de cambiar la vida de Dave cuando estaba hecho un desastre, ¿por qué no podría cambiar también las vidas de cada uno de nosotros?

*****

---

[5] Tratado de la verdadera devoción, § 36.

Testimonio de la Madre Teresa

Madre Teresa de Calcuta (Foto de Archivo/autorizada)

Un día, Mons. Pavel Mária Hnilica (Eslovaquia +) le preguntó a la
Madre Teresa el secreto de su éxito con los pobres. Ella le contó este
episodio de su infancia: "¡Le debo esta gracia a mi madre! Cuando
tenía siete u ocho años, me llevó a dar un paseo por un parque, tomán-
dome de la mano y me dijo: 'Hija mía, así como hoy has tomado mi
mano, durante toda tu vida agárrate de la mano de tu Madre del Cielo,
la Virgen María. Ella te conducirá a Jesús y al Cielo. Con Ella estarás
segura de no perderte nunca, de no ir por mal camino. ¡No sueltes jamás
la mano de la Santísima Virgen!' He aquí el secreto de mi éxito".

2

¡MENOS MAL QUE LOS ÁNGELES EXISTEN!

"No te alcanzará ningún mal, ninguna plaga se acercará a tu tienda, porque él te encomendó a sus ángeles para que te cuiden en todos tus caminos. Ellos te llevarán en sus manos para que no tropieces contra ninguna piedra; caminarás sobre leones y víboras, pisotearás cachorros de león y serpientes" (Salmo 91)

Ante los desastres naturales que han proliferado estos últimos años, podríamos caer en un sentimiento de impotencia. La magnitud de las necesidades y la profundidad del sufrimiento –a veces incluso torturas–, que experimentan algunas poblaciones, nos supera. ¿No tenemos entonces ninguna posibilidad de ayudarlos? ¡Por supuesto que sí! Tenemos un recurso maravilloso en el que no pensamos lo suficiente. Para ilustrar lo que digo, he aquí un hecho que me contó mi hermano Pascal, diácono permanente:

"Antes de su conversión, el escritor ruso Alexander Ogorodnikov había hecho un recorrido por todas las filosofías nihilistas y destructivas del siglo XX. Era profesor de filosofía y se entregaba en secreto a una gran pasión: ¡desvalijar departamentos por la noche con sus amigos! ¡Una actividad muy lucrativa! Pero tocado por la Gracia, se convirtió en los años 70, junto con otra intelectual rusa, Tatiana Goritcheva. Entonces creó un comedor para alimentar a los pobres en Moscú, y fundó un "seminario". Por seminario debe entenderse una especie de comunidad de intelectuales creyentes que oraban juntos, reflexionaban sobre la fe, trataban de profundizar en ella y evangelizaban, evidentemente de manera clandestina. No tan clandestina dado que Alexander fue arrestado varias veces hasta que, finalmente, lo obligaron a elegir entre el exilio o la cárcel. Alexander rechazó el exilio y fue encarcelado. Durante diez años conoció diversas categorías penitenciarias:

preso político, en primer lugar, luego preso común junto con los peores criminales, y algunas otras situaciones más. Pero lo peor para él fue su última detención, cuando fue arrojado completamente desnudo a una celda glacial (las paredes estaban cubiertas de hielo), en una soledad total. ¡Una tortura atroz!

Sabía que se estaba muriendo. No sé cómo se las arregló para hacer llegar a su madre una carta en la que describía las condiciones de su detención, su agonía, la tortura psicológica, etc. En ella le rogaba que hiciera circular la carta en Occidente. Ésta se publicó en Alemania y Francia en la primavera de 1986. Se recogieron miles de peticiones y Alexander, por fin, fue liberado".

Cuando mi hermano Pascal descubrió la carta en Francia, lloró de pena. Con su novia decidieron ofrecer todos sus sufrimientos y oraciones por él. Cada día sus fervientes plegarias eran llevadas por sus ángeles hasta la horrible mazmorra de Alexander para consolarlo y ayudarlo a sobrevivir.

Después de su liberación en 1986, Alexander pudo hacer una peregrinación a Lisieux en 1987 con Sor Tamara, misionera en Rusia, que había organizado un bus con 50 personas para descubrir a santa Teresita. Mi hermano Pascal colaboraba en la organización aquel fin de semana. Durante una de las comidas, se sentó frente a un ruso, un hombre muy digno que llevaba una barba corta. Se presentaron… ¡Era Alexander Ogorodnikov! No hace falta que les describa la emoción de ambos cuando Pascal le contó cómo, con su novia, lo habían acompañado fielmente en sus pruebas ¡Entonces Alexander le dijo que en aquella sórdida cámara frigorífica, donde lo habían arrojado con el fin de matarlo, recibía la visita de los ángeles de los cristianos de Occidente que oraban por él! Sintió el calor de los ángeles que lo envolvía como una capa, y que ese favor estaba relacionado con la oración de sus hermanos en la fe. ¡Debía su supervivencia a la vez a los ángeles que venían a consolarlo en su soledad y al calor de la oración![6]

Este ortodoxo ferviente, que todavía vive en Moscú, tuvo muchas experiencias místicas mientras sufría en la cárcel, aislado de todo. Ahora, casi se arrepiente de haber recobrado la libertad, por temor a perder esa cercanía con lo divino.

---

[6] Véase § 328-336 sobre los Ángeles en el Catecismo de la Iglesia Católica.

Las guerras y las detenciones arbitrarias tampoco faltan hoy. Miles de víctimas gritan su dolor en la noche oscura de sus cárceles. ¡Tantos hombres y mujeres gimen de desesperación en nuestro planeta! ¡Tienen necesidad de nuestros ángeles, de todos nuestros amigos los ángeles, y de nuestra intercesión! ¡Nunca nos arrepentiremos de habérselos enviado, como lo hacían el Padre Pío, Santa Faustina Kowalska, San Juan XXIII y tantos otros! ¡En el Cielo veremos todo el bien que habrán hecho durante las "misiones especiales" que les confiamos![7]

Ángel del oratorio de la autora en Medjugorje © EDM 2013

---

[7] Pío XII decía: "La familiaridad con los ángeles proporciona una sensación de seguridad. Nuestros compañeros invisibles nos comunican algo de la paz que ellos obtienen de Dios. Nuestro ángel de la guarda se empeña también en nuestra santificación; se esfuerza en promover nuestra ascensión espiritual y en desarrollar nuestra intimidad con Dios".

3

LAS AVISPAS DE ROSIE

"¡Hermana, venga de inmediato; no pierda ni un minuto! ¡Súbase a su auto porque no tenemos el nuestro; dese prisa!" Cuelgo el teléfono; aquella voz con acento alemán no permitía ninguna vacilación. El médico fue categórico. Le digo a Rosie, mi ayudante estadounidense: "Rápido, nos vamos ya". Tumbada en el sofá, con la cabeza inclinada hacia atrás, ella murmura con un hilito de voz: "No vale la pena; me pondré mejor ¡no te preocupes!"

¿Qué había pasado?

Estamos a 2 de agosto de 2011, en pleno Festival de la Juventud y hay en Medjugorje decenas de miles de personas. Como todos los días 2 de cada mes, la Virgen se aparece a Mirjana a las 8:30 cerca de la Cruz Azul y multitudes se reúnen allí para participar de la prolongada oración que prepara su llegada. La Madre de Dios viene; ¡hay que estar allí!

Después de la aparición, me dirijo como de costumbre a la oficina de la parroquia para traducir el mensaje de María al francés, con el equipo de traducción que inició en su momento el padre Slavko Barbaric. Mientras camino hacia la iglesia por la pequeña senda roja que serpentea a través de los campos, se me cruza un pensamiento: "¡No voy!" Inmediatamente otro pensamiento, un poco más lógico:

"¿Cómo que no voy? ¡Tengo que ir!" Sin embargo, el primer pensamiento se reitera con más fuerza:

"¡No voy y punto…! ¿Pero por qué…? Mis compañeros del equipo de traducción me van a preguntar por qué no he ido a traducir, ¡y no tengo ninguna razón válida para no ir!"

"¡No, no voy! ¡No voy y se acabó!"

El pensamiento es tan fuerte que vuelvo a casa sin preocuparme por traducir el mensaje, y además, ¡sin el menor escrúpulo! En el pequeño patio exterior de la casa, me encuentro a cinco chicas amables que me esperan con impaciencia porque quieren hablar conmigo. Pero yo les digo, sin ni siquiera detenerme a pensar: "No, ahora no; ¡lo siento!" Y me meto en la casa. Al cerrar la puerta tras de mí, me pregunto por qué les he dicho que no tan bruscamente. ¡Por lo menos hubiera podido preguntarles qué querían! Pero no, las dejo estar y me precipito a la sala donde veo a Rosie tumbada en el sofá, visiblemente enferma.

"¿Qué te pasa?"

"Me han picado unas avispas", susurra con una voz muy débil. Examino sus dedos: están hinchados y doloridos.

Llamo de inmediato a la Orden de Malta (encargados de las urgencias en Medjugorje) y cuando explico que Rosie tiene siete picaduras de avispas y que es de constitución muy menuda, se preocupan seriamente. La subo rápidamente al auto y cinco minutos más tarde estamos allí.

¡Me quedé de piedra! ¡Cinco médicos y enfermeras nos esperaban en la puerta! Se abalanzan sobre Rosie y se la llevan en el acto a una sala donde ya está todo preparado. La colocan rápidamente en una cama y empiezan a abofetearla con fuerza, diciendo: ¡No te duermas! Pero ella ya está medio inconsciente. A pesar de varios intentos en el brazo izquierdo, en el brazo derecho y en el cuello, no encuentran una vena potable para inyectarla y no paran de pincharla en absoluto silencio, sin dejar de darle bofetadas. ¡Sufro por ella!

¡Al final logran ponerle la inyección! Con un gran suspiro de alivio, me confiesan entonces la causa de su agitación: "Hermana, ¡si llegaban cinco minutos más tarde, se hubiera muerto!"

A Rosie le habían picado siete avispas en las manos al asomarse a la ventana cuando oyó a las chicas llamar a nuestra puerta. Ocurre que había unos nidos de avispas ocultos bajo el marco de la ventana y ella inadvertidamente los había aplastado con los dedos. ¡Las avispas se habían vengado…! ¿Y si nuestros ángeles de la guarda no hubieran actuado? Si no me hubieran desviado de mi camino y no se hubieran impuesto a mi mente con la negativa de ir a traducir el mensaje, ¡a mi regreso a casa me hubiera encontrado con una hermana muerta! Pero se las arreglaron para hacerse escuchar y teledirigir la operación de socorro con la increíble maestría que los caracteriza. ¡Benditos sean por ello y que continúen con su maravilloso cometido de compañeros celestiales!

Cada uno de nosotros tiene a su propio ángel de la guarda[8], y si nos amistamos con él, si conversamos con él todos los días como con un amigo muy íntimo y muy querido, ¡nunca nos arrepentiremos![9] La teología nos lo enseña: uno solo de nuestros ángeles de la guarda es más poderoso que todos los demonios del Infierno. ¡Tiene a Dios de su lado! Por lo que cada día en la oración, confiemos nuestras necesidades a nuestros ángeles, pidiéndoles que actúen con fuerza y que nos centren siempre en la voluntad de Dios. ¿Qué puede haber de más triste que un Ángel de la Guarda de brazos cruzados?

*****

Un ángel en las piscinas de Lourdes

Desde mi llegada a Lourdes, Chantal va por su tercer SMS. Con grandes dolores a causa de un cáncer, hubiera querido venir conmigo, pero su médico se lo ha prohibido; su gran debilidad no le hubiera permitido resistir el viaje. Le prometí bañarme por ella en las piscinas de Lourdes[10]. Así que espera ese momento ¡como el centinela la aurora!

¡Problema! Estamos en pleno verano y además de los miles de peregrinos de todas las naciones y lenguas que pululan en cada rincón de la

---

[8] Leer "365 *jours avec mon ange gardien*" de René Lejeune, Editions du Parvis. www.parvis.ch – book@parvis.ch

[9] Santo Tomás de Aquino enseña que "desde el nacimiento, cada ser humano goza de la ayuda de un ángel y durante todo el peregrinar de la vida, tan lleno de escollos, él es su guía experto y vigilante. Al final de nuestra vida terrenal, también será nuestro compañero para toda la eternidad en el Cielo".

[10] Las piscinas de Lourdes son unos piletones llenos de agua de la fuente milagrosa señalada por María a santa Bernardita. Se entra bajando tres escalones. Allí, dos personas te revisten con una túnica blanca mojada que se usa para todos. Tienes que cruzar la piscina y besar una estatua de la Virgen que se encuentra del otro lado, rezando un Ave María. A continuación, te revisten con una túnica azul con la que regresas al vestuario. Allí te vistes, pero sin secarte, porque uno de los milagros de Lourdes es que aquella agua se seca sola, sin necesidad de toalla. Todos los años, miles de personas acuden allí para bañarse. Los milagros de sanación interior y física ya no se pueden contar, incluso se dan liberaciones de espíritus malignos.

ciudad, es el 40º aniversario de mi comunidad (Las Bienaventuranzas), y tengo que dar charlas en varios momentos del día. ¿Hacer cola para las piscinas? ¡Ni pensarlo! Además, la mayoría de las piscinas están cerradas para su restauración a causa de las grandes inundaciones que devastaron toda la zona cercana al Gave. ¡Esto ya es el colmo!

Ni pensar tampoco en defraudar a Chantal… ¡Cuando humanamente es imposible superar un obstáculo, al Cielo le toca actuar! ¡A cada uno su carisma!

Aquella mañana, una hermana que tenía que llevar a un grupo de niños, me invitó a ir con ella. Yo iría de "acompañante", pero con o sin esa acreditación mágica veo que incluso esta hermana deberá hacer varias horas de cola. ¡Imposible para mí! Sin embargo, un poco más tarde decidí merodear por las inmediaciones de las piscinas, como magnetizada por la idea de superar el obstáculo. ¡Entonces veo a la hermana al otro lado del vallado, tranquilamente sentada con sus jóvenes en el banco de aquellos que están a punto de entrar en una de las piscinas! Habían esperado su turno mucho tiempo. No puedo unirme a ella porque en Lourdes los guardias son severos y la entrada a las piscinas se controla cuidadosamente.

Pero como nada es imposible para Dios, ¡no me doy por vencida! Así que le paso un mensaje de lo más claro a mi gran amigo celestial, mi ángel de la guarda, y lo interpelo así: "No bañarme no es una opción, tú lo sabes, ¡la persona por la que quiero hacerlo tendría una decepción demasiado grande! Así que tienes trabajo: ¡arréglatelas como puedas! ¡Eres un ángel y puedes hacerlo!" Yo sigo caminando a lo largo de la valla de separación, cuando de repente, me doy cuenta de algo que no suele pasar nunca en Lourdes: ¡los dos guardias han desaparecido de la puerta! No tengo tiempo que perder; aprovecho la ocasión, paso por la puerta como quien no quiere la cosa y voy a sentarme al lado de mi hermana. ¡20 minutos más tarde estoy en el agua (helada)! ¡Bravo por mi ángel de la guarda! Yo sabía que podía confiar en él. En cuanto a Chantal, ¡imaginen su alegría!

Tengo que añadir que, al salir del agua, cada vez me sucede lo mismo: si el hecho de entrar en aquella agua contaminada y helada es una verdadera penitencia, ¡la gracia que acompaña a esta inmersión es abrumadora! Al salir del agua, me siento rodeada por el manto maternal de la Virgen, y esto hace que me enternezca, así que tengo que correr a esconderme para que nadie pueda verme llorar… ¡de alegría! Para asombro de todos, puedo decir que esta experiencia es tan fuerte para mí como asistir a una aparición de la Virgen con los videntes de Medjugorje. Pero para ser sincera, tengo que admitir que ¡a veces, es incluso más fuerte!

Si van a Lourdes, ¡no se pierdan las piscinas!

4

"¿Cómo fui a parar a Medjugorje?"

La vidente Marija Pavlovic recibe la aparición de Virgen María
en nuestro jardín el 28 de agosto de 2013 © EDM 2013

Con un frío siberiano desembarqué por tercera vez en Medjugorje el 5 de diciembre de 1989; llena de entusiasmo y esta vez para quedarme.

He aquí un pequeño *flash back* de mis dos estadías precedentes:

En junio de 1984, cuando la aldea estaba todavía con su aspecto original tan entrañable, mi peregrinación coincidió con el tercer aniversario de las apariciones. Me alegro de haber conocido Medjugorje en aquel período tan especial que ya no volverá.

Regresé en septiembre de 1989 con dos hermanas de mi comunidad, con el fin de realizar un reportaje para la revista *Feu et Lumière*[11]. Apenas puse un pie en ese suelo candente, la Virgen comenzó a perseguirme y a trabajarme el corazón ¡como sólo Ella sabe hacerlo! Uno de sus mensajes me obsesionaba: *"Sin ustedes, queridos hijos, no puedo ayudar al mundo; los necesito. Cada uno de ustedes es importante"* (28-08-1986). La Virgen quería llevar a cabo un gran plan y yo ardía en deseos de colaborar con Ella.

Cada uno de nosotros necesita de su ayuda maternal, eso está claro. Pero Ella, que es la Madre del Creador, la Reina del Cielo y de la Tierra, ¡ahora nos necesita! En otras palabras, ¡está pidiendo auxilio! Verla en esa situación de necesidad me abrumaba y le dije: "Si te sirve mi ayuda ¡aquí estoy! ¡Me encantaría tanto poder ayudarte!" Yo quería ser un instrumento en sus manos para todo lo que Ella deseara. Cuanto más abría los ojos, más me daba cuenta de la vehemencia de su petición de ayuda. Me abrasaba el deseo de difundir sus mensajes –perlas de gran valor– y así alcanzar a un gran número de corazones.

De regreso en Francia, compartí esa vivencia con el fundador de mi comunidad. Después de orar largamente, sintió la autenticidad de esa llamada y me dijo:

"¡Te vas dentro de un mes! ¡Prepárate! ¡Llévate a una hermana contigo!"

Aquel primer año la hermana fue sor Marie-Raphael que resultó ser una compañera maravillosa.

Nos alojábamos en una pequeña habitación glacial que nos había conseguido el Padre Petar Ljubicic, a 1 km de la iglesia. Solamente teníamos dos camas, y nada más; a falta de armario, guardábamos nuestras pertenencias en las maletas debajo de las camas. ¡Y qué decir de aquello que nos servía de cuarto de aseo en el pasillo, compartido con todos los demás residentes de nuestro piso! El moho en las paredes, el minúsculo grifo de agua fría que únicamente funcionaba entre corte y corte de agua… ¡Pero qué importa si reina la alegría! ¡Estábamos tan contentas de estar en Medjugorje! Era la gracia de las gracias.

---

[11] www.feuetlumiere.org

Medjugorje vivía aún su edad de oro. En aquellos primeros años, incluso para los peregrinos más acomodados, la alegría consistía simplemente en estar allí, dejándonos envolver por el manto maternal de María que cada día venía del Cielo para nosotros. Las precarias condiciones materiales nos tenían sin cuidado. ¡Era la menor de nuestras preocupaciones!

Nuestra única riqueza material era un Peugeot que un tal Joseph (de Lourdes) nos había regalado después de que le hiciéramos una novena a su santo patrono san José. Cuando hacía demasiado frío en la habitación, nos refugiábamos en el vehículo para rezar Laudes. Hacíamos las compras en la pequeña ciudad de Citluk, a 10 minutos de allí, porque en aquel entonces, bajo el régimen comunista, los productos del "supermercado" cerca de la oficina de correos de Medjugorje dejaban mucho que desear. A través de su envoltorio medio abierto o agujereado, viejos panes de mantequilla rezumaban una pasta anaranjada. Las moscas disfrutaban descaradamente de unos pobres trozos de carne y fiambres varios. En unas cajas destartaladas, una parte de la fruta estaba podrida, amenazando contaminar al resto en breve. Algunas paredes estaban cubiertas de salitre. Afuera, no muy lejos de la tienda, una montaña de basura al aire libre y toda clase de desperdicios esparcidos alrededor hacían la alegría de perros, gatos, ratones y otras criaturas noctámbulas. Resumiendo: ¡Sálvese quien pueda!

¡De lo demás, ni hablemos…! Los empleados mal pagados y desmotivados no se mataban por atendernos. Hay que tener en cuenta que esta tienda pertenecía al gobierno y que los establecimientos privados aún no existían.

Pasábamos mucho tiempo en las montañas, pidiendo a la Virgen que nos ayudara a comprender lo que esperaba de nosotras y cómo trabajar en sintonía con Ella. Éramos como aquellas personas congregadas alrededor de los apóstoles en Pentecostés, que le decían a Pedro: "¿Qué debemos hacer?" María supo hacérnoslo ver muy bien, ya que aquel período de titubeos no duró mucho. Marie-Raphael me decía: "¡esta inactividad me está consumiendo!" ¡Palabras históricas que no volverían a pronunciarse!

A lo largo de más de 25 años, el Señor nos ha ido guiando paso a paso, a pesar de nuestras equivocaciones y nuestra falta de conversión, pero el entusiasmo no nos faltó nunca; ni tampoco la gratitud, renovada cada día, por poder colaborar en ese extraordinario plan divino, desplegado en Medjugorje para la salvación de nuestro mundo sin paz.

El 25 de marzo de 1990 fundamos la Asociación francesa "Les Enfants de Medjugorje", que más tarde se convertiría en asociación internacional. Gracias a ella hemos podido desplegar un apostolado que sigue vivo en la actualidad. Su objetivo es dar a conocer a la Gospa (la Virgen María) a muchas naciones, acercándoles sus palabras, sus acciones y sus bendiciones.[12]

En abril de 1992, la guerra de los Balcanes llegó hasta nuestra región después de haber asolado a Croacia. Ya he contado estos acontecimientos dolorosos en mi libro *"Medjugorje, la guerra día a día"*[13].

¡Nunca podré dar gracias a Dios con suficiente fervor por aquellos años de felicidad y de lucha, de intimidad divina y de cruz! Por eso quiero cantar con David, rey de Israel: *"¿Cómo le pagaré al Señor todo el bien que me hizo?"* (Sal 115, 12)

Gaby, asistente de la autora en Medjugorje © EDM 2014

---

[12] Distintas direcciones web y blogs donde encontrarán nuestro Boletín de Children of Medjugorje y del Santuario de Medjugorje con datos e informaciones varias:
https://www.facebook.com/ChildrenofMedjugorjeArgentina/;
http://rosasparalagospa.wordpress.com (Uruguay);
http://www.foyerdecaridad.cl/ (Chile)
http://www.fcpeace.com/spanish/home.htm (Florida, USA);
http://www.centromedjugorje.org (Santuario de Medjugorje, Sitio oficial de América Latina y España);
www.vamosamedjugorje.com.ar (Argentina); www.peregrinosenlafe.com (Argentina)

[13] Agotado.

5

EL PADRE PÍO CONFIESA A UN MASÓN

Jesús dijo a Sor Faustina. "Di a las almas que es en el tribunal de la misericordia donde han de buscar consuelo; allí tienen lugar los milagros más grandes y se repiten constantemente… Basta acercarse con fe a los pies de mi representante y confesarle con fe su miseria y el milagro de la Misericordia se manifestará en toda su plenitud; aunque esa alma fuera como un cadáver descomponiéndose de tal manera que, desde el punto de vista humano, no existiera esperanza alguna de restauración y todo estuviera ya perdido. No es así para Dios. El milagro de la Divina Misericordia restaura a esa alma en toda su plenitud. Oh infelices que no disfrutan de este milagro de la Divina Misericordia; lo pedirán en vano cuando sea demasiado tarde" (§ 1448)

El seminarista italiano Pierino Galeone había sido curado por la oración del padre Pío en 1947. Llegó a ser uno de sus hijos espirituales y disfrutó de una relación cercana con él. Fue testigo de muchos acontecimientos de la vida del Padre y, en 1986, testificó en su proceso diocesano de beatificación[14].

En 2010, en ocasión del 100º aniversario de la ordenación del Padre, publicó sus valiosos recuerdos en el libro, *"Padre Pío, padre mío"*[15]. De

---

[14] *Testimonio del padre Pierino Galeano*, Edizione San Paolo 2005 y ver también la revista *"Le Triomphe du Coeur"* nº 256 de septiembre-octubre 2011.

[15] El 20 de septiembre de 1918, el Padre Pío rezaba solo ante el crucifijo del convento de Santa Maria delle Grazie en San Giovanni Rotondo, cuando recibió los estigmas. "Imagine el suplicio que sufrí y sufro casi a diario. La herida en el corazón sangra constantemente, sobre todo a partir de la noche del jueves al sábado", le escribió a su confesor. Cuando rogó a Jesús que le quitara, no el dolor, sino las marcas de los estigmas, el Señor le contestó: "Las llevarás cincuenta años y luego te llevaré conmigo". En efecto, sus heridas

esa mina de informaciones, quiero extraer un testimonio que revela un aspecto muy entrañable del Padre que, gracias a la heroica ofrenda de su vida por la conversión de los pecadores, obtuvo para ellos el don de reencontrar la paz.

Dejo al padre Pierino que describa su memorable encuentro con el masón Del Fante:

"Habíamos convenido encontrarnos en un hotel. Fue él quien rompió el silencio, presentándose como 'abogado Alberto Del Fante, de Bolonia, ex masón del grado 33; recién convertido por el Padre Pío; escribo libros sobre él'. No le pregunté nada, pero él comenzó con entusiasmo a alabar al padre por haberle devuelto la fe, y me expresó su alegría por poder vivir una nueva vida, dedicada al servicio del prójimo.

Luego Del Fante continuó: 'Mi esposa tenía cáncer, se estaba muriendo y ya no había más esperanza. Una amiga le había contado sobre el Padre Pío, un humilde capuchino de San Giovanni Rotondo, porque muchos de los que iban a verlo volvían a casa curados. Un día que estaba al lado de su cama, mi esposa me pidió que fuera a ver al Padre para pedirle su curación. Tenía los ojos llenos de lágrimas. Ella sabía que yo era masón y feroz anticlerical. Al principio yo me mostré duro, incluso burlón; pensaba que si la ciencia no podía hacer nada por ella ¡mal podría hacerlo un pobre fraile! Sin embargo, viéndola llorar y sufrir tanto, me decidí a darle una alegría y le dije: '¡Bueno está bien, voy!' No es que creyera, pero quería probar suerte como en la lotería. Llegué a San Giovanni Rotondo, por la noche.

Al día siguiente, después de asistir a la larga misa, me puse en la cola de las confesiones. Al llegar mi turno, no me arrodillé enseguida, sino que me quedé de pie ante el Padre Pío y le pregunté si podía hablarle un momento. El Padre contestó con dureza gritando: '¡Joven, no me hagas perder tiempo! ¿Qué has venido a hacer

---

tan dolorosas permanecieron siempre abiertas durante medio siglo, de 1918 a 1968. No cicatrizaron jamás. Dejaban fluir sangre fresca de la cual emanaba una fragancia agradable. En los últimos meses de su vida, el Padre Pío vio como el flujo de sangre disminuía progresivamente. Cuando murió el 23 de septiembre, en su cuerpo ya no había huella alguna de los estigmas.

aquí? ¿A probar suerte como en la lotería? ¡Si te quieres confesar, arrodíllate! Si no es así, ¡déjame confesar a esta pobre gente que espera!'.

Aturdido por escuchar la expresión que yo mismo había utilizado, y conmocionado por aquella extraña dureza, me arrodillé casi maquinalmente y sin mucha convicción. Yo no estaba, en absoluto, preparado para confesarme, ni siquiera conseguía pronunciar dos palabras seguidas, aún menos podía recordar los pecados de los cuales tampoco tenía conciencia. Sin embargo, apenas arrodillado, el Padre cambió de tono conmigo; volviéndose dulce y paternal. Incluso, me reveló poco a poco, en forma de preguntas, todos los pecados de mi vida pasada; ¡y eran tantos! Yo escuchaba todas sus preguntas con la cabeza baja y contestaba siempre con un "SÍ". Estupefacto y conmovido, estaba inmóvil como si me hubiera convertido en una estatua'.

Al final, el Padre me preguntó: '¿No tiene otros pecados que confesar?' Le contesté: 'No'. Como me había dicho todos mis pecados, yo estaba convencido de que él conocía perfectamente mi vida y que no tenía ya nada más que confesar. '¿No te da vergüenza?', dijo con una dureza inesperada. '¿Y aquella joven que dejaste que se fuera a América hace tiempo? Ha tenido un hijo, y esa criatura es tuya. Y tú, infeliz, ¡has abandonado madre e hijo!' Todo era cierto. No contesté nada. Me eché a llorar y lloré amargamente. Me sentí abrumado. Mientras lloraba con la cara entre las manos, inclinado sobre el reclinatorio, el Padre rodeó suavemente mis hombros con su brazo y acercándose a mi oído susurró sollozando: *Hijo mío, ¡te he redimido a costa de mi sangre!*'

Al oír estas palabras, fue como si un cuchillo afilado desgarrara mi corazón. Llorando, levanté mi rostro inundado de lágrimas y repetía: ¡Padre, perdón, perdón, perdón! El Padre había rodeado mi cuello con su brazo, me atrajo hacia él y se puso a llorar conmigo. Una paz muy dulce invadió mi espíritu. Entonces, de repente, mi dolor se convirtió en una alegría increíble y le dije: '¡Padre, soy todo suyo! Haga de mí lo que quiera'. Y el Padre susurró, secándose los ojos: 'Ayúdame a ayudar a los demás'. Luego añadió: '¡Saluda a tu esposa de mi parte!' Volví a casa: ¡mi mujer estaba curada!' "

Alberto Del Fante no comprendió de inmediato, en toda su profundidad, las impactantes palabras que el Padre Pío le había susurrado al oído durante la confesión: '*Hijo mío, te he redimido a costa de mi sangre*' ¡Naturalmente Jesús mismo había hablado a través de aquel humilde capuchino! Nadie más que el Divino Redentor ha derramado su Preciosísima Sangre de una vez por todas para el perdón de los pecados. Y nadie más, que el propio Jesús, ofrece los infinitos tesoros de su gracia por medio del sacerdote en el sacramento de la confesión.

En este caso concreto, también podemos atribuir estas palabras al Padre Pío, porque con sus heridas y estigmas participaba estrechamente en la Pasión del Señor. Efectivamente derramó su sangre tanto por la conversión de Alberto Del Fante, como por sus 14 millones de hijos espirituales.

*****

Oración

Jesús, igual que con la mujer samaritana, tú no cierras los ojos ante nuestros pecados, como si no existieran. Tú los iluminas con la luz tan suave de tu Misericordia y nos llenas de esa "*tristeza según el Espíritu Santo que conduce al arrepentimiento*". Nuestras lágrimas amargas se convierten en lágrimas de alegría y gratitud. Sueñas con aliviarnos de la cruel carga de nuestros pecados no confesados que nos privan de tu paz celestial. Lo que hiciste por Alberto, ¡oh Jesús!, ¡hazlo por mí, hazlo por todos los pecadores!

6

DON BOSCO Y LA SERPIENTE

"Queridos hijos, hoy como nunca antes los invito a la oración. Que su oración sea oración por la paz. Satanás es fuerte y desea destruir no sólo la vida humana, sino también la naturaleza y el planeta en el que viven. Por eso, queridos hijos, oren para ser protegidos por la bendición divina de la paz. Dios me ha enviado entre ustedes para ayudarlos. Si así lo desean, ¡ampárense en el Rosario! Un simple Rosario puede hacer maravillas en el mundo y en sus vidas..." (25 de enero 1991).

Don Bosco en oración delante de la Virgen © Parrochia Don Bosco 2012

¡Don Bosco es uno de los santos más simpáticos de la historia! Tenía muchos ases en su manga: sabía ganarse los corazones de los jóvenes con sus trucos de prestidigitación; hablaba con gran unción y mucho humor; obtenía conversiones espectaculares, ayudaba a los pobres, hacía milagros; la Providencia proveía divinamente a las necesidades de sus niños y obtenía todo lo que quería de la Santísima Virgen… por nombrar sólo algunas cosas.

San Juan Bosco tenía además un rasgo poco frecuente que lo caracterizaba, rasgo que poseía en común con san José: Dios lo visitaba y le enseñaba en sueños. Sus sueños fueron recogidos para la posteridad y todavía hoy en día nos ofrecen preciosas luces para nuestra vida cristiana. Fijemos nuestra atención sobre uno de los sueños más asombrosos de su colección: el de la serpiente.

En vísperas de la Asunción, durante la noche del 14 al 15 de agosto de 1862, Don Bosco se encontró en sueños en la casa de su hermano en Castelnuovo d'Asti, conocida desde entonces como *Colle Don Bosco*. Todos sus jóvenes lo acompañaban. De repente, su Guía se presenta ante él. Cabe señalar aquí que, en sus sueños, una persona que él llamaba "La Guía ", explicaba a Don Bosco el sentido de lo que veía, lo que hacía que el sueño resultara claro como un cristal respecto a la enseñanza que contenía. Esta guía no era otra que la Virgen María. Ella lo invita a ir al prado contiguo al corral de la granja. Allí, en la hierba, le muestra una serpiente extraordinariamente gruesa, de unos 7 u 8 metros de largo. Don Bosco se horroriza y trata de escapar. Sin embargo, la Guía lo tranquiliza y le pide que se quede, ya que no tiene por qué temer. Ella va a buscar una cuerda, vuelve donde está Don Bosco y le dice:

– Toma esta cuerda por un extremo y mantenla bien la tensa. Yo la agarro por el otro extremo y entre los dos vamos a atar la cuerda a la serpiente.

– Y ahora ¿qué hacemos?, pregunta Don Bosco todavía asustado.

– La vamos a golpear contra el suelo.

– ¡Ni pensarlo!, salta don Bosco. ¡Ay de nosotros si hacemos tal cosa! ¡La serpiente se volverá contra nosotros y nos hará pedazos!

– No, ¡déjame que lo haga!

– No quiero correr el riesgo de perder la vida.

"Pero la Guía insistía –contó Don Bosco– y me aseguró que la serpiente no nos haría ningún daño. Y mientras Ella me decía eso, consentí en hacer lo que pedía. Desde donde estaba, la Virgen levantó la cuerda y le infligió al reptil una herida en la espalda. La serpiente se revolvió. Giró la cabeza para tratar de morder lo que le había golpeado por detrás, pero no lo consiguió y se encontró atada como con un nudo corredizo.

– ¡Sujeta la cuerda con fuerza!, me gritó la Guía ¡Sobre todo no la sueltes!

Corrió a atar a un peral que estaba cerca el extremo de la cuerda que sostenía. A continuación, amarró el otro extremo de la cuerda a la reja de una ventana de la casa. Durante ese tiempo, la serpiente se debatía con furor y se golpeaba contra el suelo, tanto la cabeza como sus horribles anillos. Su carne se desgarraba a pedazos y los trozos salían proyectados a lo lejos, hasta que no quedó de ella más que un esqueleto descarnado.

Una vez muerta la serpiente, la Guía desató la cuerda del árbol y de la ventana, y la guardó en un cofre. Un poco después volvió a abrir el cofre. Miré en su interior, y cual no fue nuestra sorpresa, la mía y la de mis jóvenes, al ver cómo la cuerda estaba colocada, formando la palabra *Avemaría*. Entonces la Guía me explicó: '*La serpiente representa al Diablo, y la cuerda son las Avemarías, o más precisamente el rosario, es decir una sucesión de Avemarías, gracias a las cuales podemos luchar, derrotar y destruir a todos los demonios del Infierno*' "[16].

Llegado a este punto, una escena muy dolorosa apareció ante los ojos de Don Bosco: vio a unos jóvenes que recogían los pedazos de carne dispersos, se los comían y se envenenaban.

"Me sentía completamente desconcertado –decía Don Bosco– porque a pesar de mis advertencias, continuaban comiendo. Les gritaba a unos y a otros, le di una bofetada a uno, un puñetazo a otro, tratando de evitar que comieran, pero todo era inútil. Estaba fuera de mí, al ver a mi alrededor una gran cantidad de jóvenes tendidos en el suelo en un estado miserable".

Entonces don Bosco se dirige a la Guía. ¿No habría un remedio para tanto mal?

---

[16] *Il Serpente e il Rosario, I Sogni di don Bosco*, Elledici 1995, pp. 57–58. http://charismata.free.fr/?p=2955

– ¡Claro que sí!, le dice la guía.

– ¿Cuál? pregunta Don Bosco.

– No hay otra solución que el yunque y el martillo.

– ¿Pero cómo? ¿Tengo que colocarlos sobre el yunque para darles con el martillo?[17]

– El martillo significa la confesión y el yunque es la comunión. Hay que utilizar los dos remedios, respondió la Guía".

El *santo de los jóvenes* fue seguramente uno de los más fervientes en la práctica del rosario.[18]Un día, un visitante distinguido vino a visitar a Don Bosco y él le mostró la obra que estaba haciendo con los jóvenes. El anfitrión estuvo encantado, pero le hizo una observación: "¿Para qué gastar tanto tiempo con el rezo diario del rosario? ¡Esto es una pérdida de tiempo para estos jóvenes, un tiempo valioso que podría ser utilizado para cosas más importantes!" Pero Don Bosco le replicó: "¡Lo último que les quitaría sería el rosario! Porque es el medio más seguro de escapar de los ataques del Demonio, de revitalizar la fe y la pureza de los jóvenes, de defenderse de los errores y de ayudar a la Iglesia". Él repetía a menudo: "El Rosario es la cuerda de la salvación con la cual podemos luchar, vencer y destruir a todos los demonios del Infierno".

*****

---

[17] En las zonas rurales de Italia, los jóvenes trabajadores agrícolas utilizaban la fragua, el yunque y el martillo para forjar buenas herramientas de trabajo. Aplicado a los sacramentos de la confesión y de la comunión, significa que la práctica de la confesión no es una manera fácil de sentirse bien, ni tampoco la comunión es una sencilla forma de devoción. Son medios enérgicos que el sacerdote tiene para llevar a los fieles por el camino del bien.

[18] La vidente Marija, le hizo la siguiente pregunta a la Virgen: "¿Qué quieres recomendar a los sacerdotes?" *"Les pido que exhorten a los sacerdotes al rezo del Rosario. Mediante el Rosario superarán todo el mal que Satanás quiere infligirle a la Iglesia Católica. Que todos los sacerdotes recen el Rosario. Consagren tiempo al Rosario"* (25-06-85).

Don Bosco y Santo Domingo Savio [19]

Pero ¿por qué Jesús ha enviado a su madre a Medjugorje? Creo que al mirar el mundo sumergido en el pecado y aplastado por infidelidades de todo tipo, el Señor vio que no podíamos prescindir de Ella. Acudiendo a nosotros de manera tan concreta, hablándonos tan claramente, ¡viene a reconquistarnos! Ella nos cobija bajo su manto maternal para restaurar la paz perdida y ofrecernos a Dios. ¡Qué grande es la seguridad que nos proporciona!

Santo Domingo Savio, el famoso alumno de Don Bosco que murió joven, vino una noche a visitar a su amigo en sueños. Don Bosco le preguntó:

– Dime ¿cuál fue tu mayor consuelo cuando estabas a punto de morir?

– A ti, ¿qué te parece?, fue la respuesta de Domingo.

Entonces Don Bosco enumeró: ¿haber vivido una vida muy pura?; ¿haber acumulado muchos tesoros en el Cielo por todas tus buenas obras?… pero a todas estas sugerencias, Domingo sonriendo sacudía la cabeza negativamente.

– ¡Dale, dímelo!, insistió don Bosco, un poco desconcertado por no adivinar. ¿Qué fue?

– Cuando me moría, lo que más me ayudó y me dio la mayor alegría, dijo Domingo, fue el amor inmenso y delicado y la maravillosa ayuda de la Madre de Dios. Diles a tus hijos que nunca dejen de estar cerca de Ella durante toda su vida. ¡Pero date prisa, el tiempo se acaba!"

---

[19] Según "40 sueños de San Juan Bosco", *Las Memorias biográficas de san Juan Bosco*.

7

EL ROSARIO DE MADRE TERESA

Según sus propias confidencias, la Madre Teresa vivió, durante cuarenta años, una gran noche espiritual en Calcuta. Esto no alteró en nada su actividad misionera tan extraordinariamente fecunda. Dentro de esta larga prueba, permitida por el Señor, la Madre Teresa siempre buscó y encontró refugio en la Virgen María, como una niña pequeña con su madre. Cuando el dolor se hizo casi insoportable, ya no rezaba más que el Rosario –un 'Avemaría' tras otro– dirá ella, agarrándose así a la mano de su Madre del Cielo. Confiando en su presencia, sacaba fuerzas de su cercanía para soportar aquel dolor tan desmesurado y así poder continuar diciendo sí a la Voluntad de Dios.

"Hubo un momento en que estuve a punto de negarle a Dios mi consentimiento. Deliberadamente tomé mi rosario y sin siquiera meditar o reflexionar, lo recé lentamente y con calma. Pasó la prueba, pero ¡qué tenebrosa era la oscuridad y qué punzante el dolor! Sin embargo, acepto todo lo que Él da y le doy todo lo que Él toma"[20].

María se convirtió en un faro en la vida de la Madre Teresa, gracias al cual se orientaba para encontrar el camino en las tinieblas. Aunque ella misma no disfrutaba de la Luz divina de manera sensible, la obra que dejó a su paso da testimonio de la presencia de esa Luz en ella. Por más que la noche oscura permaneciera, con dolores que sólo aquellos que los han sufrido pueden vislumbrar, le bastaba tomar su rosario y la paz volvía poco a poco a ella, aun en medio de las olas. Ella repetía: "Inmaculado Corazón de mi Madre, ten piedad de tu pobre hija. ¡Por amor a ti, quiero vivir y morir Misionera de la Caridad!"

---

[20] *Viens, sois ma lumière* – Mère Teresa, Lethielleux, 2008.

A su paso se producían milagros, pequeños o grandes. A veces, viendo a alguien en dificultad, le decía: "Toma mi rosario, ¡la Virgen te ayudará!" Y eso sucedía con hechos, curaciones, conversiones… El ejemplo más bonito fue el caso del obispo Hnilica. ¡Deseaba tan ardientemente ir a Moscú para hacer la consagración de Rusia al Corazón Inmaculado de María, en comunión con Juan Pablo II y los obispos de todo el mundo en marzo de 1984! Pero le era imposible cruzar la frontera a causa de la cortina de hierro. La Madre Teresa le dijo: "Tome mi rosario, ¡la Virgen le abrirá las puertas de Rusia!" Él logró pasar de manera inexplicable y consagró a Rusia en una capilla en desuso en el Museo del Ateísmo[21].

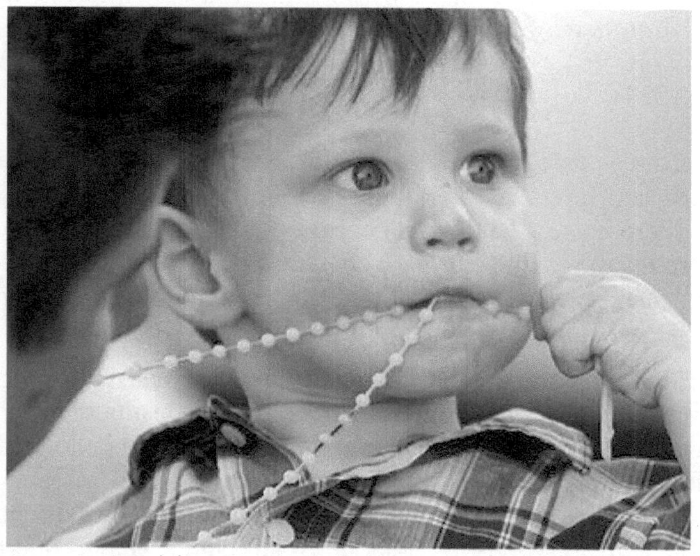

¡Un principiante en el rezo del rosario! © *Bernard Gallagher*
www.medjugorje.zenfolio.com

---

[21] Ver este episodio en "Medjugorje, el Triunfo del Corazón", en el capítulo del 25 de agosto de 1991: "¡El Pravda contenía la verdad!", de Sor Emmanuel, ediciones Paulinas. La causa de beatificación de Mons. Pavel Mária Hnilica se ha iniciado ya en Eslovaquia.

8

Un grito en la prisión

"Hoy, tráeme a las almas que veneran y glorifican mi misericordia de modo especial, y sumérgelas en mi misericordia. Estas almas son las que más lamentaron mi Pasión y penetraron más profundamente en mi espíritu. Ellas son el reflejo viviente de mi corazón compasivo. Estas almas brillarán con un resplandor especial en la vida futura. Ninguna de ellas irá al fuego del Infierno. Defenderé de modo especial a cada una en la hora de la muerte" (Jesús a Sor Faustina Kowalska, Diario íntimo, § 1224).

En la costa este de los Estados Unidos, Sor Faustina de Jesús es una religiosa de las Hermanas Apostólicas de San Juan que visita a los prisioneros. ¡Pero no se trata de prisioneros comunes y corrientes! Son los duros entre los duros que cumplen condenas de cientos de años de prisión. Digo bien, cientos de años, porque a cada delito le corresponde cierto número de años de reclusión. Ella cuenta lo siguiente:

"La primera vez que fui a visitar a unos prisioneros, en noviembre de 2008, se me envió en primer lugar a una zona de alta seguridad, donde los detenidos están habitualmente solos. Había ocho celdas a cada lado del pasillo. Cuando llegué, uno de los prisioneros gritó: '¡Eh chicos, una monja!' Justo lo que me hacía falta para sentirme a gusto. Todos los prisioneros se acercaron a las puertas de sus celdas que tenían un cristal de protección; entonces di media vuelta y fui hacia quien había hecho el anuncio. Al llegar a su puerta, vi que tenía seis lágrimas tatuadas en su cara. Entre los delincuentes, ya lo sabía, una lágrima tatuada es un símbolo que habitualmente significa, en la jerga del hampa, que han matado a alguien. Entonces, cuando vi las seis lágrimas en su cara, sentí un escalofrío por la espalda. Era un hombre de color.
Me miró y me dijo muy seriamente: '¿Qué diablos hace una

— 48 —

monja en este infierno?'. Le contesté: 'Vengo porque Jesús vino a eliminar todas nuestras lágrimas'. Lo que acababa de decir debió habérmelo soplado el Espíritu Santo ya que era parte de la lectura de la misa de aquel día. El prisionero quedó quieto un instante, después, mirándome fijamente a los ojos, me dijo:
– ¡No debería bromear con esto!
– ¿Sabes? Si estoy aquí, es porque el primer hombre que llegó al Cielo era criminal.
– ¿¿Qué quéee…??
– Sí, ¡el primer hombre que consiguió llegar al Cielo era un criminal!
Le hablé del "buen ladrón", pero hay que saber que, en el texto original del Evangelio escrito en griego, la palabra empleada es "criminal".
– ¿Sabes? Reconoció que su condena estaba justificada, que era justo que lo crucificaran por lo que había hecho. No había robado sólo una manzana; era verdaderamente un criminal. Al principio estaba en contra de Jesús al igual que el otro criminal, pero en un determinado momento comprendió algo… Entonces se volvió hacia Jesús y le dijo: *'Señor, acuérdate de mí cuando llegues a tu Reino'*. Y Jesús le contestó: *'Hoy mismo estarás conmigo en el Paraíso'*. Como ves, el primero en llegar al Cielo fue un criminal, y por eso estoy aquí.
– ¿Me está diciendo que tengo una oportunidad?
– ¿Una oportunidad para qué?
– Una oportunidad… ¡de no ser condenado a ir al Infierno! ¿Acaso también yo tengo una oportunidad de ir al Cielo?
– ¡Claro que sí! Por eso estoy aquí. Jesús ha venido para limpiar todas las lágrimas de nuestros ojos e incluso las que llevas tatuadas en tu cara.
Este joven estaba totalmente impactado y me preguntó:
– ¿Está segura de lo que me dice?
– ¡Te lo garantizo! Si le pides sinceramente perdón a Dios por lo que has hecho, y haces todo lo que puedas para no volver a caer, el Señor te perdonará y te llevará con Él al Cielo.
Luego quiso decirme su nombre, por lo menos su seudónimo
– Mi nombre es HB (nunca sabremos su nombre real); por favor, ore por mí, ¡para que pueda llegar al Cielo como ese criminal!
Le aseguré que rezaría por él y luego me dirigí a la celda contigua.

Pero HB tenía un amigo del otro lado del pasillo, y este amigo le gritó:

– ¿Qué te ha dicho la monja? ¡Dime! ¿Qué te ha dicho?

Para poder oírse los unos a los otros, tenían que gritar. Entonces HB gritó desgañitándose desde su celda:

– ¡Mo! (Era el apodo del otro detenido) ¡Me ha dicho que aún puedo ir al Cielo! – Y repetía, como para convencerse a sí mismo – ¡Me ha dicho que puedo lograr ir al Cielo! ¿Te imaginas? ¡Sí! ¡Me ha dicho que puedo ir al Cielo! ¡No estoy condenado al Infierno! ¡Puedo ir al Cielo!!

No podía dejar de repetirlo… Entonces regresé a su celda y le dije:

– ¡Eso es! ¡Perfecto! ¡Por favor, sigue propagando la buena noticia!

Aquel día, lo vi por primera y última vez. Volví a la cárcel cada semana, pero él había sido trasladado a la Prisión Estatal. La prisión que yo visitaba estaba reservada a personas en espera de juicio. Es por eso que, a veces, a un detenido no se lo volvía a ver. Otras veces, permanecía durante dos o tres años, y luego se le perdía el rastro.

En general, al llegar a sus puertas, sólo les proponía rezar con ellos. Me acuerdo de un recluso que nunca quería orar. Su nombre era Nashon. Lo vi durante seis meses consecutivos, y al pasar ante su celda le decía cada vez:

– ¿Quieres orar? Y él decía:

– No, yo no rezo. Entonces un día le dije:

– Te he visto durante tantas semanas, tantos meses ¿y nunca rezas?

– No, contestó. Yo no rezo. No quiero ser hipócrita y ponerme a rezar cuando sé perfectamente bien que, en cuanto salga de aquí, voy a volver a lo mismo.

– Bueno, ¡esto es ser honesto! Pero ¿no podría ser que si oras, el deseo de volver a lo mismo desaparezca?

Me miró de forma extraña, muy sorprendido por esta declaración, y entonces le dije:

– ¡Vamos, de rodillas!

Él se arrodilló y empezamos a orar. A partir de aquel día rezamos juntos cada semana y su corazón poco a poco fue cambiando.

Casi todos los presos que visité comenzaron a rezar. Al principio se negaban, especialmente los de las celdas de aislamiento. Me decían que no una vez, dos veces…, y luego a la tercera accedían. Yo les decía:

– Sabes, Jesús nos dijo: *'cuando dos o tres están reunidos en mi nombre, allí estoy yo en medio de ellos'*. Si dos hombres compartían la misma celda, agregaba:

– Sé que ustedes no han escogido estar juntos, pero ahora pueden elegirse el uno al otro como hermanos en Cristo, ¡y tendrán la presencia de Jesús en su celda!

Soy testigo de que algunos así lo hicieron y comenzaron a rezar juntos. A dos de ellos que habían terminado su condena los vi nuevamente fuera de la cárcel. Me dijeron:

– Cuando estábamos en la cárcel, la oración nos unió tanto que ahora hemos decidido vivir en el mismo departamento, y nos ayudamos mutuamente.

Visité a otro detenido –no puedo decir su nombre porque es conocido en todo el mundo debido a sus fechorías– que tenía dibujos satánicos en las cuatro paredes de su celda. Sabía qué crímenes había cometido. La mayoría de las veces no conozco sus delitos, pero en este caso sí lo sabía. Cada vez que caminaba por aquel pasillo, me paraba ante su puerta. Pero un día el Señor me inspiró y copié algunas palabras de la Biblia en una hoja de papel y le pedí a uno de los visitantes laicos que lo pasara por debajo de su puerta:

'Nosotros somos embajadores de Cristo, y es Dios el que exhorta a los hombres por intermedio nuestro. Por eso, les suplicamos en nombre de Cristo: Déjense reconciliar con Dios. Los exhortamos a no recibir en vano la gracia de Dios. Porque Él nos dice en la Escritura: en el momento favorable te escuché y en el día de la salvación te socorrí. Este es el tiempo favorable, este es el día de la salvación' (2 Co 5, 20. 6,1b.2).

A la semana siguiente ese preso nos llamó para rezar y continuó haciéndolo por una larga temporada. Después no lo volví a ver. Lo llevaron a la prisión estatal y perdió el contacto con nosotros. Había sido condenado a tres cadenas perpetuas. Calculo que tendría unos 30 años…

En los Estados Unidos condenan a perpetuidad hasta a menores de edad. Si cometen un crimen a los 15 años son condenados de por vida. Muchas veces se encuentran lejos de sus familias. Al principio reciben visitas, pero después de un tiempo, éstas disminuyen. En la zona de máxima seguridad, en las celdas de aislamiento, donde viven 120 reclusos, sólo unos 15 ó 20 suelen recibir visitas.

Conocí a algunos reclusos que habían cometido sus crímenes a los 15 ó 16 años. Cuando cruzaban el umbral de los 18, eran enviados a una prisión para adultos. Para protegerlos de los demás, se los mantenía en una zona de aislamiento. Así que, como todos los demás internos de la zona, permanecían encerrados 23 horas y media al día. Se les permitía salir de sus celdas por media hora. Si tenían dinero hacían una llamada telefónica (15 minutos, 5 dólares), o caminaban por el pasillo. Ni siquiera podían salir. El único momento en que podían respirar un poco de aire fresco era cuando los llevaban ante el tribunal. Entonces iban encadenados unos a otros y eran tratados como animales, amontonados en un gran camión. Uno de ellos me dijo: 'Aquí es como si estuvieras muerto, sólo que no te quedas frío'.

Estamos en la sección psiquiatría. Me paro frente a una celda y el guardia que me acompañaba me dijo: "Éste no, hermana, no vale la pena". El hombre estaba de pie detrás de la puerta sin moverse en absoluto. Traté de hablar con él, le pregunté su nombre, pero ni siquiera parpadeó. Así que me puse a rezar, porque no podía hacer otra cosa por él. Hice la señal de la cruz, y cuando él me vio, también la hizo. Llamé al guardia y le dije:

– ¡Ve como sí valía la pena! ¡Mírelo! Así que me persigné por segunda vez y el chico me imitó. Entonces recé en voz alta; recité un Padrenuestro y un Avemaría. Oré durante un minuto o dos y luego le dije:

– Volveré la semana que viene y te veré nuevamente.

La semana siguiente, continuaba en la sección de psiquiatría, pero en distinta celda. Al verme gritó:

– ¡Oh, gracias, gracias!

– ¿Gracias por qué?

– Gracias por pasar un tiempo conmigo la semana pasada.

– ¿Qué te pasaba?

– Me habían drogado. Ni siquiera sabía quién era yo, pero me acuerdo de usted. Sé que estuvo conmigo. Gracias por venir.

Allí los presos me apodaban "hermana OG" de *Original Ganster*. OG significa que tienes cierto estatus dentro de una banda. Me llamaban hermana OG para que yo sintiera que me habían adoptado. ¡Era un título de nobleza! ¡Ni más ni menos! Se tratan entre ellos de OG como nosotras decimos hermana a una religiosa consagrada. Además, cuando me presentaba a los muchachos, les decía:

– ¡Hola! ¡Soy la hermana OG!

Se quedaban muy sorprendidos. Surtía su efecto y así se rompía el hielo enseguida. Era una herramienta de evangelización extraordinaria.

La experiencia que saqué de aquellas visitas es que, ¡cuando se proclama la misericordia de Dios, la gente la acoge!"

9

¡OTRA JUGADA DE SANTA TERESITA!

"Siento que ya llega mi hora del descanso... Pero siento, sobre todo, que mi misión está por comenzar; mi misión de hacer que amen al Señor como yo lo amo, de ofrecer mi caminito a las almas. Si Dios escucha mis deseos, pasaré mi Cielo en la Tierra hasta el fin del mundo. Sí, quiero pasar mi Cielo haciendo el bien en la Tierra" (Santa Teresita del Niño Jesús. Cuaderno amarillo).

Sor Briege McKenna © Sister Briege McKenna

Sor Briege McKenna[22] nos dio la alegría de pasar algunos días en nuestra casa de Medjugorje. La última velada, como era la fiesta de santa Teresita del Niño Jesús (1° de octubre), nos contó un hecho entrañable que puede ayudarnos a aprovechar mejor la ayuda del Cielo.

"Un día Jesús habló a mi corazón y me dijo: 'Ve y háblales a los sacerdotes y a los obispos'. Pero mi respuesta fue: 'Señor, ¡ni lo sueñes!, ¡tan sólo soy una simple maestra de primaria!' Algunos meses más tarde, me encontré con un sacerdote jesuita que me manifestó:

– ¿Sabes Briege?, el Señor ha suscitado algo en mi corazón; se trata de invitarte a dar un retiro para los sacerdotes. Le contesté:

– No debe tratarse de mí, seguro que ha oído mal; yo doy clases en primaria.

– No te preocupes porque estos sacerdotes son como niños; son muy abiertos y carismáticos.

Tuve que dar aquel retiro para unos sesenta sacerdotes, sin él, porque al día siguiente por la mañana tuvieron que hospitalizarlo. Nunca en mi vida me había encontrado plantada frente a un grupo de sacerdotes. Entonces me encomendé a Santa Teresita y para resumir: el retiro estuvo lleno de bendiciones.

Algún tiempo después, un obispo de California, que se había enterado de aquel encuentro, me invitó a impartir otro retiro en San Diego. Me sentía un poco más segura porque el Señor había hecho una buena tarea en el primero. Apenas llegada a este segundo retiro, el trapense responsable me dijo confidencialmente: 'Hay cincuenta párrocos en este retiro, pero no quieren estar aquí. Su obispo los ha obligado a venir y están muy enfadados de que una simple monja dirija el retiro. Te advierto que te comerán viva'. Entonces tuve un combate interior y le dije a Jesús: 'Yo no me he invitado aquí, el que me ha traído eres tú; ¡por lo tanto haz algo!' El primer día del retiro me esperaba una sorpresa: aquel hermano trapense había tenido que ausentarse ¡y quedé a cargo de todas las charlas! Repasé entonces en mi memoria todas las cosas horribles que aquellos sacerdotes habían dicho de mí.

Habiéndome levantado muy temprano, oré durante varias horas. Recordé que había una estatua de santa Teresita en la gruta del campus, compré para ella el cirio más grande que pude encontrar y fui a rezarle: 'Escucha, Santa Teresita, dar este retiro para mí es peor que ir al circo con los leones. Por favor, ¡ven conmigo y ayúdame a hablarles!'

Cuando entré en la sala de conferencias, todos los sacerdotes tenían los brazos cruzados. Su lenguaje corporal mostraba muy a las claras que no estaban en absoluto contentos de estar allí. ¡Qué le vamos a hacer! Comencé mi primera charla. Aquel día di tres charlas y comprendí que los había conquistado, porque se los veía notablemente transformados.

Después de la cena, volví a la gruta provista de otro cirio que encendí ante Santa Teresita: 'Realmente quería darte las gracias por haber estado hoy conmigo', le dije. Un poco más tarde, me crucé con un "Monseñor" irlandés que me dijo: 'Nunca en mi vida me había sentado para escuchar a una monja y estaba muy enojado por tener que hacerlo. Esta mañana cuando nos dijiste que cerráramos los ojos, yo no los cerré. Bajé la cabeza un momento y luego levanté la vista para ver qué hacías'. Después él me preguntó: '¿Tienes una devoción especial por santa Teresita? Porque yo, que no soy muy propenso a tener visiones, la he visto de pie a tu lado mientras nos hablabas, y me he dado cuenta de que estaba allí para ayudarte'.

Sor Briege prosiguió:

¡Aquello me enseñó mucho sobre los santos! Suelo contarles esta historia a los papás cuando están por elegir un nombre para su criatura. Les digo: '¡Pidan al santo que hayan escogido que le dé sus dones a su hijo/a, de manera que pueda continuar glorificando a Jesús de la misma forma que ese santo lo glorificó!'
Cuando se lleva el nombre de un santo, a ese santo le gusta mucho acompañarnos; nos ayuda a realizar lo que debemos cumplir en nuestra vida para llegar a la santidad. Cuando invitamos a los santos, ellos acuden y nos acompañan".

Este testimonio corrobora la insistente invitación de la Gospa para que leamos las vidas de santos y les recemos. En el plano espiritual, la mayor parte de los católicos viven por debajo de sus posibilidades y se pierden las gracias inmensas que les ofrecen los elegidos del Cielo. Entonces, ¿por qué no sumergirnos de inmediato en la vida de un santo para pedirle ayuda? Ya sea nuestro santo patrono u otro santo de nuestra elección, ¡estará encantado de contestarnos! Naturalmente no se trata de estar a la espera de tener la visión de un santo como la que tuvo ese monseñor, pero podemos estar seguros de la eficaz solicitud hacia sus protegidos porque en el Cielo los ángeles y los santos nos quieren con el mismo amor de Dios.

10

EL PASEO DE JANET EN SIROKI-BRIJEG

Janet nos llegó directamente de Irlanda. Había ahorrado durante mucho tiempo para poder venir a Medjugorje, la tierra de su felicidad, de su salvación. Cuando llamó a nuestra puerta, noté inmediatamente esa clase de luz apacible en la mirada que emana de los que oran mucho. Aquel día, desbordada por cosas urgentes que atender, francamente no tenía tiempo para sentarme con ella, pero lo hice de todas formas. Confieso que quería descubrir lo que la hacía tan hermosa, tan llena de alegría. No cabía duda de que tenía algún secreto. Tímida y humilde no quería, así de repente, hablarme de su experiencia personal, aduciendo que era sólo una peregrina más. Tuve que utilizar el recurso casi mágico para convencerla de que me contara su historia: "Piensa en todas las personas que serán tocadas por Dios y confortadas por la lectura de lo que te ha pasado; ¡no se lo puedes negar!" El argumento la hizo cambiar de idea, y de manera sencilla me relató:

"Católica desde la cuna, iba todos los domingos a misa, pero sólo por costumbre. Mi marido no era católico, sino de origen hindú. Sin embargo, habíamos decidido de común acuerdo que los tres niños serían educados en la religión católica, con misa dominical obligatoria, escuelas católicas, etc. Yo pensaba que esto era mi deber, como madre, hacia ellos. Como yo no tenía ningún gusto por la religión y no había comprendido nada de la oración, nunca les había hablado de Dios, ni tampoco había rezado con ellos. De hecho, practicaba una fe totalmente exterior y no con el corazón. En aquel entonces estaba abierta a cualquier cosa que pudiera contradecir la fe cristiana, tanto por ignorancia como por pereza espiritual. Un cristiano protestante me había asegurado un día que Jesús no estaba presente en la Hostia, que creer en la presencia real de Jesucristo era ridículo, y acabé dudando. Durante la Misa pensaba en todo menos en Dios y esperaba impaciente a que terminara.

Una amiga muy querida me insistía: '¡Ven conmigo a Medjugorje!'
Acabé por ceder y, en mayo de 1997, consiguió arrastrarme con
ella a pesar de mi resistencia inicial. Había logrado convencerme
porque con otras amigas comunes había formado un grupito de
seis para aquel viaje. En mi imaginación, iba para pasar un tiempo
agradable disfrutando de la amistad, del sol y de la naturaleza en
buena compañía, compartiendo historias intimas entre amigas…
Al final de cuentas, ¡un buen programa! Ni por un segundo se me
había pasado por la cabeza que iba allí para rezar.
Los primeros días pasaron así, de lo más agradables. Me gustaba
mucho la comida, el aire puro, los rayos de sol en mi piel…
¡Estaba viviendo unas vacaciones perfectas! Al tercer día, nuestro
guía irlandés nos llevó en una vieja camioneta desvencijada fuera
del pueblo para asistir a la misa de un tal Padre Jozo en Siroki
Brijeg, donde fueron martirizados 30 franciscanos durante la guerra del 40. La cosa no me decía nada, pero todo el mundo parecía
emocionado por este evento, ¡como si fuéramos a ir a ver al Papa
en persona! Cuando llegamos, la iglesia aunque espaciosa ya estaba llena de bote en bote. Todos los bancos estaban ocupados y
los peregrinos se habían amontonado en tan gran número en los
pasillos que era imposible moverse. Aprovechando esta dificultad
–providencial para mí– decidí, con la conciencia muy tranquila,
permanecer afuera con la intención de charlar con quien sea mientras tomaba sol. Fue entonces cuando sucedió algo de lo más sorprendente.
Un desconocido se me acercó, me tomó de la mano muy amable-
mente y me condujo sin ninguna dificultad por el pasillo central
entre la multitud, como si de manera natural se abriera un camino
ante él. Me colocó al pie de las escalinatas del altar, justo frente
al sacerdote que estaba a punto de comenzar la misa, y repentinamente desapareció. Yo tenía la mejor de las ubicaciones y creía
estar soñando; era como una experiencia surrealista, pero a la vez
todo parecía lo más normal del mundo. No recuerdo el comienzo
de la misa; pero cuando, después de la consagración, el sacerdote
elevó la Hostia, ésta se hizo muy grande a mis ojos y Nuestro
Señor Jesús apareció vivo en la Hostia, mirando hacia lo alto.
Desde aquel momento, y durante todo el resto de mi estadía en
Medjugorje, no dejé de llorar. A partir de entonces mi vida cambió
por completo. De vuelta a casa, tomé el hábito de asistir a Misa

diariamente. Allí, recibo toda mi fuerza y mi alegría de vivir. Aquella visión nunca se ha repetido, pero Jesús se ha convertido en mi alimento esencial. Mi marido hindú escuchó la historia de mi testimonio con respeto, pero me sentí decepcionada al ver que, a pesar de mi profundo cambio, no parecía impresionado. A partir de entonces, nunca traté de convencerlo ni de exponerle mi fe, tanto más cuanto que él me dejaba libre para practicarla. Aún no era su tiempo, así que yo esperaba en paz. Rezaba mucho por él, rogándole a Dios que tocara su corazón. Años más tarde, una mañana cualquiera cuando me iba a misa, me dijo sin más: '¡Voy contigo!' Desde entonces tomó la costumbre de acompañarme a la iglesia, sin decir palabra. Tampoco yo, le decía nada, a sabiendas de que la chispa sólo podía venir de lo Alto.

Para abreviar el cuento: el Señor obró en secreto en su corazón, misteriosamente, de manera que mi marido es ahora un católico bautizado y comulgamos en una misma fe. ¡Jesús lo ha hecho todo a su tiempo!

¡Oh! ¡Cómo me gustaría empezar mi vida de nuevo y haber estado con Jesús durante mis años de juventud! ¡Cómo lamento el tiempo perdido! Pero no pasa un solo día sin que dé gracias a Dios por habérseme revelado primero a mí, y luego a mi marido. Ahora oro por los católicos tibios, como yo lo he sido. ¡Que María toque a muchas, muchas almas para llevarlas a Jesús vivo!"

*****

¡Ya no puedo más, Dios no me escucha!

"Nada te turbe, nada te espante, la paciencia todo lo alcanza, sólo Dios basta", decía Santa Teresa de Ávila.

Janet nos da una clave preciosa para resolver la difícil situación de los cónyuges privados de la comunión espiritual entre sí, cuando uno de ellos no quiere rezar, o ni siquiera oír hablar de Dios. Muchas personas sufren una frustración constante a causa de ello. Efectivamente, esta falta de comunión en la pareja crea en ella un malestar interior tal que su relación se va deteriorando. Esta carga difícil de soportar vuelve a los esposos como impermeables a la paz e, impregnados por esta frustración, corren el riesgo de perder la esperanza y de hundirse en una profunda tristeza. Sin embargo, muchas veces haría falta muy poco para ayudarlos a gestionar su situación de manera positiva. La Virgen María no lo ignora y, una vez más, ha expresado una forma de proceder muy sencilla.

Un día, una mujer casada, Cristina, vino a hablar conmigo. Confieso que estuve un poco dura con ella, con la esperanza de que este método la ayudaría a salir de su infernal círculo vicioso.

Desde hacía quince años, se sentía torturada por la actitud de su marido. Ella lo quería y soñaba con vivir una profunda comunión espiritual con él. Pero él no creía en Dios y, viéndola tan piadosa, tan activa en la Iglesia, se lo hacía pagar caro; le hablaba con ironía, pero no con maldad. A veces llegaba a blasfemar ante ella, sólo por provocarla. Varios de sus hijos seguían el camino del padre, de manera que aquella pobre mujer ya ni dormía de noche. "Estoy desesperada, me dijo, cuanto más oro, cuanto más trato de dar testimonio de mi fe ante ellos, peor se pone la cosa. ¡Dios no me escucha! Por mucho que ore, no cambia nada, ¡al contrario! Tengo que llevar sola este peso terrible; ¡estoy agotada, no puedo más!"

Miro el rostro de Cristina: ¡un verdadero desastre! Todo en ella transluce tristeza, incluso desesperación. A pesar de una cierta belleza natural, sus ojos, sus mejillas, su boca, todo parece dibujarse hacia abajo, como si ella fuera atraída por el magnetismo de un abismo invisible. Comunica una tristeza infinita. La historia de sus desgracias, las injusticias de las que es víctima y sus continuos fracasos en convertir a su familia, hace que las personas eviten su contacto. Ese aislamiento no ayuda en nada para resolver el sentimiento de frustración que la mina. Podría vivir así durante muchos años en el espejismo de que es una cristiana perseguida, una mártir de la fe, y por qué no, una alma víctima. Pero las verdaderas almas víctimas desbordan de alegría. ¡Los mártires de la fe son soles!

¿Qué es lo que está fallando?

Mientras que Cristina sigue hablando de las burlas de su marido, la interrumpo y le digo: "Pero, ¿cómo pretendes atraer a tu marido y a tus hijos hacia Dios, si les presentas una cara de desesperada?"

¡Ella me mira estupefacta! Me escruta un momento como para ver si de verdad le he dicho esto, si ha oído bien… Shockeada, desconcertada, se queda callada. Ya está, ¡por fin me va a escuchar! Sí, lo reconozco, le he dado duro y le digo con una sonrisa: "Lo he hecho a propósito, ¿sabes? Perdóname, pero era para que reaccionaras" Entonces Cristina, ya más tranquila, espera a que me explaye, porque sabe que le deseo lo mejor.

"Tu vida va a cambiar, Cristina. Tienes buena voluntad, pero hasta ahora has hecho lo contrario de lo que se necesita para alcanzar tu objetivo. Quieres llevar una carga demasiado pesada, llevar la maleta de Dios, y ésta te aplasta. Esto es demasiado para ti. Déjalo actuar a Él. ¿Acaso Dios no es el único que puede tocar y cambiar el corazón de sus hijos? ¿Por qué tomar su lugar? Tú, ocúpate de lo tuyo. Tu papel ahora es orar con todo tu corazón y vivir tu fe lo mejor posible. En la oración, recibes un gran don de parte de Dios: su paz. Esa paz te la da en abundancia, te la regala incluso en medio de las olas de la vida. Pero, ¿qué tienes que hacer con esa paz? ¡Tómala y, sobre todo, consérvala! ¡Protégela en tu corazón! ¿Te das cuenta de que el único pasaje del Evangelio donde vemos a Jesús dormir en paz como un bendito es cuando la barca de los apóstoles amenaza con hundirse en medio de la tormenta?

La paz de tu corazón no debe depender de la actitud de los demás. Si fuera así, todos correríamos el riesgo de no tenerla nunca, ya que siempre habrá un aguafiestas en alguna parte. No, tu paz depende sólo de Dios, ¡el Rey de la Paz! Dios siempre está ahí, preparado para darte la bienvenida y bendecirte. Él conoce a cada uno de los tuyos, lo ve todo, no hay necesidad de recordarle las culpas de tu marido.

Si te pones furiosa porque los demás no son como tú quisieras que fueran, dilapidas esa paz porque, sin darte cuenta, ocupas el lugar de Dios. Te pones a discutir con tus seres queridos, tratando de convencerlos, y esto no sirve. Te agitas, te agotas, te amargas… Crees actuar bien, pero lo que haces es estorbar el plan de Dios y retrasarlo. Y… ¡zas, el cizañero gana!

María nos da el siguiente consejo en Medjugorje: "*Queridos hijos, ¡no entren en discusión!*" ¡Qué hermoso mensaje de liberación! ¡Qué dulce es pensar que sólo a Dios le corresponde el éxito de una conversión!"

Cristina recupera la esperanza y se le ilumina el rostro. Se da cuenta de que ella misma ha cargado sobre sus hombros el fardo que la aplasta y que el Señor la liberará de ese peso.

Si muchos peregrinos al volver a casa se enfrentan con problemas familiares que les parecen insuperables, ¡que no pierdan la paz! Dios les dará su paz en la oración. Si encuentran un gran obstáculo en su familia, que lo depositen en el Corazón de María diciéndole: "¡Ahora es TU problema!" Y luego que se dediquen a rezar por las intenciones de la Virgen. Éste es el trueque que nos enseña: *"Queridos hijos, denme sus inquietudes y problemas. Así su corazón quedará libre para la oración, y entonces oren por mis intenciones"*. (A Ivan, verano de 1990). Le confiamos las situaciones difíciles, y a cambio nos tomamos muy en serio sus asuntos. ¡Se trata de un canje que funciona…!

*****

Palabras del Padre Svetozar Kraljevic, ofm

En Medjugorje, los peregrinos frecuentemente nos piden consejos para tratar de resolver problemas en sus relaciones familiares, problemas que nos desbordan. Un día, un peregrino le preguntó a uno de los franciscanos de Medjugorje, el padre Svetozar Kraljevic:

– ¿Qué le diría a un hombre que ora todos los días y desea rezar en familia, pero ésta se niega? El padre le preguntó:

– ¿Eres tú ese hombre?

– Sí, respondió.

Entonces el padre le dijo: ¡Estás en el camino de la santidad!

11

FRANCIA, ¡NO TE IRÁS A PIQUE!

"¡Queridos hijos! Hoy los invito a unir su vida a Dios Creador, pues sólo así ésta tendrá sentido y comprenderán que Dios es amor. Dios me envía a ustedes por amor, para ayudarlos a comprender que sin Él no hay futuro, ni gozo y, aún menos, salvación eterna. Hijitos, los invito a dejar el pecado y a aceptar la oración en todo tiempo, con el fin de que en la oración puedan llegar a conocer el sentido de su vida. Dios se dona a quien lo busca" (Mensaje del 25-04-1997).

Algunos destructores profesionales, como ciertos políticos de hoy en día que se han permitido dañar profundamente a Francia en los últimos años, deberían releer la historia y darse cuenta de que ¡una tierra elegida por Dios durante tantos siglos no se destruye en unas pocas décadas! Si ya están cavando la fosa para enterrar a Francia, ¡que sepan que son ellos, desdichados, quienes van a caer en ella!

Es bueno mencionar aquí algunos profetas que han orado y sufrido por Francia, y han levantado un poco el velo que cubría lo que se avecina.

*****

La venerable Marthe Robin (1901-1981) es la más cercana a nosotros[23]

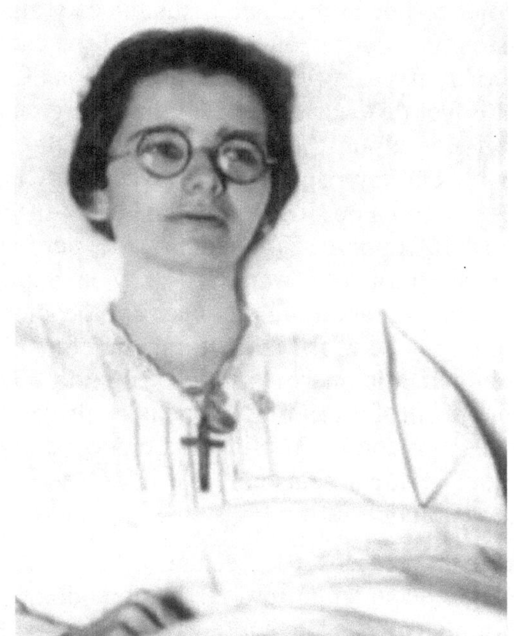

Marthe Robin. © Foyer de Charité, Châteauneuf-de-Galaure

En 1973 fui a visitar a Marthe. Compartí con ella las maravillas que yo veía realizarse en la renovación carismática incipiente en París, con el entusiasmo de mi propia conversión; al menos del principio de mi conversión, porque todavía tengo mucho camino por recorrer. Vivíamos como en los Hechos de los Apóstoles, ebrios de alegría y testigos del poder de Dios, no sólo en París sino en otras ciudades de Francia. Después de escuchar mi historia repleta de prodigios, Marthe respondió:

---

[23] El 7 de noviembre de 2014 el papa Francisco autorizó la promulgación de los decretos sobre las virtudes heroicas de la sierva de Dios, Marthe Robin, paso previo a su próxima beatificación – www.martherobin.com – www.foyer-de-charite.com

"¡Esto no es nada comparado con lo que vendrá más tarde!" Yo pensaba que le traía una buena noticia y fue ella la que me la dio, ¡y una enorme! Nunca olvidaré aquella respuesta.

Marthe oraba mucho por Francia; eran sus raíces y ella vibraba con el corazón de Cristo por la condición y el destino de su patria. Compuso varias oraciones por Francia. A principios de los años 80, el padre Van der Borgh (+), del Foyer de Charité de Tressaint, que conocía muy bien a Marthe, me comunicó algunas de sus palabras, incluyendo aquellas que después se han hecho famosas: "Francia caerá muy bajo, más bajo que otras naciones por culpa de su orgullo y de los malos dirigentes que habrá elegido. Morderá el polvo. No quedará nada, pero en su angustia se acordará de Dios. Entonces clamará a Él, y la Santísima Virgen acudirá a salvarla. Francia recobrará entonces su vocación de Hija primogénita de la Iglesia y será el lugar de mayor efusión del Espíritu Santo; volverá a enviar misioneros a todo el mundo". Debo precisar aquí que estas palabras proféticas fueron dadas en privado y no constituyen informaciones que uno esté obligado a creer. Se trata de la mera opinión de una gran mística, a la que yo me adhiero. Lo que sigue puede apoyar esta visión de Marthe.

Cuando en la primavera de 2013, el padre Yannik Bonnet vino a Medjugorje, me alegré de poder entrevistarlo, sabiendo que había tenido un contacto importante con Marthe sobre la condición de Francia.

El padre Bonnet, de 80 años, de la diócesis de Puy-en-Velay, antiguo ingeniero químico, viudo con hijos mayores, fue ordenado sacerdote en 1999. Su testimonio ha hecho renacer la esperanza en muchos corazones. En abril de 1973, un año antes de la muerte del presidente Pompidou (que bloqueó la ley sobre el aborto antes de que Giscard d'Estaing la impusiera), Yannik visitó a Marthe porque, como padre de familia numerosa, estaba preocupado por el futuro de sus siete hijos. Por una serie de circunstancias providenciales pudo hablar con Marthe durante 55 minutos.

He aquí algunos fragmentos que me contó de aquella conversación tan de actualidad:

"– Marthe, si vengo a verla hoy – le dijo – es porque hace seis meses tuve a mi séptima hija y me estoy haciendo muy mala sangre por el mundo en el que voy a tener que criar a mis hijos. Veo un desmoronamiento y estoy lleno de ansiedad ¡sólo con pensar que tengo que educar a 7 hijos en semejante mundo!

Marthe le dijo con su vocecita cristalina:

– ¡Pero esto no es nada comparado con lo que vendrá! ¡No se puede imaginar lo bajo que caeremos!

Efectivamente, me dijo Yannik, no me lo imaginaba en absoluto. Pero ella añadió:

– Pero ya verá ¡la renovación será increíble! ¡Será como una pelota que rebota! Y enseguida se corrigió: ¡No! ¡Rebotará mucho más alto y mucho más rápido que una pelota![24]

Entonces ella me habló de esa renovación en la que habrá conversiones y vocaciones. Me describió a una Francia en plena renovación espiritual. Entre otras cosas hablamos del mundo. Lo que me dejó muy sorprendido fue que Marthe pudiera hablar de geopolítica, ¡como si hubiera sido el presidente de los Estados Unidos! ¡Fue algo increíble!

Quedé admirado por todos los consejos que me dio, que me sirvieron como laico, pero aún más como sacerdote. Creo que ella sabía que un día yo sería sacerdote. Por ejemplo, me dijo: '¡No se complique la vida! Esté donde esté, siempre que se le pida algo, simplemente haga lo que sepa hacer. Hay cuestiones para las cuales usted tiene talento y otras para las que no lo tiene. Haga las cosas para las que sí lo tiene, así no cometerá tonterías'. Sólo me daba consejos así, con un enorme sentido común. Tuvimos un diálogo extraordinario como si nos conociéramos de toda la vida, cuando en realidad nos acabábamos de conocer"[25].

¡Ojalá que estas palabras de consuelo de Yannik nos reconforten a todos en este momento de crisis tan dura para Francia, Europa y el mundo en general! ¡Que nos estimulen para apresurar, mediante nuestras oraciones, el día del "rebote de la pelota" cuando los enterradores de los valores cristianos sean, o bien, iluminados por Dios, o puestos fuera de combate y ya no puedan hacer más daño!

*****

---

[24] El padre Bernard Peyrous, postulador de la causa de beatificación de Marthe Robin dijo: "¡Francia se levantará, se convertirá en luz para las naciones otra vez!"

[25] Ver el blog del padre Bonnet, Politécnico, DHR Rhône-Poulenc, director de una escuela de ingeniería, doctor en química, escritor prolífico y perspicaz sobre temas familiares y sociales. http://www.saintjosephduweb.com/bonnetblog/

Figliola

Escuchemos también a esta mística alsaciana muy poco conocida quien vivió en la región de París (1888-1976). (Ver el capítulo sobre la maternidad espiritual, pág 220). Jesús le hablaba y le pidió que escribiera sus palabras. Sobre Francia, Figliola recibió mucha información del Señor, tanto sobre la prueba que le espera a causa de su falta de fe, como sobre su elección y su restauración final. Con su francés muy sencillo, caótico a veces, Figliola confirma de algún modo las palabras de Marthe Robin.

"Francia me rompe el corazón por su falta de fe en mí… Me gustaría sobremanera salvar a Francia, a la que quiero tanto… Yo he elegido a Francia para consolar mi corazón: ¡Me lo arrancan, me lo desgarran; eso es lo que hacen conmigo!" (8-4-74).

"Francia sufrirá un gran revés. ¡El Sagrado Corazón de Jesús es tan despreciado; la Humanidad Santísima de Jesús tan deformada y desgarrada por los suyos!" (29-4-74).

"Los fieles a Jesús, a su espíritu, a su amor, son los menos. Pero Jesús edifica con ellos. Él me deja ver una luz tan hermosa, que es una fuerza indescriptible. ¡Qué consolador! Jesús busca a las pobres almas entre el barro, para revestirlas con su amor, para conducirlas, darles vida, su vida. ¡Él reinará gracias a esos pequeños! Con esos pequeños Jesús reconstruirá su Iglesia que sufre tanto. El Espíritu de Jesús reinará en su Iglesia que ha sido desgarrada" (13-05-74).

"El enemigo está ganando terreno. ¡Todo podría haber sido de otra manera! Pero la Iglesia triunfará a pesar de Satanás y sus secuaces… Estoy triste hasta la muerte por Francia" (17-6-75).

"Francia va a sufrir por su falta de fe en Jesús, en su Santa Humanidad. Francia será humillada. Su orgullo sufrirá… Pero Jesús reinará por su Humanidad Santísima. El tiempo ha llegado. El mundo no sabe adónde acudir. Buscamos en quien confiar. Defendemos nuestro bienestar. Y las almas se pierden".

"Francia no escucha mi voz, ni la voz de mi madre que habla, que llama… Se pierde un tiempo precioso que concedo para que me conozcan. He elegido a Francia para darme a conocer" [26].

---

[26] Extractos de *"Figliola, Chemin de lumière"*, ed. Pierre Téqui.

Santa Mariam de Belén (1846-1878)

¿Quién es la "Pequeña Árabe"? Mariam Baouardy es hija de Galilea y una gran mística del Carmelo, beatificada por Juan Pablo II el 13 de noviembre de 1983 y canonizada por el Papa Francisco el 17 de mayo de 2015. Llamada en religión Sor María de Jesús Crucificado, su vida fue una serie de eventos sobrenaturales dignos de una Catalina de Siena, desde los estigmas hasta los combates singulares contra Satanás. Vivió un tiempo en Francia, a la que amó mucho. Desde su más tierna infancia Jesús le hablaba; así contaba ella algunas de sus preciosas palabras:

"Jesús compara a Francia con un rosal. El rosal será podado por tres tijeras. No quedará más que una rama y con ella Dios hará grandes cosas. Francia debe ser muy purificada".

"*¡Francia pide perdón*, decía Jesús, *pide perdón!… Francia ha hecho demasiado bien en las misiones para que Dios la abandone. Será santa, pero todavía no se lo merece. Si la gente ora y se convierte, la prueba será menor. De lo contrario, irán de caída en caída*".

Mariam dice que "Dios hará sus delicias en el corazón de Francia". Pero Jesús también dice que, antes de eso:

"*deben pasar por el tamiz y es necesario que Francia sea absolutamente nada para que Yo esté a la cabeza de los ejércitos, de modo que todas las naciones se digan unas a otras*: '¡En verdad, es el Todopoderoso, el que va a la cabeza de Francia!' *Todos lo proclamarán unánimes, a una misma voz, con el mismo tono, incluso los impíos*"[27].

*****

---

[27] *Mariam de Belén, la pequeña árabe*, Sor Emmanuel, Editorial San Benito, www.gradifco.com.ar

Marcel Van, el vietnamita (1928-1959)

Ya está abierta la causa de beatificación de este joven religioso re-
dentorista, muerto mártir en una prisión comunista de Hanói, en Vietnam
del Norte. Desde la edad de 7 años, Van tuvo visiones de Jesús, de
María y también, cosa singular, de Santa Teresa de Lisieux que lo formó
en su "Caminito". Al principio, Van detestaba a Francia, viendo en ella
a una terrible enemiga. Cuando Teresa le pidió que rezara por Francia,
Van se negó; pero ella supo abrirle los ojos al amor de Jesús por Francia.
Entonces Van ya no se contentó con orar por ella, sino que se convirtió
en el hombre de confianza de Jesús, en lo referente a Francia. He aquí
algunos extractos de sus "Coloquios".[28]

Marcel Van con su hermana espiritual santa Teresita

[28] Extractos de los *Colloques de Van*, Saint-Paul Editions Religieuses/ Les amis de Van.
Ver los sitios http://marcelvan.canalblog.com – contacto: amis@amisdevan.org
www.amisdevan.org y también: jesusmarie.free.fr / marcel_van.html

"Fue en Francia donde mi amor se manifestó en primer lugar, dice Jesús. Desafortunadamente, hijo mío, mientras que el flujo de mi amor brotaba de Francia hacia todo el universo, ella por sus sacrilegios lo ha derivar en amor al mundo, de manera que está disminuyendo poco a poco... Por eso Francia es infeliz. Pero hijo mío, Francia sigue siendo el país que amo y aprecio de manera particular... Restableceré allí mi amor... Me serviré de Francia para extender por todas partes el reino de mi amor. Pero para eso se necesitan gran cantidad de oraciones, porque son muchos todavía los que no quieren mostrar celo por mi causa... Sobre todo, ora por los sacerdotes de Francia, ya que gracias a ellos consolidaré en ese país el "Reino de mi amor"... Oh hijo mío reza mucho. Sin la oración se encontrarán muchos obstáculos dolorosos por superar y el reino de mi amor se establecerá con muchas dificultades".

"Hijo mío hablo así para que Francia esté advertida y sepa tomar precauciones porque el Enemigo quiere hacer de ese país un nido de discordias. Hijo mío se necesitan muchas oraciones..."

12 de noviembre de 1945 – Jesús: *"Oh pequeño apóstol de mi amor, por toda Francia mi amor grita: ¡Socorro! ¿Y qué ayuda pide? Solamente el socorro de la oración que, reavivando la llama del amor, tornará más maleable el corazón de los enemigos de mi amor".*

"Franceses, hijos míos, si arrojan lejos de ustedes mi Amor, ¿de qué otro amor sacarán fuerzas para levantar a Francia? Si no hay amor para levantar a Francia, ésta se verá envuelta en espesas humaredas que subirán del Infierno y, en ese caso, será un país opuesto a mi amor que acabará por ser destruido. Pero hijo mío, humilde hijo de mi amor, si elevan hacia mí oraciones procedentes de los corazones confiados, simples y puros, después me verán sonreír alegremente al país que amo".

110 – Jesús: *"Hijito de mi amor, escucha, te voy a dictar una oración y esta oración quiero que los franceses me la recen: 'Señor Jesús, ten compasión de Francia, dígnate rodearla con tu amor y mostrarle toda tu ternura. Haz que llena de amor por ti, contribuya a hacerte amar por todas las naciones de la Tierra. Oh amor de Jesús, nos comprometemos aquí a permanecerte fieles para siempre y a trabajar con un corazón ardiente para extender tu reino por todo el universo. Amén'.*

Oh hijo mío, diles a los franceses que esa oración es la que yo quiero escuchar de sus labios. Ha surgido de mi corazón ardiente de amor y quiero que los franceses sean los únicos en rezarla".
124 – Jesús: *"Franceses, hijos míos, y ustedes sacerdotes de Francia, los quiero. ¡Estén vigilantes! El enemigo de mi amor les lanzará, ante todo, su veneno a la cabeza. (...) Esta sociedad, a diferencia del Partido Comunista, no dañará directamente a mis hijos, no destruirá de repente al país que amo, pero lo destruirá poco a poco. Sí, se extenderá paulatinamente, vomitará su humo infernal para hacerlos morir de asfixia; actuará de manera que se alejen lentamente de mi amor y se vayan acercando poco a poco al amor del mundo".*
126 – Jesús: *"¡Oh Francia!, objeto más preciado de mis desvelos, te envuelvo en mi amor, pero tienes que tomar en serio las advertencias que acabo de hacerte. Hijos míos estén muy atentos y trabajen con un corazón ardiente, propagando por todas partes el reino de mi Amor".*
Visión sobre Francia, 15 de noviembre de 1945 – Van: "Padre, déjame decirte con mi hermana Teresita lo que pasó anoche: "Durante la meditación vi a Jesús sentado solo, llorando mientras miraba a Francia, y me dijo con voz entrecortada: '*¡Francia! ¡Francia! ¿Por qué me abandonas...? No, no. ¡Esta desgracia nunca puede suceder!*' [138] Un momento después, vi a mi hermana Teresita que me llevaba de la mano. Vi su sonrisa, me miraba y me decía: 'Vamos a rezar juntos la consagración de Francia a Jesús'. Después de haberla rezado dos o tres veces conmigo, inclinó la cabeza sobre el corazón de Jesús para llorar. En aquel momento Jesús ya no lloraba, pero estaba triste".
388 – Van: "Pero, Jesusito, ¿la expansión del Reino de Amor ya ha comenzado en el mundo?"
Jesús: *"Sí ya. Pero el punto de partida de esta expansión es la propia Francia. Y tu hermana Teresita en persona es el apóstol universal de los otros apóstoles de mi amor. Sí, a partir de ahí ha comenzado la expansión del Reino de mi Amor que ahora continúa".*
24 de agosto de 1946 – Teresa: "Hermanito, ora especialmente durante el próximo mes. El Demonio utiliza el poder de la mentira y el engaño para apoderarse de Francia. En cuanto a nosotros, vamos a utilizar el poder de la oración para ofrecérsela a Jesús. Sus

esposas triunfarán. Sin embargo, hermanito, para llegar a ello tienes que orar todavía mucho más".

Van: "Luego oí a mi hermana Teresita darme un ejemplo que contiene las dos categorías de franceses de las que acabábamos de hablar: 'Aun si en toda Francia sólo hubiera pecadores salvo un solo justo, sería suficiente con ese único justo para que Jesús no se atreviera a destruir a Francia, ya que no podría ignorar que en medio de esta multitud de pecadores había un alma pura' ".

***

¡Grande es nuestra esperanza para el futuro de Francia! Se han formado grupos de intercesión en todas partes de Francia para proteger al país de las leyes infames promulgadas sin el consentimiento del pueblo y que se imponen en detrimento de la Constitución. Se han multiplicado las cadenas de oración; las horas de adoración se suceden; los rosarios, los ayunos, las confesiones, las celebraciones eucarísticas, las novenas, los pequeños sacrificios ocultos que sólo se conocerán en el Cielo, etc. Estos pequeños grupos se forman ante la urgente necesidad de luchar contra el Destructor con las armas espirituales y temporales. Informan sobre la verdad, denuncian las mentiras groseras o sutiles del gobierno, recuerdan la ley del Señor y sus deseos de amor. Cuando hemos visto levantarse a los *Veilleurs**, hemos comprendido que Francia no había perdido su alma y que sobrevivirá a la crisis. ¡Damos las gracias a todos los *Veilleurs* y a todos los que perseveran en la oración! ¡Estamos tan orgullosos de ellos! ¡Pero cuidado, la tentación sigue siendo la división! Rechacemos toda murmuración y permanezcamos firmemente unidos en Jesús.

Sin ponerse previamente de acuerdo, los peregrinos de diversos países de Europa que he visto en Medjugorje sorprendentemente me han dicho (resumo lo esencial):

"Si Francia se está moviendo en contra del totalitarismo creciente que invade Europa, ¡nosotros la seguiremos! No podemos iniciar la resistencia, pero Francia es la primogénita de la Iglesia y ¡la vemos como a nuestra hermana mayor! Esperamos que arrastrará a otros países a deshacerse de los totalitarismos y de las leyes de la cultura de la muerte, a recuperar el sentido común y a elegir un gobierno a favor de la vida".

NT.1 Los *"Veilleurs"* (centinelas) son personas creyentes que oran de noche parados frente a los edificios donde se legisla, separados unos metros unos de otros, para que la policía no los pueda acusar de desorden público, pero bien visibles para protestar así, de manera pacífica, ante las leyes inicuas que se están imponiendo en Francia.

NT. 2 Francia tiene el título de Hija Primogénita de la Iglesia por haber sido el primer país europeo católico en su totalidad.

12

UNA TENTACIÓN SALE A LA LUZ

"Queridos hijos, los invito a abrir la puerta de su corazón a Jesús como una flor se abre al sol. Jesús desea llenar sus corazones de paz y alegría. No pueden, hijitos, lograr la paz si no están en paz con Jesús. Por eso los invito a la confesión para que Jesús sea su verdad y su paz". (Medjugorje, 25-1-95)

Christine brilla por su gran belleza. Bien casada desde hace doce años con un hombre al que ama, con tres hijos, es una creyente ferviente. Intenta vivir los mensajes de Medjugorje con todo su corazón.

Todo iba sobre ruedas hasta que un día, durante una cena, conoce a un hombre… De repente se produce un flash, un flechazo. Christine, para su gran sorpresa, experimenta una inmensa atracción hacia él. De repente, aquel hombre invade sus pensamientos, su imaginación, su corazón, su sensibilidad. Todo su ser está conmocionado y esto la supera. Desestabilizada, le pide a Dios que la proteja especialmente, porque nota con claridad que ese hombre siente la misma atracción por ella. Tampoco intenta esconderlo. A Christine ni se le ocurriría traicionar a su marido, pero tiene miedo de caer. Entonces para sentirse protegida, le pide a su esposo que la acompañe cuando sale.

Transcurren así tres semanas de violentas tempestades. Ya que le toca su confesión mensual, Christine se acerca a recibir el sacramento. Para ella es importante ser fiel a esa costumbre adquirida hace algunos años a raíz de su conversión en Medjugorje. Aquel día enumeró sus pecados, y aunque ella no había cometido adulterio, se abrió al sacerdote y le contó lo de aquella atracción invasiva que sentía por aquel hombre, exponiéndole de manera muy sencilla las tentaciones que sufría y que rozaban el límite de lo soportable. El sacerdote la escuchaba con benevolencia. Después de darle algunos consejos para combatir esa obsesión, le dio la absolución. Cuando el sacerdote pronunció las palabras sacramentales, todos los sentimientos que Christine sentía hacia ese hombre se desvanecieron por completo, ¡como humo de cigarrillo que se lleva el viento! ¡Qué maravilla! ¡Se logró así la victoria, casi heroica, de la fidelidad! Christine creía estar soñando. Le parecía salir de una película de ficción…

Vuelve a conectarse con SU realidad; al fin se siente en paz. "¿Qué le encontraba yo a ese hombre? ¡Si no tiene nada de especial!" Christine ya no comprende lo que la fascinaba unos minutos antes.

"Nunca me había dado cuenta, hasta entonces, del poder de ese sacramento, me confió más tarde. ¡Una simple absolución me liberó! He comprendido que al Maligno no le gusta la luz; necesita de la oscuridad para actuar y disimular la fealdad de sus acciones. Para obligarlo a soltar la presa, bastó con exponer todo a la luz ante el sacerdote (¡una buena humillación para mí!), explicándole mis tentaciones con honestidad".

¡Gracias, Señor, por esta victoria de la Luz! ¡Gracias por esa familia que ha evitado la destrucción! Gracias, querida Gospa, porque, para Christine, tu mensaje sobre la confesión mensual ha sido su tabla de salvación.

13

LA MANERA DE PROCEDER

"Cuando estamos estresados o ya no somos capaces de soportar las cargas de la vida, es porque probablemente colocamos nuestras prioridades en un orden equivocado". (Madre Teresa de Calcuta)

Una peregrina llega a Medjugorje muy agitada y profundamente enfadada con el Señor. Me cuenta los hechos de su vida en la que ciertamente se sucedieron una serie de situaciones y sufrimientos difíciles de superar. ¡Una verdadera maraña! Esta mujer ha venido a Medjugorje varias veces sin resultado aparente. Se da cuenta que los demás peregrinos reciben grandes bendiciones, pero ella… ¡nada de nada! Así que le pregunté si intentaba vivir sinceramente los mensajes claves dados aquí por la Sma. Virgen.

– ¿Ora todos los días?

– Umm… no todos los días, sólo de vez en cuando.

– ¿Practica el ayuno, tan poderoso para derrotar al mal y evitar guerras en nuestros corazones?

– Quisiera hacerlo, pero cuando llega el momento hago marcha atrás y no ayuno.

– ¿Se confiesa regularmente?

– Hace varios meses que no me confieso…

– ¿Lee algunos versículos de la Biblia todos los días?

– Sí, los leo; pero no todos los días.

– ¿Participa de la Misa al menos todos los domingos?

– Casi todos los domingos.

¿Qué podía decirle yo a esta señora? ¿Cómo ayudarla con eficacia? No quería dejarla ir con palabras muy amables pero huecas. El Señor me hubiera echado en cara, tarde o temprano, mi "abandono de persona en riesgo". Entonces invoqué al Espíritu Santo en mi corazón para que me ayudara en este delicado asunto, y le dije:

– La Gospa le ayudará poderosamente; la ama mucho y quiere hacerla feliz. No tema, Ella tiene un plan de paz para usted, pero no puede realizarlo sin su propia colaboración; no utiliza una varita mágica. Todos tenemos la tentación de las soluciones instantáneas, de la facilidad, pero esto es un espejismo. María no podrá actuar si usted, por su parte, no usa los medios que Ella nos da. ¡Mire qué sencillo es su modo de proceder! Sencillo, pero ciertamente exigente. Como decía la Madre Teresa: "Dios nos ama como somos, pero nos ama demasiado para dejarnos como estamos". María viene a Medjugorje por cada uno de nosotros, o sea también por usted. La ha estado buscando desde hace mucho tiempo, como una madre que nunca se cansa de reencontrarse con su amado hijo. Así que esfuércese en lo que Ella nos pide, y pronto verá cómo se producirán cambios en su vida. ¡Haga su parte, Ella hará la suya! ¡No regrese a Medjugorje sin haber practicado las enseñanzas de María! ¡Decídase hoy mismo! Podría venir cientos de veces, y tal vez sería en vano. ¡Si escucha los mensajes sin vivirlos, las cosas no van a cambiar!"

Esta señora –gracias a Dios– tomó a bien, y hasta con gratitud, mi exhortación. ¡Oremos por ella y por todos los que todavía dudan en dar el paso concreto hacia la conversión!

14

Milagro Eucarístico en Buenos Aires

"Queridos hijos adoren al Santísimo Sacramento continuamente. Estoy siempre presente durante la adoración de los fieles, y allí se obtienen gracias particulares" (15-3-1984).

En mayo de 1992, unos días antes de que el Papa Francisco fuera consagrado obispo auxiliar del Cardenal Quarracino, tuvo lugar un conocido milagro eucarístico en la Parroquia de Santa María, en el corazón geográfico de la ciudad de Buenos Aires.

Después de la Misa del 1° de mayo –fiesta de San José obrero y primer viernes de mes– al hacer la reserva del Santísimo, un ministro de la Eucaristía encontró dos pequeños restos de Hostia con forma de media luna sobre el corporal del sagrario. Avisó al Párroco P. Juan Salvador Carlomagno quien le indicó que los colocara en un recipiente con agua en el sagrario (una de las formas habituales para esperar a que se disolvieran). En los días siguientes los sacerdotes observaron las formas para ver si se habían disuelto, pero no se habían registrado cambios.

El viernes 8 de mayo –fiesta de la Virgen de Luján, patrona de la Argentina– al abrir el sagrario, en el recipiente encontraron tres coágulos de sangre alineados, con una pelusa blanca que después fue identificada como fibras de trigo. Había una serie de esquirlas sobre las paredes del vaso, y agua en el fondo del mismo. Daba la impresión de que los trozos de Hostia habían estallado y que la sangre había surgido de su interior. Los restos de la forma se habían "estrellado" en las paredes del recipiente por la misma "explosión". El domingo siguiente, –fiesta del Buen Pastor–, durante las dos Misas vespertinas también se observaron unas gotitas de sangre en las patenas con las que los sacerdotes distribuían la Comunión.

Dos años más tarde, el 24 de julio de 1994, durante la Misa, cuando el ministro de la Eucaristía destapó el copón recién retirado del sagrario, vio una gota de sangre que corría por la pared interna del mismo.

El 18 de agosto de 1996 –durante la semana de las fiestas patronales de la Asunción de la Santísima Virgen–, durante la Misa vespertina celebrada por el padre Alejandro Pezet, en un altar lateral del templo se encontró una hostia que fue puesta en un pequeño recipiente con agua en el tabernáculo. El lunes 26 de agosto, al abrir el sagrario, el sacerdote vio con gran asombro que parte de la Hostia se había convertido en una sustancia sanguinolenta.

En cada uno de los acontecimientos se informó de inmediato al Arzobispo, quien indicó que se guardara la conveniente reserva. Pidió que todo fuera profesionalmente fotografiado y que se hicieran los estudios científicos correspondientes. En el 92, al querer tomar una muestra de la sangre con una jeringa, la Dra. Botto, médica oncóloga, advirtió que ésta estaba unida a un tejido y no pudo succionarla. Colocó una de las esquirlas del vaso en un porta-objeto de vidrio y la muestra fue analizada en el sanatorio "El buen Samaritano" por la Lic. Alicia Martínez. Su análisis determinó que era sangre humana y que había células musculares, tejido fibroso vivo, muy posiblemente del miocardio, aunque para confirmarlo era necesario efectuar estudios complementarios.

Las hostias del 92 fueron colocadas en el monumento (pequeño sagrario móvil utilizado para la reserva de las Hostias el Jueves Santo), que había sido llevado a la habitación del P. Eduardo Pérez dal Lago. Él nos relata:

"Cambió muchas veces de forma, pero siempre el signo se mantuvo brillante, de color rojo intenso, siempre fresco, sin despedir ningún olor. Después de 40 días, se evaporó el agua y la carne se secó quedando pegada al fondo del vaso como una costra. Luego empezó a desprenderse y si se lo iluminaba de cerca podía verse a trasluz el color de la sangre seca".

En cuanto al signo del 96, las fotos, tomadas el 6 de septiembre, muestran claramente que la Hostia que se había convertido en un fragmento de carne sangrante había aumentado de tamaño. Esta muestra fue mantenida húmeda.

El 5 de octubre de 1999, en presencia de representantes de Mons.

Bergoglio, el Dr. Ricardo Castañón Gómez[29] tomó muestras del fragmento seco del 92 y del sangrante del 96, que fueron enviadas a Nueva York para su estudio. Como no quería influir en los resultados del análisis, decidió ocultar el origen de la muestra al equipo de científicos que la analizarían.

Uno de aquellos científicos era el afamado cardiólogo y médico forense Dr. Frederick Zugibe, quien determinó que la sustancia analizada era verdadera carne y verdadera sangre con su contenido de ADN humano. El médico declaró:

"La materia analizada es un fragmento del músculo del corazón de la zona de la pared del ventrículo izquierdo cerca de las válvulas. Este músculo es responsable de la contracción del corazón. Conviene recordar que el ventrículo izquierdo del corazón actúa como una bomba que envía la sangre por todo el cuerpo. En este caso el músculo cardíaco está en estado de inflamación y contiene un gran número de glóbulos blancos vivos. Esto indica que el corazón estaba vivo en el momento en que se tomó la muestra. Afirmo que el corazón estaba vivo, porque los glóbulos blancos mueren fuera de un organismo vivo. Necesitan de un organismo vivo para mantenerse vivos. Por otra parte, estos glóbulos blancos habían penetrado en los tejidos, indicando que el corazón había sido sometido a un estrés intenso, como si su dueño hubiera sido severamente golpeado a la altura del pecho".

Dos australianos, el periodista Mike Willesee y el abogado Ron Tesoriero, fueron testigos de estas pruebas. Conociendo el origen de la muestra, quedaron atónitos ante la declaración del Dr. Zugibe. Mike Willesee preguntó al científico cuánto tiempo podrían seguir con vida las células blancas de la sangre proviniendo de un tejido humano conservado en agua. El Dr. Zugibe respondió que mueren al cabo de unos minutos. El periodista reveló entonces al médico que la sustancia de dónde procedía la muestra al principio había sido conservada en agua

---

[29] Doctor en Psicología Clínica, realizó estudios universitarios en Alemania e Italia. Se especializó en medicina psicosomática y neuropsicofisiología cognitiva. Es autor de 13 libros y más de 400 artículos de ciencia y divulgación. Además, preside el "Grupo Internacional para la Paz", con sede en Madrid, organización privada sin fines de lucro, interesada en promover la relación entre la ciencia y los valores interiores del hombre.

común y corriente durante un mes y luego durante tres años en un recipiente con agua desmineralizada. Sólo después de ese tiempo se había tomado una muestra para su análisis. El Dr. Zugibe estaba muy confundido al tener que tomar en cuenta este hecho. Dijo que no había manera de explicarlo científicamente. Y agregó:

> "Tienen que explicarme algo: si la muestra proviene de una persona muerta, ¿cómo puede ser que mientras yo la examinaba, sus células se movían y palpitaban? Si este corazón proviene de alguien que murió en 1996, ¿cómo puede estar todavía vivo?"

Sólo entonces Mike Willesee le reveló al Dr. Zugibe que la muestra analizada era de una Hostia consagrada (pan blanco sin levadura) que se había misteriosamente transformado en carne humana sangrante. Desconcertado por esta información, el Dr. Zugibe preguntó: "¿Cómo y por qué una Hostia consagrada puede cambiar su sustancia y convertirse en carne y sangre humanas vivas?" Esto seguirá siendo un misterio inexplicable para la ciencia, misterio totalmente fuera de su competencia.

Luego el Dr. Castañón tomó las medidas pertinentes para que el informe del laboratorio redactado sobre la muestra del milagro de Buenos Aires se comparara con los informes del milagro de Lanciano, nuevamente sin revelar su origen. Los expertos que procedieron a la comparación concluyeron que los dos laboratorios habían analizado muestras de la misma persona. Ellos también señalaron que las dos muestras eran del tipo "AB" positivo y correspondía a las características de un hombre que había nacido y vivido en Oriente Medio.

¡Sólo la fe en la acción extraordinaria de Dios da una respuesta razonable! Quiere que seamos conscientes de que Él está realmente presente en el misterio de la Eucaristía. Los milagros eucarísticos de Buenos Aires son una señal extraordinaria atestiguada por la ciencia. A través de ellos Jesús desea despertar en nosotros una fe viva en su Presencia Real en la Eucaristía; real y no simbólica. Únicamente con los ojos de la fe (no con nuestros ojos humanos) lo podemos ver bajo la apariencia del pan y el vino consagrados. En la Eucaristía Jesús nos ve, nos ama y desea salvarnos.

Mons. Bergoglio, ya cardenal, permitió el conocimiento público de estos hechos. Ciertos días del mes[30], en la Parroquia Santa María se dan charlas y se muestra la documentación sobre los signos ocurridos, concluyendo con la adoración eucarística del Santísimo Sacramento y de los trozos de carne correspondientes al signo eucarístico del 92, conservados en un relicario.

¡No deje de ver el video en el que el Dr. Castañón, ateo convertido al catolicismo, explica este milagro! ¡Es muy conmovedor![31]

"Milagros eucarísticos – Dr. Ricardo Castañon en You Tube
https://www.youtube.com/watch?v=hV1FKzCSgFY

---

[30] 3° viernes de mes de 20 a 22 h. y 4° sábados de mes a las 11 h. Parroquia Santa María, Av. La Plata 286, Buenos Aires.

[31] Para mayor información sobre el tema ver también:
http://www.reinadelcielo.org/wp-content/uploads/2014/01/Folleto-Milagro-Eucar%C3%ADstico.pdf
http://peregrinacionesarztucuman.blogspot.com.ar/2012/09/signo-eucaristico-en-bs-as.html

15

EL CORAZÓN DE MI PADRE

"El Señor es bondadoso y compasivo, lento para el enojo y de gran misericordia; no acusa de manera inapelable ni guarda rencor eternamente; no nos trata según nuestros pecados ni nos paga conforme a nuestras culpas. Como un padre cariñoso con sus hijos, así es cariñoso el Señor con sus fieles; Él conoce de qué estamos hechos; sabe muy bien que no somos más que polvo. Pero el amor del Señor permanece para siempre, y su justicia llega a los hijos y los nietos de los que le temen y observan su alianza, de los que recuerdan sus preceptos y los cumplen". (Sal 102)

Cuando le anuncié a mi padre mi proyecto de ir a la India durante 3 meses, reaccionó de forma muy negativa. Atenazado por el miedo de que me ocurriera algo desagradable, hizo una lista impresionante de las catástrofes que me podrían ocurrir. Me enumeró, como médico que era, todas las enfermedades y los virus endémicos de aquella región que podrían destruir mi salud en unos pocos días o incluso en 24 horas. ¡No faltó nada: la disentería, la malaria, el dengue, la fiebre tifoidea, el chikungunya y las temibles amebas! Además, hizo hincapié en la falta de servicios médicos fiables… En una palabra, podría desaparecer sin dejar rastro alguno… ¡De ninguna manera debía correr ese riesgo!

Probó todos los argumentos posibles para disuadirme. ¡Pero fue en vano!

En aquel entonces tenía 23 años. Con mis estudios terminados, quería hacer un corte antes de explorar las ofertas de trabajo en París. Necesitaba conocer otras culturas, viajar bajo otros cielos, respirar otro aire que no fuera el de nuestra sociedad de consumo; era más fuerte que yo. La India ejercía sobre mí un magnetismo irresistible. Yo ya había comprado mi pasaje de avión Paris-Bombay-Nueva Delhi y, con esta crueldad involuntaria tan común entre los jóvenes, le dije a mi padre que, a pesar de todo, mantenía mi partida. Me negaba a ver que actuando así inyectaba en su corazón y en su mente un tormento que podía perseguirlo día y noche durante 3 meses.

Llegó el día del viaje. Después de haberme besado y bendecido con emoción, sacó de su bolsillo una gran suma de dinero. Me miró fijamente a los ojos y, con una ternura que nunca olvidaré, dijo estas sencillas palabras: "¡Toma, guárdatelo en el bolsillo! Si llegaras a tener un problema de salud, ¡te podría venir bien!"

¡No me lo esperaba! Embargada por tanta bondad de su parte, balbucí unas palabras de resistencia: "No, papá, no es necesario; ya tengo con qué arreglármelas, no te preocupes…" Pero el dinero ya había aterrizado en mi bolsillo; estaba confundida.

Durante mi ausencia, para calmar su corazón y su mente, el Señor le envió una especie de ángel consolador. En efecto, uno de sus mejores amigos le dijo: "Sabes Jean Pierre, ¡Emmanuelle estará mucho más segura en las calles de Nueva Delhi que en las de París! ¡No tienes por qué temer! Además, tienes suerte, ¡no toma drogas y no se ha ido a buscar a un gurú!"

Mi padre murió menos de un año después en un accidente de auto, durante mi segunda estadía en la India, mientras que yo exploraba el estado de Cachemira.

Este episodio sigue siendo para mí la parábola más bella del amor incondicional del Padre Celestial. Aquel día, experimenté el amor del Padre, y lo acogí mejor que si hubiera leído los libros de espiritualidad más sublimes. Mi padre de la Tierra se convirtió en el ícono viviente de mi Padre Celestial. Más adelante, a lo largo de mi vida, ¡cuántas veces he reproducido esta situación! ¿Cuántas veces he contrariado a Dios con mis decisiones?; ¿cuántas veces hice caso omiso de su Palabra y lo he herido? Y sin embargo nunca ha cesado de prodigarme sus bondades y de protegerme, incluso en situaciones que Él no hubiera deseado para mí, ¡respetando mi libertad!

En hebreo, la palabra misericordia es *Rahamim*. Es el mayor atributo de Dios, según los místicos cristianos. Esta palabra significa en primer lugar "las entrañas maternas", ¡la matriz! La matriz, sin embargo, se dice *Rehem*, en singular; *Rahamim* es un plural. No es que Dios tenga varias matrices, sino que ese plural es una marca de intensidad. Dios es intensa e infinitamente misericordioso. Cuando su criatura se aleja de Él, sufre como una madre cuyas entrañas se retuercen, y aún mucho más que una madre: entonces sólo le queda el recurso de redoblar sus muestras de ternura; ¡ésa es su única arma!

* * * * *

Madre Eugenia, Italia. © "Unitas in Christo ad Patrem", fundada por la Madre Eugenia Ravasio, via del Cinema 16, 00042 Anzio (RM), Italia

El **Padre Celestial** ha hablado a algunas almas expresando su gran amor por sus hijos, los hombres, pero también su pena por ser tan mal conocido o confundido con un Dios severo, lejano y duro. De hecho, hace notar que hasta ahora no tiene ninguna fiesta litúrgica dedicada a su nombre (Jesús tiene varias, y no digamos las dedicadas a la Virgen, a los santos y a los ángeles). No hay tampoco ninguna Catedral ni Basílica dedicada a su nombre; ¿Acaso habrá alguna Iglesia dedicada a Él? Aquí quiero compartir las confidencias que nuestro Padre Celestial le hizo a una mujer italiana, cuya causa de beatificación está en estudio. Se trata de Madre Eugenia, contemporánea nuestra[32].

En una visión, Madre Eugenia vio al Padre depositar su corona al pie de su trono, significando con ese gesto cómo deseaba mostrarse cercano de cada uno de sus hijos y erradicar así de su corazón todo miedo injustificado hacia Él. También expresó el deseo de ser festejado en la Iglesia, o el primer domingo de agosto (fiesta móvil) o el 7 de agosto.

"En mi paternal bondad se lo daré todo, siempre que sepan considerarme como un verdadero Padre que vive en medio de los suyos, como realmente hago".
"Si alguien me honra y confía en mí, haré descender sobre él un rayo de paz en todas sus adversidades, en todos sus problemas, sus sufrimientos y aflicciones de todo tipo, sobre todo si me invoca y me ama como Padre suyo".
"¡Y todos experimentarán mis bondades, sentirán mi protección y verán mi poder!"
"Llámenme con el nombre de Padre, con confianza y amor y recibirán todo de este Padre, con amor y misericordia".
"Todos los que me invoquen en su corazón con el nombre de Padre, aunque sólo fuera una vez, no se perderán, sino que estarán seguros de la vida eterna en compañía de los elegidos".

Creemos que todo lo que el Padre permite en nuestras vidas está ordenado al bien de los que lo aman. Incluso lo que es doloroso lo permite con vistas a un bien mayor. Queremos, como la pequeña Mariam de Belén, "estar siempre contentos". Cuando descansamos en el corazón del Padre, ¿qué nos podría faltar?

Hagamos nuestra la hermosa oración de Charles de Foucauld. Aquel parisino acaudalado era carnal; estaba desfigurado por una vida desordenada, tumefacto por toda clase de excesos. Pero cuando se encontró

---

[32] Revelaciones hechas por el Padre Eterno a la Madre Eugenia Ravasio (1907-1990), en Italia. Sus escritos *"La vita per la gloria del Padre"* fueron publicados en Unitas in Christo ad Patrem, 16 via del Cinema – 00042 Anzio, Italia. Tel. +39 069873405. Para mayor información ingresar en https://aparicionesdejesusymaria.wordpress.com/tag/madre-eugenia-elisabetta-ravasio/.

con el Padre y lo dejó todo en sus manos, se volvió dulce y humilde como Jesús, bello y luminoso, transparente a la gracia. ¡Irradiaba paz!

Padre, me pongo en tus manos.
Haz de mí lo que quieras.
Hagas lo que hagas, te doy las gracias.
Estoy dispuesto a todo, lo acepto todo,
con tal de que tu voluntad se haga en mí
y en todas tus criaturas.
No deseo nada más, Dios mío.
Pongo mi alma en tus manos,
te la doy con todo el amor de mi corazón.
Porque te amo y por amor necesito darme,
ponerme en tus manos sin reserva,
con una confianza infinita,
porque Tú eres mi Padre.

Beato Charles de Foucauld

16

EL FINAL DE RUDOLF HÖSS, EL CRIMINAL DE AUSCHWITZ

"Aunque un alma fuera como un cadáver en descomposición de tal manera que desde el punto de vista humano no existiera esperanza alguna de restauración y todo estuviera ya perdido; no es así para Dios. El milagro de la Divina Misericordia restaura a esa alma en toda su plenitud. Oh infelices que no disfrutan de este milagro de la Divina Misericordia; lo pedirán en vano cuando sea demasiado tarde" (Diario de Sor Faustina, § 1448).

Prisionero en Auschwitz, el padre Maximiliano Kolbe le dirigía estas palabras a su amigo, el Padre John Lipsky: "Oremos por los nazis porque ninguna conversión es imposible".

¿Qué le pasó a Rudolf Höss, el criminal nazi que orquestó uno de los genocidios más grandes de la historia? Tanto en el proceso de Núremberg (1945-1946) como ante el tribunal nacional de Varsovia, se reconoció plenamente responsable de todo lo que había sucedido bajo su mando en el campo de Auschwitz. Confirmó tranquila y objetivamente que había llevado a la muerte a tres millones de personas.

En 1947, en la prisión de Cracovia, poco antes de su ejecución, Rudolf oyó sonar las campanas del Carmelo vecino. Recordó su infancia, cuando ayudaba a misa como monaguillo y soñaba con ser sacerdote. Entonces sucedió lo inimaginable: pidió hablar con un sacerdote católico. Como se ignoró su petición, la repitió por escrito y el padre Wladyslaw Lohn fue designado para esta misión tan delicada. Este jesuita, provincial del sur de Polonia, estaba muy bien informado sobre Auschwitz, y además hablaba un alemán fluido. Pidió oraciones a las hermanas del convento donde santa Faustina vivió y recibió los mensajes de la Divina Misericordia. Sor Valeria relata así el acontecimiento: "El Padre Lohn pidió la oración de todas las religiosas que estaban en aquel momento en la casa. Él nos dijo adónde había sido llamado y qué misión tenía

— 89 —

que cumplir. Entonces se lo encomendamos todo, con confianza, a Jesús Misericordioso".

El 10 de abril de 1947, el padre Lohn pudo hablar durante varias horas con Rudolf Höss. Al final de esa conversación que, en su mayor parte, permanecerá en el secreto de Dios, el ex comandante de Auschwitz rezó el Credo y confesó sus pecados después de reincorporarse oficialmente a la Iglesia Católica.

El padre Lohn declaró más adelante que había preparado a Rudolf a la confesión hablándole del Corazón de Jesús. A ese Corazón al que el padre Kolbe quería conducir "a todas las almas a través de la Inmaculada". Al día siguiente, el nuevo converso recibió la Sagrada Comunión. Estaba en medio de su celda, de rodillas y llorando. Mientras que el sacerdote salía de la celda, Rudolf dijo: "¡Dios me ha perdonado, pero la gente no me perdonará jamás!"

Más tarde, a la espera de su ejecución, escribió una carta de despedida muy conmovedora a su esposa y a sus cinco hijos, en la cual enumeró las razones que lo habían llevado a actuar como lo hizo. Reconocía su culpa, pero también expresaba su sincero amor por su familia. Hablando de su regreso a Dios, escribió: "Después de un duro combate, encontré mi fe en Dios".

El 12 de abril, cuatro días antes de su ejecución, Rudolf Höss escribió una declaración en la que pedía oficialmente perdón al pueblo polaco.

"Durante el tiempo de mi detención he reconocido, profunda y amargamente, el terrible crimen que he cometido contra la humanidad… ¡Quiera Dios perdonarme todos mis actos! A ustedes, pueblo de Polonia, les pido perdón. Únicamente ahora, en una cárcel polaca, he entendido lo que es realmente la humanidad. A pesar de todo lo que ocurrió, aquí me han tratado bien. No me lo esperaba y estoy confundido".

Rudolf fue ejecutado el 16 de abril. En el acta de la fiscalía, se lee: "Rudolf Höss se mantuvo hasta el último momento completamente tranquilo y no expresó ningún deseo". Al igual que el buen ladrón Dimas,

Pranzini[33], y todos los convertidos en la última hora, la paz divina había ganado finalmente a aquel corazón que se había olvidado demasiado tiempo que había sido creado para amar. Afortunadamente para todos nosotros, Dios dispone siempre de una dosis inagotable de misericordia, pronta para ser aplicada a aquel que decide reconciliarse con Él. ¡Es la "dosis de la última oportunidad"! Supera toda imaginación, porque el Padre Celestial está infinitamente feliz de recuperar justo a tiempo a un alma que Él había estado a punto de perder para siempre.

¿Cómo no pensar también en los tres millones de víctimas cuando vieron a su antiguo verdugo llegar al otro mundo, revestido del perdón de Dios? Sabemos que los elegidos en el Cielo nos aman con el mismo amor de Dios. También sabemos que *"habrá más gozo en el Cielo por un solo pecador que se convierta que por 99 justos que no necesitan arrepentimiento"*. (Lucas 15, 7). Si los ángeles se han alegrado tanto por esta conversión, ¿qué diremos de las víctimas cuando vieron a su verdugo completamente transformado, convertido en su hermano, restaurado en la gracia del perdón y revestido del manto de la misericordia? Únicamente Dios puede inventar semejantes situaciones. ¡Sea Él bendito y glorificado!

---

[33] Famoso criminal francés condenado a muerte. A la sazón santa Teresita tenía 14 años. Enterada del caso, oró fervientemente por su conversión y obtuvo la gracia de que momentos antes de ser decapitado el prisionero pidiera un crucifijo y lo besara.

17

IVONA ELIGIÓ AMAR

"Queridos hijos, ¡que vuestro único medio sea siempre el amor!"
(31-7-1986)

Una gran amiga de Dios nos visitó en noviembre de 2013. Muy hermosa, de 49 años, sencilla y sonriente, Ivona es viuda con dos hijos mayores. Trabaja como florista. Venía a Medjugorje por tercera vez y su extremo fervor nos llamó la atención. Cada día, a pesar del frío, el viento, la lluvia y el barro, subía al monte Krizevac y volvía a bajar con los pies descalzos. Ivona no quería compartir su historia, demasiado íntima para ser contada –decía ella–, pero cedió cuando le dije que su relato ayudaría a otras mujeres a atreverse a volver a enfrentar la vida con valentía.

Ivona vive en un pequeño departamento de dos habitaciones en Ucrania, donde se casó en 1984. Igor su marido, rápidamente dejó ver su maldad hacia ella: la maltrataba y a veces le pegaba. Ella acabó por darse cuenta de que su marido tenía una amante, una mujer casada y madre de 3 hijos. Aunque católico, Igor hablaba mal de los sacerdotes y se negaba a frecuentar la iglesia, excepto para las fiestas importantes. Pero Ivona amaba sinceramente a su marido y rezaba mucho por él. Un día Igor cayó gravemente enfermo y tuvo que dejar de trabajar. Necesitaba de cuidados constantes. Su amante lo abandonó.

Viendo que iba a morir, Ivona se preocupó por su destino eterno. Por amor a él no se limitó a rezar, sino que además ofrecía sus ayunos a Dios. En agosto de 2009, vino a Medjugorje para obtener la reconciliación de su marido con Dios. Con un calor abrasador, subía cada día al Krizevac descalza sobre las piedras ardientes. Le suplicaba a Dios: "¡Qué no muera sin confesión!" Como Igor despotricaba contra sus hijos, ella rezaba por la unidad de su familia. "Aunque mi marido llegue a odiarme –le dijo al Señor–, ¡dame fuerzas para soportarlo!" A pesar de cuidar de él día y noche, la insultaba. Sin embargo, Ivona sentía paz en su corazón porque la oración la mantenía unida a Dios.

Un día, Igor fue hospitalizado. Ivona no lo dejó un instante y pasó largas horas junto a él. Continuaba con sus ayunos y oraba con fe, confiando en que Dios la escucharía. Por tres veces, Igor rechazó con desprecio al capellán que le proponía que se confesara. Ella callaba y no cedía al desaliento. Clavada al lado de su cama, intercedía con todo su corazón por su marido, y renovaba su confianza en Dios ante cada una de sus negativas. Rosarios y coronillas de la Misericordia se sucedían entre los cuidados médicos.

El 6 de enero de 2010, la mañana de su muerte, ¡oh milagro!, Igor acarició los cabellos de su esposa: "¡Aun cuando soy malo contigo sigues amándome y ocupándote de mí!" Estas palabras fueron como un bálsamo para el corazón de Ivona. Las piernas de Igor estaban negras, pero él todavía estaba consciente. Ella, aquel día, se ausentó del hospital unas pocas horas para asistir a la Primera Comunión de su hija. Cuando regresó, se cruzó con el sacerdote y le pidió que intentara nuevamente confesar a Igor porque su muerte era inminente. Pero –segundo milagro– el sacerdote le contestó que acababa de salir de la habitación de Igor y que éste había hecho una buena confesión, después de veinte años sin sacramentos. ¡Ivona se enteró de la noticia en un pasillo del hospital y casi se desmaya de alegría!

Cuando entró en la habitación, puso en las manos de Igor una imagen de Jesús Misericordioso y, para su gran sorpresa, él la tomó entre las manos, la levantó y la contempló con serenidad. Luego le preguntó a su esposa:

– ¿Cómo iré allá arriba?

– ¡Te vas a tu casa, no tengas miedo! ¡Jesús te iluminará el camino para ir hacia Él, y los Reyes Magos te acompañarán!

Al ver que estaba sufriendo, le dijo: "Recuerda que Jesús también sufrió antes de ir al Padre".

Ivona le pidió perdón por las veces que lo había hecho sufrir y por su parte le aclaró que ella se lo perdonaba TODO. Igor ya no hablaba, pero derramó lágrimas en señal de respuesta. ¡Su corazón finalmente había sido tocado! Ella le agradeció los años pasados juntos y con una gran sonrisa le dijo: "¡Ahora puedes ir tranquilo a la casa del Señor!". Con estas palabras, los ojos de Igor se inmovilizaron; él ya estaba muerto. Ivona había perseverado en la oración y el ayuno, y todo lo que le pidió a Dios se cumplió. Igor se confesó *in extremis*, seis horas antes de su muerte, justo antes de perder el uso de la palabra.

Durante la Cuaresma, tras la muerte de Igor, Ivona ayunó cuarenta días a pan y agua para dar gracias a Dios por haberlo convertido.

Ella no quedó inactiva después de la muerte de su marido. Su hijo Boris está muy enfermo. Volvió a Medjugorje por él, con la intención de influir en el corazón de Dios por su curación y, sobre todo, por su conversión porque ha abandonado a la Iglesia y vive con una persona que practica el ocultismo y otras cosas dañinas. Hizo un trueque con Dios: "Oh Señor, cuida de mi hijo Boris, y yo me encargo de tus hijos los sacerdotes" El 25 de noviembre de 2013, después de subir descalza al Monte de la Cruz y a la Colina de las Apariciones, pasó toda la noche en la capilla del Santísimo Sacramento, orando por los sacerdotes.

Si alguien se cruza con Ivona por la calle, no sabrá con quién tuvo el honor de encontrarse, porque pasa desapercibida. Sin embargo, el mundo se sostiene gracias a gente humilde que, sin hacerse notar, vive el mandamiento del amor hasta la heroicidad. ¡Dios esconde a sus santos! Existen muchos, pero todavía no los suficientes. ¡Cuántas sorpresas nos esperan el último día, cuando toda la verdad se revele a la luz de Dios!

La Virgen María nos dice: *"Los invito a orar sin cesar por el don del amor, a amar al Padre Celestial por encima de todo. Cuando lo amen, se amarán ustedes mismos y amarán a su prójimo. Esto es inseparable. El Padre Celestial está en cada hombre, ama a cada uno y llama a cada uno por su nombre"*. (2-11-2013) y *"Que el amor predomine en sus familias, queridos hijos, no un amor humano sino un amor divino"*. Ivona es una de esas atrevidas que han decidido apoderarse del Reino cueste lo que cueste. ¡No será defraudada!

*****

¡Sabiduría judía!

Un rabino expresaba lo mismo de una manera magnífica: "El rabino Yoel Toteilbaum Zatsal era conocido por practicar la justicia. Su puerta estaba abierta a todos los que querían hablar con él y pedirle consejo. Un día llegó un hombre con muletas a su casa y le habló de su sufrimiento: "Rabbí, soy viudo desde hace algún tiempo y la carga de mis hijos recae enteramente sobre mí. Por si eso no fuera suficiente, me he fracturado el pie y los médicos creen que será muy difícil que me cure. No sé qué hacer, Rabbí, estoy perdido..." El rabino consoló al infeliz y, como siempre hacía cuando se encontraba con algún pobre, le dio una gran suma de dinero. El hombre salió de la habitación, seguido por el secretario del rabino que llamaba a la persona siguiente.

De repente, el secretario volvió y exclamó:

– ¡Rabbí, el hombre que acaba de salir ha dejado sus muletas y siguió caminando sin problema! ¡No se había roto el pie! ¡Sin duda, es un estafador!

El rabino se estremeció y oró en voz baja. Al ver esto, el secretario salió de nuevo para ver si el hombre aún estaba allí y regresó bruscamente:

– ¡Rabbí! ¡Este hombre ha mentido dos veces! No es viudo. Se ha reunido con su esposa que lo esperaba afuera. ¡Lo que quería era robarle dinero!"

Y el rabino exclamó:

– ¡Baruj Hashem! (¡Bendito sea el Nombre!) Gracias Hashem, ¡estoy tan contento de que este hombre no tenga su pie fracturado! ¡Estoy tan contento de que no sea viudo! Gracias Dios mío por hacerme saber estas buenas noticias; gracias Hashem, estoy muy feliz..."

18

¡NO ABANDONEN EL AYUNO!

"El que reza no le teme al futuro, el que ayuna no le teme al Mal" (Medjugorje, 25-1-01)

Un viejo dicho reza: "Entre dos males, elige el menor".

Muchas personas han dejado de lado el mensaje de María sobre el ayuno por diversos motivos. Frecuentemente escucho decir "El ayuno es demasiado duro para mí; necesito comer, es más fuerte que yo".

¡Vemos que este pedido de María es para muchos difícil de cumplir! Esto no se debe al azar, porque si uno de los beneficios del ayuno es alejar a los demonios, es normal que estos mismos hagan todo lo posible para desviarnos de su práctica y convencernos de que está reservado sólo para algunas personas ya santas, entre las cuales, naturalmente, no nos encontramos.

Jesús mismo en el Evangelio responde a este dilema de manera luminosa. Recordemos que enviaba a sus apóstoles delante de Él para predicar, expulsar demonios, sanar a los enfermos, resucitar a los muertos, anunciar la Buena Noticia, etc. Un día, volvían todos contentos y emocionados, como podemos imaginar, y dijeron a Jesús: *"Incluso los demonios se nos someten en tu Nombre!"* (Lc 10, 17). Es fácil comprender su satisfacción al ver la derrota del enemigo en el corazón de muchos afligidos que venían a ellos para ser aliviados de sus tormentos.

En otra oportunidad los apóstoles, después de su misión, regresaron adonde se encontraba Jesús, pero aquel día guardaron silencio, sin duda un poco avergonzados por su fracaso. Efectivamente no habían podido liberar a un niño atormentado por el Demonio. El padre del niño se dirigió entonces a Jesús quien lo sanó. Cuando quedó nuevamente solo con sus discípulos, éstos le preguntaron por qué no habían logrado expulsarlo ellos mismos y Jesús les respondió; *"Esta clase de demonios sólo se expulsa mediante el ayuno y la oración"* (Mc 9, 28-29). ¡La respuesta surgió clara como el cristal, límpida, ineludible![34] Cuando Jesús se refiere *"a esta clase"*, tenemos razones para creer que se trataba de demonios mucho peores y crueles que los expulsados por los discípulos mediante la oración, y por la simple invocación del nombre de Jesús. Efectivamente, como ocurre entre los ángeles buenos y santos, también hay una jerarquía entre los demonios, lo que explica sus diferentes capacidades para hacer el mal. Para esa clase que oponía tanta resistencia a los discípulos, se necesitaba un remedio fuerte y poderoso asociado a la oración: el ayuno. Pero los apóstoles habían omitido este *alter ego* de la oración que es el ayuno. No habían hecho más que la mitad de su trabajo, por lo que no habían conseguido liberar al pobre niño de su mal.

¿Qué significado tiene esto para nosotros? Tenemos que tomar una decisión. Si elijo orar, incluso orar mucho, pero sin ayunar, tal vez piense que puedo disfrutar más de la vida y de sus cosas buenas porque habré rechazado el esfuerzo del ayuno. Puedo comer lo que me gusta y es muy agradable. ¿Pero qué sucede con esa clase, esa categoría más peligrosa de demonios? Al ver que no he ayunado, estos demonios no hallan mi puerta cerrada por completo y me encuentro desprotegido frente a ellos: podrían introducirse en mi casa y causar daño. Lo que les encanta hacer en particular es destruir mi paz interior, mi familia, mi salud… No habiendo ayunado, no he asegurado la cerradura de mi puerta[35].

Si elijo orar y también ayunar, los ayunos me exigirán sin duda un poco de sacrificio, sobre todo al principio, cuando tendré romper con hábitos arraigados. Me impondré un esfuerzo real que se repetirá cada semana y al comprobar que ayuno, esa especie de demonios se verá im-

---

[34] Hay varios originales del texto del Evangelio en griego. Algunos mencionan el ayuno, otros no. Pero si algunos lo mencionan es porque Jesús habló de él, aun si los hechos han sido contados de manera más esquemática en otros textos. Ocurre lo mismo con las personas presentes al pie de la cruz, unos evangelistas mencionan a María Magdalena, otros no. Pero si uno lo hace, es porque ella estaba allí.

[35] Los que no pueden ayunar a pan y agua por culpa de su salud, no por eso dejan la puerta abierta a los demonios. La Virgen indica otras formas de sacrificio. Ver *Liberarse y sanarse por medio del ayuno*, Sor Emmanuel, Editorial San Benito, www.gradifco.com.ar

posibilitada de hacerme daño porque yo les habré cerrado la puerta. De esta manera se encontrarán desarmados, no podrán venir a atacarme, y disfrutaré así de una gran paz. Me evitaré muchas molestias y estorbaré los planes funestos que podrían tramar contra mí, contra mi familia, contra mi salud… Haré así todo lo que está a mi alcance, sin omitir nada, y dejaré a Dios que se ocupe del resto.

Ahora pregunto: ¿Preferimos asumir el sacrificio del ayuno o ser objeto de mayores sufrimientos, generados por esos enemigos invisibles, pero no por eso menos malos, que son los demonios? Por mi parte no tengo duda. En el pasado, en varias ocasiones, tuve que sufrir a causa de ellos, como consecuencia de prácticas ocultas en mi juventud. Estos sufrimientos son intolerables. Quienes han sido atormentados por espíritus malignos lo saben muy bien: en comparación con aquellos tormentos, ¡el esfuerzo de ayunar lo vivimos como una amable caricia!

NB 1: El mensaje sobre el ayuno no es para aquellos que sufren enfermedades graves o ciertas debilidades, físicas o psíquicas, ni tampoco para los que toman medicaciones fuertes.
NB 2: Recetas de pan de ayuno en el Anexo 1 Pág. 288

*****

Un campo de batalla

¿Por qué la Virgen, de manera repetitiva, nos invita a ayunar dos veces por semana? Porque es madre y su amor maternal sobrepasa en intensidad todo lo que nos podamos imaginar. Ella sabe que hoy en día, nosotros sus hijos, estamos en un campo de batalla, tanto temporal como espiritual y no nos lo esconde. *"Hoy como nunca antes* –dice Ella– *Satanás quiere destruir todo lo que haya de santo en ustedes. Quiere destruir sus familias. Quiere destruir la Naturaleza e incluso el planeta en el que viven. Satanás quiere la guerra"*. Claro, estar en un campo de batalla sin conocer la identidad del enemigo ni sus métodos de destrucción, avanzar sin proveerse de las armas adecuadas, es exponerse a caminar sobre un terreno minado en la más absoluta inconsciencia del riesgo que se corre y condenarse a la derrota. Si al contrario escuchamos la voz de Jesús en el Evangelio a la que hace eco la Virgen en

Medjugorje, tomaremos las armas adecuadas, nos revestiremos de la coraza imparable de la oración y del ayuno, y el enemigo será vencido.

Este discurso es difícil de aceptar me dirán algunos, pero ¿el discurso es el que es difícil o más bien la evolución actual de nuestra sociedad? Claro que con Dios nada es automático porque bien puede proteger a uno de sus hijos que nunca ayuna. Pero ¡miremos a nuestro alrededor para ver adónde va el mundo! ¿Acaso no está ya encendido el piloto rojo? La Virgen, que mide muy bien sus palabras para que sean positivas y nos den valor, ¿no decía el 2 de septiembre de 2011 que *todo se derrumbaba*? ¡A grandes males, grandes remedios! Cuando hay un accidente en la ruta se sigue el protocolo de primeros auxilios y nadie lo discute. Pero ¿qué pasa con los accidentados del alma que somos nosotros? ¿Qué protocolo se aplica?

El padre Slavko Barbaric, un santo sacerdote de Medjugorje y un campeón del ayuno, nos hacía la siguiente reflexión: "Supongan que unos amigos los han invitado, pero ustedes tienen que seguir un régimen estricto por culpa de una diabetes severa. Esos amigos aceptarán de manera natural que ustedes se priven de dulces o de otros alimentos deliciosos para no provocar una crisis que les sería perjudicial. No se opondrían a esas sabias medidas médicas. Lo mismo en sus casas; tendrán que privarse por la mañana, al mediodía y por la noche de aquellos alimentos que tanto les gustaban antes pero que ahora son un peligro para su salud".

¿Y la salud del alma que durará toda la eternidad? ¿No tenemos que cuidarla con una infinita delicadeza? Y la salud de los millones de otras almas que no conocen todavía el amor de Dios y que vagan sin dirección, ¿no vale la pena ayunar por ellas para que encuentren la luz?

Viendo que San Macario de Egipto (ermitaño del siglo XVI) se agotaba en su celo por las almas y ayunaba mucho, algunos de su entorno intentaban frenarlo. Pero él les respondía "¡Déjenme en paz! ¡Así es como atormento al que me atormenta!"

*****

¿Beneficiario o benefactor?

Nuestra elección depende del grado de profundidad de nuestro compromiso para seguir a Jesús y para servir a nuestro prójimo. Para dar un ejemplo, las personas que trabajan en una empresa pueden adquirir diferentes niveles de compromiso. Algunos elegirán implicarse a fondo y realizar un trabajo excelente. Otros serán más activos, pero estarán menos motivados. Otros finalmente, trabajarán sólo por obligación y no se implicarán realmente en el futuro de la empresa.

En la vida espiritual sucede lo mismo: hay quienes se toman a pecho la vida de la iglesia en su totalidad. Se comprometen a fondo para dar a conocer a Jesucristo y para que sea amado, sea cual fuere su posición dentro del pueblo cristiano. No ahorran esfuerzos y se dan sin medida. Son los santos, ocultos o conocidos, que sostienen a la Iglesia. Luego hay otros que se implican de manera menos radical, y otros más que dan algunas horas de su tiempo de vez en cuando para realizar algún deber externo, pero sin ponerle el alma.

Claro está, la calidad del compromiso no depende sólo de lo que se hace, sino de la manera cómo se hace. "Lo importante no es hacer grandes cosas sino hacerlas con gran amor", decía la Madre Teresa de Calcuta.

En la práctica del ayuno, existe la misma escala de motivaciones. Es verdad que es posible ir al Cielo sin haber ayunado nunca; se puede vivir una verdadera vida cristiana sin ayunar. Pero si los que no ayunan están a veces protegidos, que se planteen esta pregunta: ¿quién habrá ayunado por ellos? ¿Quién ha tenido suficiente amor para llevarlos en el corazón y sacrificarse por ellos y por su salud? ¿Por cuántos miles de pecadores ayunó el santo Cura de Ars? Y cuando santa Faustina ayunaba tanto como la obediencia se lo permitía (cambiaba de celda para que nadie se diera cuenta) ¿sabía cuántos millones de cristianos y no cristianos se beneficiarían por sus sacrificios y su santidad? ¿Sabía ella que, a través de sus escritos inspirados sobre la Divina Misericordia, millones de pecadores volverían a sumergirse en el abrazo de Dios?

Con esta extraordinaria libertad que Dios nos ha dado, elegimos qué grado de compromiso queremos tomar para conseguir la venida del Reino aquí en la Tierra. Podemos ser consumidores o benefactores. Adivinen quienes son infinitamente más felices aquí en la Tierra. ¿Y en el Más Allá?

*****

Ante situaciones desesperantes, ¿un remedio?

Muchas veces me encuentro con padres de familia que se quejan de los malos derroteros que lleva alguno de sus hijos. Entre otros, para no alargarnos, podemos citar el de la droga. Los padres rezan con fervor, hacen peregrinaciones y multiplican las novenas, pero se desesperan constatando que el mal no cesa. Entonces me piden que rece y que haga rezar a los videntes de Medjugorje. Los tranquilizo diciéndoles que sus propias oraciones tienen un gran valor a los ojos de Dios. Después les hago la pregunta fatídica:

– ¿Ustedes ayunan también por su hijo?

– No hermana, pero rezamos mucho.

– Muy bien, ¿pero por qué no ayunan?

– Bueno, nos cuesta mucho…

– Comprendo, pero ¿están preparados para añadir el ayuno a las oraciones por la salud de su hijo?

Se produce un silencio y muchas veces acaban por decirme:

– Bueno sí, vamos a ayunar por él.

Y es cuando en la mayoría de los casos, finalmente se produce el milagro.

*****

El vidente Ivan Dragicevic habla del porvenir de la Iglesia y del mundo.

El 14 de agosto de 2012, Ivan fue entrevistado en Radio María de Italia por el padre Livio Fanzaga. Esto es un extracto de sus palabras. ¡Para meditar!

"Cuando los secretos proféticos de la Gospa sean revelados en Medjugorje, la Iglesia Católica se encontrará en medio de una gran tribulación, tanto para el mundo como para los fieles, y un poco de ese sufrimiento ya ha comenzado".

"Satanás hoy es más fuerte que nunca y quiere especialmente destruir a la familia y a los jóvenes, porque son los cimientos de un mundo nuevo".

"A los presidentes y dirigentes el poder les viene de Dios, pero un gran número de ellos lo explotan para sus propios intereses. El resultado es una sociedad desordenada. Sin Dios el mundo no tiene futuro, por eso la Virgen nos invita a volver a Dios y a dirigirnos hacia el futuro con Dios para asegurar la paz y la armonía. Un gobierno sin Dios es una anarquía. Es un gobierno engañoso. Por eso es importante que Dios esté presente en el gobierno y que ocupe el primer lugar. Como no se tiene conciencia de ello, en muchas partes la paz está amenazada sin cesar. La guerra más terrible es la que se libra en el corazón humano. El vacío de Dios le ha dado a Satanás un espacio mayor que nunca".

Ivan pidió a los oyentes que rezaran para que los planes de María se realizaran.

Durante un encuentro con los peregrinos en Medjugorje, Ivan declaró:

"A lo primero que apunta Satanás es a la familia y a los jóvenes, y su segundo objetivo es destruir a la Iglesia y a los sacerdotes. Quiere impedir la eclosión de las vocaciones sacerdotales"[36].

---

[36] Iván tiene la misión, recibida de la Virgen, de rezar por los sacerdotes y por las familias. Los jueves en Medjugorje abre su capilla a los sacerdotes que desean rezar con él a la hora de la aparición.

19

¿Una señal de la Gospa?

"Queridos hijos, la oración es el único camino que conduce a la paz. Si rezan y ayunan, obtendrán todo lo que quieren" (Mensaje de los años 80 al grupo de oración).

Mathieu, un amigo mío muy querido, es un fiel peregrino de Medjugorje desde 1996. Aquel año, después de una gracia especial recibida en el Krizevac (Monte de la Cruz), vivió una conversión tal que su vida dio un giro de 180 grados, para deleite de su esposa que, desde hacía tiempo, ¡oraba, oraba y oraba! Acogió con generosidad los principales mensajes de la Virgen y aceptó sus enseñanzas, viviendo lo mejor que podía las famosas cinco piedritas[37] para crecer en la fe. No logró en cinco días de estadía en Medjugorje cumplir con su compromiso de alcanzar estos objetivos, sino poco a poco.

Dos años más tarde, ya no tenía dificultad alguna con la confesión mensual, la Eucaristía, la lectura diaria de la Palabra de Dios y el rezo del rosario.

Sin embargo, el ayuno, ese punto relevante entre las cinco piedritas, le era imposible. Nada que hacer, toda tentativa por su parte resultaba inútil. De fino paladar, conocedor de los mejores vinos de Francia, disfrutando además de buena salud, la hora bendita de la mesa seguía siendo para Mathieu una necesidad ineludible. Su esposa y él mismo, por cierto, son excelentes cocineros, y su sentido de la convivialidad solía desembocar en una mesa bien surtida. Cuando venía a Medjugorje, decía con humor a sus amigos: "Si vas a casa de sor Emmanuel y quieres

---

[37] Rezo del Rosario, ayuno, lectura de la Biblia, confesión mensual y Eucaristía.

comer bien, ¡no caigas ni un miércoles ni un viernes!"

Un día, Mathieu me pidió consejo: ¿Cómo podría por fin conseguir ayunar? ¿Esperaba acaso que le revelara aquel día un remedio casi mágico? En realidad no, porque él ya no tenía ninguna esperanza de lograr resolver el problema. Me decía que cada vez que daba un paso adelante tratando de ayunar, debía retroceder dos ante la evidencia de que eso para él no funcionaba. Todas las exhortaciones de la Virgen, en sus mensajes sobre la necesidad del ayuno, se convirtieron para él en un motivo de vergüenza, de dolor y de culpabilidad. Me enumeró entonces una gran cantidad de síntomas desastrosos que lo acosaban apenas se ponía a ayunar.

"Lo intenté muchas veces –me decía– pero fue en vano. Comía pan esforzándome y pasaba un mal día con un humor de perros. A las 2 de la madrugada, como no podía dormir, me levantaba e iba a la cocina a devorar una tortilla o algo consistente para poder volver a dormirme. Terminé por hacerle la cruz al ayuno. Como estoy jubilado y vivo en una ciudad que es centro de peregrinaciones, con mi esposa hemos organizado nuestra agenda para poner a Jesús en el primer y único lugar, ya que no tenemos obligaciones profesionales o familiares (nuestros hijos ya han formado sus propias familias). Cada día: Misa matutina, rezo del rosario y adoración por la tarde. Quedaba el problema del ayuno los miércoles y viernes. Yo deseaba tanto que, para mí como para los demás apóstoles de la Gospa, el pan fuera mi único alimento dos veces por semana".

"Deberías probar el pan de harina de espelta, le dije; esa harina muy nutritiva contiene todo lo que necesitas. Quedarás satisfecho[38]. También puedes utilizar una máquina de hacer pan casero[39]. Y no te olvides de

---

[38] La espelta es un cereal rústico, antepasado del trigo, que ya consumían los galos. Su cultivo se remonta a 9.000 años antes de Cristo. Este cereal es conocido por sus cualidades nutritivas y dietéticas. Contiene los ocho aminoácidos esenciales para el cuerpo humano y mejora la circulación sanguínea. Este es un alimento excepcionalmente completo y de fácil digestión, ¡ideal para el ayuno! La Biblia menciona su cultivo, (Ez 4,9 – Ex 9.32 – Isaías 28,25). Ver las recetas de pan con harina integral de espelta en la página 289 y subsiguientes.

[39] Existen máquinas panificadoras que permiten hacer pan en 2 ó 3 horas, dependiendo de los modelos. Se ponen los ingredientes en la máquina y el pan sale listo para ser consumido. Quienes ayunan pueden elegir qué tipo de harina usar y hacer así un "pan casero" excelente para la salud, sin pérdida de tiempo. El precio de las panificadoras oscila

confiar este proyecto a Jesús desde la víspera; ¡verás, como esto te ayuda!"

Mathieu se decidió a hacer la prueba.

"He seguido tu consejo, me escribió más tarde. Hace unos días, estaba decidido a comprarme una panificadora y harina de espelta; fui a la panadería para informarme y vi panes de espelta en las estanterías. Era martes; así que me compré uno para el día siguiente, pero sin estar seguro del resultado. El miércoles por la mañana, empecé mi nuevo pan de harina de espelta, con la firme resolución de no comer más que pan hasta la mañana siguiente. Durante la misa matutina encomendé mi ayuno a Jesús para que me ayudara. ¡Milagro! El pan bajaba solo; funcioné solamente a pan todo el día ¡Qué maravilla! Estoy sorprendido de haber aguantado mañana, tarde y noche a base de pan de espelta con miel y agua.
El ayuno no había sido un sufrimiento, todo lo contrario. A mi gran sorpresa, no padecí mi acidez habitual. Dormí como un niño, como si hubiera cenado con normalidad, y me desperté a las 7:00 de la mañana del jueves, sin atisbo de pesadez. Además, todo el jueves transcurrió con alegría. Desde entonces, me he abonado a los ayunos de los miércoles y los viernes por las intenciones de nuestra Madre Celestial. ¡Pensar que he tenido que esperar diecisiete años para encontrar esta solución! También puede ser un regalo de santa Teresita: por vivir en Lisieux encontré un panadero que hace ese pan. El ayuno ya no es una pesadilla, sino una fuente de alegría que mi esposa comparte conmigo".

Mathieu no ha tenido miedo de tirarse a la piscina. A menudo queremos comprender un mensaje de María o un versículo de la Biblia, antes de decidirnos a ponerlo en práctica. ¡Error! ¡Obrando así nos perdemos tantas gracias! Si el Cielo nos pide algo, ¿qué podemos temer? Ciertamente, hay que organizarse para vivirlo bien, buscando los medios más adecuados para nuestra salud, nuestra familia, etc. Pero sólo viviendo el mensaje descubriremos nuevos horizontes que no conocíamos. Hay secretos que sólo se revelan al actuar con confianza.

---

alrededor de 100 €, ¡pero se gana en salud, buen humor y longevidad!

¡Ayunar es amar! Ayunar sin amor sería hacer un régimen.

Nota Bene.
Cada vez hay más personas que tienen intolerancia o son alérgicas al gluten. Pueden comprar pan sin gluten, que se vende en muchos lugares. El trigo, el centeno, la espelta, la avena y la cebada contienen gluten, pero existen otros cereales que no lo contienen. La quínoa, originaria de Perú, es cada vez más fácil de encontrar. Es un pseudo cereal sin gluten que se puede consumir en forma de grano, copos o harina. Incluso la ONU la recomienda por su riqueza en proteínas y fibras, en hierro, cobre y oligoelementos como el manganeso. Es fácil de preparar. En grano, se cuece 20 minutos en dos veces su volumen de agua. Tiene un gusto muy agradable de avellana y combina muy bien con otros alimentos. También tenemos la posibilidad de ayunar a base de arroz, lentejas o otros alimentos de este tipo. La clave, entonces, es mantener el espíritu de ayuno y poner el corazón en ello. Las personas enfermas no están obligadas a ayunar, pero pueden ofrecer en esos días su renuncia a algo de lo que más les guste: alcohol, televisión, internet, tabaco, café, chocolate, etc…

Respecto al gluten de la espelta (o escanda), conviene saber que el Dr. Strehlow y los médicos que siguen las enseñanzas médicas de Santa Hildegarda de Bingen, Doctora de la Iglesia, han comprobado que es posible hacer desaparecer la intolerancia al gluten, e incluso la celiaquía, con un régimen que introduce la espelta en granos cocidos de forma gradual. En unos pocos meses se regeneran las vellosidades y flora intestinales y se elimina la intolerancia al gluten.

Para más información sobre la Medicina de Santa Hildegarda consultar la página Web www.casasantahildegarda.es

20

SAN JOSÉ, ¡DANOS UN SIGNO DE TU BONDAD!

San José, estatua del oratorio de la autora en Medjugorje. © EDM 2009

¿4000 dólares? ¡Es una suma enorme! ¡Nuestra cuenta en Estados Unidos ya está en rojo; esto es una catástrofe!

Estamos a 19 de marzo del 2003 y nuestra pequeña fraternidad acaba de terminar una treintena a nuestro querido San José; ¡no nos contentamos sólo con una novena! Durante un mes le confiamos cada día intenciones muy fuertes –que no faltan en Medjugorje– porque, no es un secreto para nadie, se destaca por su poder de intercesión ante Dios. ¡Le gusta tanto ayudar a los que se encomiendan a él! Conociendo su gran ternura natural, incesantemente le hemos pedido durante la Treintena: "¡Por favor, danos un signo de su bondad!"

La noticia cae muy mal, ¡justo el día que celebramos su solemnidad! Y le digo por mi cuenta: "San José, ¿así es como nos das una prueba de tu bondad? ¡No entiendo muy bien lo que quieres decirnos con esto!"

En efecto, acabábamos de recibir de los Estados Unidos un mensaje de una persona que había trabajado como voluntaria para nosotros durante un año, pero después cambió de equipo. Estas cosas a veces suceden y siempre son muy dolorosas. El mensaje de esta persona era bien claro: nos pedía que pagáramos sus horas de trabajo, sus desplazamientos, gastos de gasolina… y que le enviáramos una transferencia de 4000 dólares. Ante esta noticia, las reacciones no se hicieron esperar en nuestra casa: "¡Esto es injusto! ¿Cómo puede pedir eso?"

Confieso que, shockeada, tengo que luchar contra la tristeza que me invade, ¡pues no es cuestión de empañar este hermoso día de fiesta! Pero una pregunta me persigue, porque nunca antes San José nos había dejado en tamaña dificultad: "¿Qué estará tramando? No puedo creer que ya haya dicho su última palabra. Seguramente nos está ocultando algo, ¿pero qué será?"

Un pasaje del Evangelio se instala de a poco en mi mente, un versículo corto, pero de lo más claro… ¡Demasiado claro! Al principio trato de ignorarlo por completo. "Estas palabras de Jesús no tienen nada que ver con este asunto", pensé. Sin embargo, al igual que las olas que se aproximan tranquilamente cada diez segundos a la orilla del mar y que nada podría parar, aquellas palabras me vuelven constantemente. Como un tema musical, se insinúan tranquilamente en mí, a pesar de todos mis esfuerzos por borrarlas. No hay más remedio, ¡tengo que tomarlas en serio!

"Al que te pida, dale", dice Jesús en su discurso sobre el amor a nuestros enemigos (Lc 6, 30). La decisión se me impone, ineludible. Convoco a todos los de casa y respiro hondo…

"¡Bien, le vamos a dar sus 4000 dólares! Si estamos en Medjugorje para vivir los mensajes y no vivimos la Palabra de Dios cuando es exigente, somos unos hipócritas. Además, si la bomba ha explotado en la fiesta de San José, ¡él se encargará de sacarnos de apuro!"

No les cuento las reacciones que estas palabras provocaron, porque efectivamente no teníamos aquella suma en nuestra cuenta en EE.UU. Pero sabíamos que el Señor es y siempre será un banquero extraordinario, que invita a dar hasta lo que no se tiene, y que sabe también multiplicar, llegado el caso.

Al día siguiente yo tenía que ir a Roma por algunos días, y la pregunta que ocupaba mi mente ya había evolucionado: "San José, ¿cómo vamos a salir de este lío? Ahora está en juego tu honor, ¡no nos abandones!"

Llegada a Roma, fui a toda prisa a una capilla, con la esperanza de asistir a la misa vespertina. Habiendo llegado cinco minutos tarde, me siento a escuchar la primera lectura cuando veo, a cierta distancia, a una persona que me hace grandes muestras de amistad. Parece extranjera. Terminada la Misa, se apresura hacia mí y me habla con extrema amabilidad. Esta señora venía de los Estados Unidos. "Paso por Roma como una ráfaga de viento, dijo, ¡y la encuentro en esta capillita! ¡No puedo creerlo! Tengo todos sus Cds y durante años me he alimentado de lo que usted difunde". Intercambiamos algunas palabras de lo más cordiales y luego ella me pregunta sobre nuestro apostolado en los EE.UU. Le anuncio que hemos sacado un nuevo libro en inglés, pero que no todo es color de rosa: una de nuestras voluntarias nos está dando problemas. Sin mayor explicación por mi parte, y como una pelota que rebota, replica:

– ¿Cuánto le reclama?

– ¡Una suma extravagante!

– ¿Cuánto?

– ¡4000 dólares!

En aquel momento, ¡tocar físicamente a San José no me habría hecho mejor efecto! ¿Estoy soñando? Veo que la señora abre su bolso, saca su chequera y firma un cheque después de consignar la cantidad en cuestión. ¡Me quedo boquiabierta, avergonzada, confundida… sin saber qué decir! Todo transcurre en el espacio de tres minutos.

¡San José, gracias por este signo de tu bondad! ¡Sólo has necesitado para ello 24 horas! Sin duda esperabas que primero diéramos nosotros un signo de bondad hacia tu hijo Jesús, aceptando su palabra. Adivino que querías complacerlo, y de paso incrementar nuestra confianza en Él. Sencillamente has añadido el don de una gracia espiritual al don material de los dólares. Una vez más, ¡nos has sorprendido y maravillado! Y te imagino en Nazaret, mientras le enseñabas la Torá a tu pequeño Yeshua. ¿En aquel entonces no le decías ya: a todo el que te pida, dale? Era lo que tú mismo practicabas, ¿no es cierto?

Ahora te conozco un poco mejor y sé que nunca dejas de ayudar a los que se encomiendan a ti con sinceridad. Y cuando uno de tus protegidos se halla en necesidad, aunque parezca que llegas con retraso, nunca debe pensar que te quedaste de brazos cruzados. ¡Lo que pasa es que estás tramando una sorpresa que superará su esperanza!

*****

En el interior de China

Durante mis viajes a China me di cuenta de la avidez con la que algunos de sus habitantes devoran todo lo relacionado con Cristo y su mensaje evangélico. Desde Matteo Ricci hasta hoy[40], allí la fe cristiana nunca se ha extinguido. Ha dado a la Iglesia magníficas figuras de creyentes y de mártires, y tengo prisa por llegar al Cielo para oír de sus propios labios los relatos más sorprendentes de su vida de fe. Gente trabajadora, jovial, extremadamente valiente…

Entre los cientos y cientos de millones de chinos "que todavía no conocen el amor de Dios" (según la expresión misma de la Virgen para designar a los no creyentes), algunos han tenido la gracia de conocer al Dios vivo y verdadero. Dios se convierte entonces para ellos en un tesoro de valor incalculable. En el seno de la espesa oscuridad que aplasta a ese país en tantos aspectos, ellos saben que sí, que verdaderamente ¡hay un Creador del universo que ama a los hombres! ¡Hay un Cielo donde reina la felicidad eterna! ¡Hay un Espíritu que es santo y puede habitar en nosotros, y conducirnos! ¡Cada hombre tiene un alma hecha para amar y el alma es inmortal! ¡Hay un Dios que se hizo hombre en nuestra Tierra para salvarnos y llevarnos con Él; un Dios que vino a

---

[40] Matteo Ricci, jesuita que introdujo el cristianismo en China. En proceso de beatificación. Información en internet sobre el padre Ricci; entre otros links, ver http://www.zenit.org/es/articles/matteo-ricci-un-gigante-de-la-ciencia-y-de-la-fe

nosotros, que nos ha hablado y nos ha indicado el camino a seguir para estar con Él; ¡un Dios que ha podido resucitar a los muertos! ¡Hay un Dios que es el verdadero Rey del universo, ante quien toda rodilla se doblará! El tiempo de la Tierra no es más que una corta estadía en el que incluso los sufrimientos tienen significado y valor eterno. ¡Sí, todo esto es real![41]

Para ellos, esta vida de fe, comparada con la chatura de una existencia al ras de lo simplemente terrenal y sin verdadero futuro, vale oro. ¡Qué extraordinarias perspectivas adquieren al descubrir la fe en el Dios verdadero! Este pueblo ha sufrido tanto que conoce la diferencia entre el oro auténtico y el oropel. ¿Cómo van a malvender su fe cristiana, tan preciosa, a cambio de valores engañosos y pasajeros?

En China, san José es tan querido que, entre los niños nacidos en familias cristianas, muchos reciben el nombre de José. Si usted no sabe el nombre de un sacerdote, llámelo Padre José, ¡y acertará una vez de cada dos! Hay que decir que San José devuelve con creces ese amor.

Entre los muchos jesuitas que han recorrido China y la han inspirado durante siglos, uno de ellos, el hermano Gervasio, originario de Austria, cuenta un hecho que es propio de la vida de los santos y que le ocurrió en 1976 en la China meridional[42].

El hermano Gervasio había acompañado al padre Gotsch, otro jesuita, quien se aprestaba a auxiliar a un moribundo de Kaotai. Cruzan a caballo 200 km de montañas y colinas y llegan a la casa del moribundo. Demasiado tarde, ya había muerto. Emprenden el regreso después del entierro. A mitad de camino se encuentran con un joven que parece esperarlos a la orilla de la carretera y que les pide que lo acompañen hasta el lecho de su madre enferma. Siguen a este joven hasta un poblado a 15 km de allí. En una vivienda más que precaria, una mujer se muere. Al ver al sacerdote, le pregunta:

– Extranjero ¿me dirás la verdad si te hago preguntas?

<hr>

[41] Al inicio de las apariciones en Medjugorje, en pleno régimen comunista, la Virgen declaró: *"He venido a decirles que Dios existe, y que Él es la Vida"* (junio de 1981).

[42] De la revista alemana *Weite Welt*, enero de 1996

– ¡Por supuesto que sí, madre!

– ¿Hay un Dios en el que hay tres personas? ¿Hay otra vida, un lugar de felicidad para siempre, y un lugar de terror para los malos? ¿Es verdad que Dios vino a la Tierra para morir por los hombres y abrirles el lugar de la felicidad? Extranjero, ¿es verdad todo eso?

Estupefacto, el sacerdote le contestó que SÍ. ¿Pero esta mujer de quién puede haber aprendido todo esto?

La enferma continúa:

– Como llevas agua contigo lávame, para que yo pueda ir al lugar de la felicidad.

¿Cómo sabe que el sacerdote lleva consigo agua bendita para los bautismos? Su actitud decidida tiene algo de infantil, pero es convincente. El padre le explica brevemente el significado de la liturgia y el sentido del sacramento y a continuación la bautiza.

La enferma, llena de alegría, sigue diciendo:

– También llevas pan. Es un pan especial, porque Dios está adentro. ¡Dame de ese pan!

El sacerdote saca de su bolsita la hostia consagrada que llevaba sobre su pecho. La enferma sabía que tenía "¡El Pan!" El sacerdote le explica el significado del sacramento de la Eucaristía y le da la Comunión. También le da los últimos sacramentos (la confesión de los pecados y la unción de los enfermos). A continuación, le dice:

– Hasta ahora, has preguntado tú, ¡ahora me toca preguntar a mí! ¿De quién has aprendido las verdades de la fe? ¿Has conocido a creyentes católicos o evangélicos?

– No, extranjero.

– Entonces ¿tienes libros cristianos?

– No sé leer, extranjero, y ni siquiera sabía que existían esos libros.

– Entonces, ¿cómo y de quién has recibido este conocimiento de la fe?

– Yo siempre he pensado que debería ser así, y desde hace 10 años lo he incorporado a mi vida. También he instruido a mis hijos al respecto y los puedes lavar (bautizarlos) a todos ellos.

– ¿Pero sabías que hoy pasaríamos por aquí?

– ¡Por supuesto! Vi a un hombre en un sueño. Fue él quien me dijo que enviara a mi hijo menor a la carretera y que llamara a dos extranjeros que pasarían por allí. Me dijo que me iban a "lavar" para ir al lugar de la felicidad después de la muerte.

Los misioneros están profundamente conmovidos. La actitud de la mujer ante la muerte es tan tranquila que no deja lugar a dudas. Antes de irse, los misioneros le regalan una imagen de San José, patrono de los moribundos. Llena de alegría, exclama:

"¡A éste lo conozco! Ha venido a visitarme muchas veces. ¡Ha sido él quien me dijo que enviara a mi hijo al camino para llamarlos!"

¿Era un sueño, o San José había venido realmente a visitarla en persona? Ella no lo sabía. Por otra parte, saberlo no tenía importancia. Lo importante era lo que San José le había enseñado a la enferma. Los misioneros se enteraron más tarde que la mujer había muerto aquella noche.

✶✶✶✶✶

San José en el punto de mira

Una antigua ley judía prohibía a los hombres casarse con mujeres mucho más jóvenes que ellos. En general, no podían llevarse más de cinco, seis o siete años. Obviamente, San José no podía ser ese viejito representado con tanta frecuencia por los pintores. Se necesitaba un hombre fuerte para huir a Egipto de noche con una esposa muy joven y un recién nacido. Además, llegados a Egipto, tuvo que asegurar la subsistencia de su familia. Las tradiciones locales de Egipto nos revelan a un hombre responsable, que estaba constantemente huyendo de los espías de Herodes. Aquel, en efecto, cuando vio que había errado su objetivo, a pesar de la matanza de los inocentes en Belén, nunca dejó de buscar al pequeño Rey de los Judíos ¡al que tanto temía! La Sagrada Familia tuvo que recorrer miles de kilómetros en el espacio de cuatro años antes de la muerte de Herodes. Más tarde, en Nazaret, San José debió comenzar de cero una actividad viable para su familia y retomar su bonito oficio de carpintero/constructor. En su taller, tenía que mover todos los días cargas pesadas, vigas, paneles, carros, muebles y otros objetos que fabricaba, y entregarlos a sus clientes. ¿Acaso no fue él quien enseñó a Jesús a llevar pesadas vigas sobre sus hombros, preparándolo así para su dolorosa marcha hacia el Gólgota?

21

"Eran los únicos en el estudio…"

Esta sorprendente historia comenzó con una llamada telefónica que recibí en Normandía (Francia) en el otoño de 1989.

El canal nacional de televisión *Antenne 2* nos proponía a varios miembros de mi Comunidad que participáramos en un programa sobre la homosexualidad, que debía emitirse unas semanas más tarde. Al escuchar esta llamada, tuve la convicción interior de que teníamos que responder, y esa certeza se mantuvo firme en mí. Naturalmente era consciente de que, si nos invitaban en tanto que comunidad católica, era probablemente para utilizarnos con la intención de ridiculizar a la Iglesia. El mismo superior de mi comunidad me lo advirtió, pero viendo mi convicción nos dio luz verde y fuimos al programa *Estrellas en un Pedestal*. Éramos tres de mi comunidad: un médico, un seminarista y yo.

Los estudios se encontraban en el último piso de un edificio muy alto de París. Mi corazón latía como si me fuera a estallar, porque yo no era ninguna experta en homosexualidad y sus ramificaciones, y en aquel lugar me sentía como una mosca en un plato de sopa. Había devorado en unos días varios trabajos sobre el tema, pero no por eso estaba demasiado bien informada.

En el estudio había personas clave para la homosexualidad en Francia: un sacerdote gay, un pastor también gay, responsable de un templo protestante donde bendecía uniones homosexuales, que había traído un vídeo para ilustrar sus palabras. (Ese hombre fue asesinado más adelante, en relación con un escándalo sexual). Había también un escritor, un experto en leyes, y David Girard, el emperador de la cultura gay de los años 80, fundador de un emporio comercial en el ámbito del sexo y la noche gay de Paris, con restaurantes, bares, saunas, salones de masajes, periódicos… El más virulento contra la Iglesia Católica y contra nosotros fue David, que se lanzó a una diatriba violenta y cuidadosamente envenenada. ¡Ácido muriático concentrado...!

Como era de esperar, los micrófonos que nos habían asignado se cortaban con frecuencia cuando queríamos hablar. Todo el programa iba en la línea de una glorificación de las prácticas homosexuales, y tendía a justificar la situación de los gays para obtener nuevas leyes a su favor. No obstante, pudimos colocar algunas cuñas importantes. Al final se apagaron las luces y nos dirigimos a la planta baja para recoger nuestros abrigos e irnos cada uno a su casa.

Entonces se produjo un suceso de lo más inesperado: David Girard se acercó a mí para estrecharme la mano muy calurosamente. Me miró directamente a los ojos y me dijo con un tono que de ninguna manera permitía dudar de su sinceridad: "¡Los felicito, porque ustedes, eran los únicos en el estudio que decían la verdad!"

¡Me quedé muda de estupor! En su mirada había visto un resplandor de auténtica pureza. Luego desapareció muy rápidamente en la oscuridad y me fui con mis hermanos.

De vuelta en Medjugorje, aquel recuerdo me perseguía y yo no cesaba de orar por David. Aquella oración me volvía al corazón con insistencia sin que la provocara. Era más fuerte que yo. Suplicaba constantemente al Señor en favor de David, sobre todo a causa de aquella luz que había sorprendido en su mirada. Esta intercesión espontánea duraba ya tanto tiempo que acabé por preguntarme: "¿Querrá el Señor que hable con David?" Decidí intentarlo. Conseguí su dirección por medio de las oficinas de *Antenne 2* y le escribí una carta muy sencilla, diciéndole que me gustaría conocerlo mejor y le propuse compartir con él hechos de mi vida. Me contestó a vuelta de correo con una respuesta muy amable en la que me invitaba a encontrarme con él en el salón de té más chic de la rue Rivoli (de Paris), el Angelina.

¡Encuentro inolvidable! David se sintió en confianza y me abrió su corazón. Descubrí detalles de su infancia y de su adolescencia que nunca habían sido publicados. Comprendí también que en el plano religioso no sabía nada, ¡pero realmente nada de nada! Los datos más básicos se le escapaban completamente; entonces me bombardeaba a preguntas sobre Dios.

Viendo el excelente giro que tomaba nuestro diálogo, por fin le hice la pregunta que me quemaba los labios desde hacía mucho tiempo:

– Al acabar el programa, cuando nos despedimos, añadiste: "¡Los felicito porque eran los únicos en el estudio que decían la verdad!" Entonces, ¿por qué nos atacaste con tanta virulencia durante el programa?

– Pues… ¡porque me estaban viendo todos mis fans! ¡Tenía que hacer mi trabajo! ¡Hice todo aquel teatro para ellos! ¡Pero en el fondo de mi corazón, bien que sabía que ustedes eran los que decían la verdad!

¡Creo que no se dio cuenta de la enormidad que acababa de decirme! ¡Una enormidad que tenemos que mantener en la memoria y difundir hoy a lo grande!

Durante nuestra conversación, me repetía sin cesar: "¡Deberías hacer cine; quedarías muy bien en la pantalla!" (En aquel entonces yo sólo trabajaba con grabaciones de audio, por suerte bien escondida en nuestro mini-estudio de grabación de sonido ¡sin el menor deseo de ser filmada!). Me quedé impresionada por la curiosidad de David y su apertura casi inocente a las cosas de Dios. Me decía, por ejemplo: "¡Este mundo da asco! ¡Estoy cansado de todas estas porquerías! A mí me gusta la pureza, pero como no existe en esta Tierra, ¡tengo prisa por irme! No me importaría morir joven; este mundo me repugna. En ti veo esa pureza. ¡En serio deberías salir en pantalla; necesitamos escuchar a gente que hable como tú!"

Nuestra conversación se había vuelto tan intensa que ni siquiera nos dimos cuenta de que ya no quedaba nadie a nuestro alrededor y el salón de té debía cerrar. Tuvimos que irnos, ¡pero no era cuestión de cortar nuestra conversación! Dimos varias vueltas a la manzana ¡de tantas ganas que teníamos de continuar! Yo pensaba: "Si sus fans lo vieran hablando así con una monja, ¡vaya cara que pondrían!"

Lo invité a pasar un fin de semana con nosotros en Mortain para que pudiera ver con sus propios ojos la vida de una comunidad, a lo que accedió con alegría. Pero no pudo venir el fin de semana planeado porque los médicos le habían recetado parches de morfina, debido a una dolencia de garganta extremadamente dolorosa. Al hablar con él por teléfono tuve la impresión de que estaba enfermo de SIDA. Como yo tenía que volver a Medjugorje, le prometí que lo visitaría la próxima vez que fuera a París.

Tres meses más tarde fijamos el encuentro y, cuando llegó el día, le dije a David que esta vez no iría sola a verlo, sino que me acompañaría un amigo sacerdote; así él podría contarle más sobre la vida con Dios.

Los diálogos prometían ser muy interesantes. A último momento David me hizo saber que no nos recibiría en las oficinas de su empresa, sino en su residencia privada, porque todavía estaba enfermo. Cuando el sacerdote y yo llegamos a su casa, nos encontramos con un inmenso triplex a la vanguardia de la elegancia parisina. David nos acogió calurosamente. Pero me di cuenta con tristeza de que su cuerpo se había reducido a la mitad, y tuve que rendirme ante la evidencia: era mi último encuentro con él en esta Tierra. O sea, el sacerdote y yo teníamos tan sólo una hora para mantener con él una mínima conversación sobre el fin último del hombre y prepararlo para su encuentro cara a cara con su Creador.

Como yo volvía de Austria de estar con María Simma –una campesina que recibía visitas de las almas del Purgatorio– aproveché mi entrevista con ella como pretexto para hablar con David sobre el Cielo, el Purgatorio y el Infierno[43]. Con la ayuda de ejemplos concretos, aquello fue un concentrado de catecismo básico sobre la inmortalidad del alma, la gran misericordia de Dios y el loco deseo de Jesús de acogerlo en su corazón ardiente de amor. David escuchaba con atención. También le hablé sobre el poder de la Misa, el perdón de los pecados y la libre elección que cada uno hace en el momento de la muerte para toda la eternidad.

En cuanto a nuestro amigo sacerdote, se lanzó a una descripción muy realista de su acción con los jóvenes que se reunían cada año en su escuela de evangelización. Entonces asistí a una escena de lo más insólita, digna de las mejores horas de evangelización todo terreno: un diálogo fraterno entre el ídolo de los gays y aquel sacerdote que exponía con una calma serena los beneficios de la castidad entre los jóvenes. Los que dicen que la vida con Dios es insípida deberían revisar su opinión. Una gran amistad nació entre aquellos dos hombres que, por decirlo así, no habían recorrido los mismos caminos. ¡El humor de Dios es muy tierno!

A pesar de su agotamiento físico, David escuchó cada una de nuestras palabras como un niño aplicado que descubre el mundo con su maestra y no siente pasar el tiempo. Al final nos dijo, mientras señalaba con el dedo una pared blanca del salón: "Bueno, yo le digo a Dios: Dios, aquí

---

[43] Leer el libro *"El sorprendente secreto del Purgatorio"* – Sor Emmanuel. Editorial San Benito – www.gradifco.com.ar

estoy como un lienzo en blanco; si quieres escribir algo en él, ¡yo estoy listo!". Luego tuvimos que despedirnos para que David pudiera cumplir con sus horarios de descanso. Pero al salir, el sacerdote se dio vuelta y le soltó: "¡Hermano, no estás lejos del Reino de Dios!"

De regreso en Medjugorje, seguí orando por David y, aprovechando una estadía en París unos meses más tarde, lo llamé a su oficina. Uno de sus íntimos colaboradores que me conocía me dijo: "¡Qué lástima, hermana! David murió hace cuatro días (el 23 de agosto de 1990) y lo enterramos ayer. ¡Es una pena que no se hayan encontrado por tan poco! Pero debo decirle hermana que, a nosotros, sus amigos, nos impresionó lo que nos dijo sobre usted y el sacerdote que la acompañó cuando fueron a visitarlo. Hasta en su lecho de muerte repetía que nunca había conocido a gente como ustedes y que eran puros, que eran ustedes los que sabían las cosas verdaderas de la vida. Que ustedes tenían algo que él también quería tener. Habló de usted con gran admiración. ¡Además nos sorprendió! Nos dijo que cuando muriera, quería que hiciéramos una misa por él. Entonces varios de sus amigos le replicaron: '¡Una misa! ¡Estás mal de la cabeza! ¿Ahora eres católico?' A lo que él respondió con tal fuerza que no dejaba ningún lugar para la contradicción. '¡No les pido su opinión, les pido una misa y tendrán que cumplir con mi deseo!' ¡Hermana, tendría que haberlo visto! ¡Insistía a pesar de las críticas de sus amigos! No entendíamos lo que le pasaba, pero no había nada que hacer; ¡quería su misa! Así que quisimos acatar sus últimas voluntades y buscamos una iglesia para pedir la misa para su funeral. Como tenía que ser enterrado en el mismo cementerio que su abuela, preguntamos en aquella iglesia y el sacerdote aceptó después de haber planteado algunas cuestiones. Quiso leer la biografía de David. Hizo la misa y después fuimos todos al cementerio. Deme su dirección, hermana, le enviaré un recordatorio".

Cuando lo recibí, me decidí a llamar al párroco para preguntarle cómo había vivido aquel entierro y como había sido la misa. Me respondió:

– ¿Misa? ¡Pero si no hubo misa! Cuando leí la biografía de David y su estilo de vida… ¡no era cuestión de celebrar una misa!

Tragué saliva y le pregunté con voz apagada:

– Entonces, ¿qué hizo usted?

– Dije una sencilla oración de bendición, eso fue todo.

– ¿Y quienes participaron en aquella oración?

– Bueno, hermana, todos los que estaban allí, todos sus amigos. La iglesia estaba llena; eran al menos 200, todos con sus aritos en la oreja…

Acusando el golpe, di las gracias con un vago murmullo antes de colgar. Me costaba creer lo que acababa de oír: tienes reunidas a 200 ovejas que no pisan nunca una iglesia… ¿¡y no celebras una misa!? Inmediatamente marqué el número del sacerdote que me había acompañado a casa de David. ¡Él aceptaría celebrar aquella misa! No se le podía robar su misa a David cuando, a pesar de las burlas, ¡él había dado la cara por Jesús ante sus amigos, hasta en su lecho de muerte!

– Escucha, le dije, pidió una misa, ¡¡que tenga su misa!! ¿Te das cuenta? ¡Abrió su corazón a Jesús y comprendió la importancia de la Misa! ¿Podrías regalarle esa misa?

– ¡Por supuesto! Vamos a reunir a todos sus amigos y les haremos una super-misa en París; ya verás…

No sé cómo se las arregló el sacerdote para hacer correr la voz entre los amigos de David. Lo cierto es que poco después se celebró la Santa Misa en la iglesia de San Leu, en el distrito "caliente" de París, rodeado de los mejores fans de David. El sacerdote me pidió unas palabras de introducción. Después, antes de la oración penitencial, se postró en el suelo delante del altar y pidió perdón a la asamblea en nombre de la Iglesia por todas las veces que los sacerdotes hubieran expresado desprecio o rechazo hacia los homosexuales[44]. Muchos lloraron en la asamblea y la homilía que siguió hizo aparecer aún más pañuelos.

---

[44] La homosexualidad hace correr ríos de tinta hoy en día. Por mi parte, quiero hacer una observación: lo importante es separar dos realidades: la persona, hijo de Dios infinitamente respetable, y su actividad, discutible o deplorable. Jesús siempre ha hecho la diferencia. Hacer una amalgama entre ambas perjudica a la persona y suscita un juicio moral sobre ella que sólo pertenece a Dios y que nadie debería permitirse el lujo de hacer en su lugar. Sin embargo, con el fin de no caer en la confusión espiritual o en la trampa del relativismo tan denunciada por el Papa Benedicto XVI, tenemos que llamar a las cosas por su nombre, y el mal es malo. Amar a la persona no significa decir amén a todas sus opciones. ¡Aquí la Palabra de Dios nos ilumina maravillosamente! Las 10 Palabras de Vida dadas por Dios a Moisés en el Sinaí y muchos otros pasajes de las Escrituras no tienen fecha de vencimiento y siguen siendo la luz que ilumina nuestros pasos en este mundo sin rumbo. Por lo demás, me gusta imaginar lo que le habría dicho Jesús a David Girard, si éste lo hubiera invitado a tomar un té con él en la rue Rivoli de Paris.

Nuestro amigo sacerdote logró mantenerse en contacto con muchos de ellos y así fue como, en los años que siguieron, acompañó espiritualmente a varios que murieron de SIDA. Los visitaba en el hospital y les ayudaba a abrirse a Dios. Uno de los amigos de David era el director de un teatro gay justo al lado de aquella iglesia. Después de reunirse con aquel sacerdote, dejó su trabajo...

Comprendí por qué el Señor nos había invitado a participar en el programa *Estrellas en un Pedestal*. No éramos "estrellas", ni mucho menos; y el "pedestal" nos quedaba demasiado alto. Pero llevábamos dentro de nosotros a Aquel que es el Sol de Justicia, y ese Sol sabía que en el estudio de *Antenne 2*, ¡uno de sus amados hijos tenía hambre de sus rayos! Uno de sus hijos lo buscaba, sin saberlo, en el mundo de la noche.

22

EL CUENTO DEL GATO

"Queridos hijos, Satanás quiere trabajar aún más intensamente para quitarles a cada uno sus alegrías. Con la oración se lo puede desarmar completamente y tener así su felicidad bien amparada" (25-1-1985).

Esta parábola nos sitúa en el corazón del Limousin[45], en los años 90. Habiendo planeado reunirse con su hermana quien vivía a 4 horas de allí, un hombre estaba con prisa de emprender el viaje. Hay que mencionar que las carreteras son estrechas y poco frecuentadas en aquel trayecto del interior de Francia.

Antes de partir el hombre cargó gasolina, verificó el nivel de aceite, comprobó que los neumáticos estaban en buen estado, y finalmente le pidió a su hijo que pusiera en el baúl la rueda de auxilio que estaba en el garaje. Después de un café bien cargado preparado por su mujer, el hombre se lanzó a la carretera. Ni bien había recorrido unos pocos kilómetros su pensamiento se proyectó hacia los buenos momentos que esperaba pasar con su hermana, y la alegría llenaba su corazón con la idea de poder hacer un corte de 24 horas lejos de sus actividades habituales.

Dos horas más tarde… pinchazo del neumático delantero izquierdo. "¡Ufa, me tenía que pasar justamente hoy! ¡Afortunadamente mi hijo ha cargado la rueda de auxilio!" Patrick abre el baúl del auto, saca la rueda y busca el gato. ¡En vano! Después de registrar todos los rincones posibles, se rindió ante la evidencia: su hijo había puesto la rueda, pero se había olvidado del gato. ¡Imposible cambiar la rueda pinchada!

---

[45] Región situada en el Massif Central francés.

¿Qué hacer? El lugar está desierto; no debe haber ningún taller en muchos kilómetros a la redonda. El hombre refrena sus pensamientos negativos sobre la cabeza de chorlito de su hijo, porque lo que le interesa es encontrar una solución lo más rápidamente posible. ¿Hacer dedo? Por allí no pasa nadie, excepto unas pocas vacas y unas cuantas ovejas.

Él es hombre de acción. Decide entonces caminar hasta Saint-Sulpice-les-Champs recordando que justo allí hay un taller a la entrada del pueblo. Con paso rítmico, mantiene la calma hasta que un pensamiento le viene a la mente. "¿Cuánto me puede costar un gato? Bueno, muy caro no puede ser. ¡Con 10 ó 15 euros debería bastar!"

Alarga levemente el paso y recorre más de un kilómetro hasta que se le cruza un segundo pensamiento. "¡Qué ingenuo que soy! ¿Cómo voy a encontrar un gato por 10 ó 15 euros? Cuando el de la tienda me vea llegar con la lengua afuera, me pedirá por lo menos 30 euros. Hoy en día el comercio funciona así. ¡No te puedes fiar de nadie; a la gente sólo le interesa el dinero!"

Su andar se vuelve más enérgico y empieza a cansarse. ¡Ya no tiene veinte años! Un tercer pensamiento aflora a su mente: "¿30 euros? ¿Quién me dice a mí que el tipo se va a contentar con 30 euros? ¿Y si me pide 50? ¿50 euros? ¡Qué caradura! ¿Será posible? ¡Gente así no debería existir! Ganar dinero aprovechándose de las desgracias de los demás, ¡adónde vamos a llegar!"

El paso del hombre se vuelve muy agitado. Transpira todavía más y con su cara crispada pareciera que fuera a morder. Obsesionado por la escena que se ha imaginado, con la ira hirviendo en sus venas, se le seca la garganta y está que echa humo. En su obsesión, se pone a hablar en voz alta, en un tono que no admite réplica. Los rumiantes de los alrededores lo observan con mirada bovina: el gato, sin duda, no es problema de ellos. "Bueno, ¿y si no son 50 y me pide 70? ¡Está clarísimo que no me lo va a vender por menos! ¡Este sinvergüenza me tendrá que escuchar! ¿Pensará que voy a dejarme estafar? ¡Ya verá! ¡Una buena trompada es lo que va a recibir! ¡Qué lindo es este país…! ¡Los que se llenan los bolsillos son siempre los mismos!

De repente, Patrick divisa el taller a la entrada del pueblo. Está que trina pero, olvidándose de su cansancio, echa a correr. Al llegar a la entrada del taller, abre violentamente la puerta y se pone a gritar a la pobre empleadita de 18 años que está en la tienda: "Por este precio, ¡te puedes quedar con tu gato!"

La joven comprende que el hombre tiene algún problema con su criquet; en silencio se dirige a la estantería y agarra uno del que cuelga una etiqueta amarilla fluorescente que anuncia: ¡Oferta, 9 euros!

*****

Nuestros sufrimientos se deben en gran parte a nuestra imaginación, llamada por santa Teresa de Ávila *la loca de la casa*. Nos hacemos una película de un suceso que sería doloroso si ocurriera y sufrimos de antemano. ¡Vano dolor completamente fabricado por nuestra propia mente!

En mi comunidad a esto lo llamamos "el cuento del gato", pequeña parábola sobre la mente humana que, cuando se enfrenta a una contrariedad real, el Maligno –ayudado por nuestra imaginación– le inyecta de a poco sus propios venenos de cólera, odio, amargura e incluso desesperación. El ser humano no toma conciencia en el momento. Este crescendo lento y sutil acaba finalmente por desconectarlo completamente de su realidad, y lo encierra en una burbuja.

Cuando uno de nuestros hermanos se agita y se lamenta por una desgracia imaginaria que probablemente no se presentará jamás, le decimos: "¡Para con el cuento del gato!" Esta simple advertencia le abre los ojos ante la trampa en la que estaba cayendo y, en medio de la sonrisa general, vuelve a poner los pies sobre la tierra.

23

UN ÁRBOL QUE CAE

"¡Un árbol que cae hace más ruido que 1.000 árboles que crecen!"
(Proverbio chino)

Supongamos que un grupo de oración, una comunidad o una asociación tenga 100 miembros y que uno de ellos, algún día, se vea envuelto en un escándalo de pedofilia. Inmediatamente oiremos susurrar por detrás: "Hay que evitar a este grupo; son todos una manga de pedófilos!" ¡El daño que se produce a causa de estas murmuraciones es inconmensurable!

Hace algunos años el Señor me dio una lección que siempre quedará grabada en mi memoria. Una mañana, en Medjugorje, asistí a la misa en inglés de las 10:00. Observé con satisfacción que el sacerdote la celebraba con fervor y gran unción. Pero por la tarde, me lo encontré delante del atrio, abrazando con ternura a una hermosa mujer, de la que obviamente estaba enamorado. Abrí los ojos del tamaño de un plato… No había duda, ¡era él! Me quedé perpleja; recé por él y guardé silencio. Al día siguiente volví a la Misa en inglés y nuevamente la celebró el mismo sacerdote con igual fervor. Lo vi más tarde, sentado en uno de los bancos exteriores de la iglesia, mirando embelesado a la misma tierna amiga. Mi oración por él se hizo más intensa. Sin embargo, decidí no decir nada a nadie, a pesar de mi deseo de comentarlo en mi comunidad para que todos oraran por aquel sacerdote en apuros. En efecto, existe una tentación sutil: bajo pretexto de invitar a alguien cercano a orar por un tercero, publicamos toda una lista de pecados de esa persona, pensando que los ha cometido. "Sabes, tenemos que orar mucho por fulano, porque si supieras…" Y ahí empieza el funesto chusmerío[46].

Aquel sacerdote me preocupaba, y no entendía cómo podía jugar a dos puntas con tanta tranquilidad, porque ni siquiera trataba de ocultarse.

Unos días más tarde, para mi gran sorpresa, vi cerca de la iglesia al sacerdote y al enamorado, conversando fraternalmente… ¡Eran gemelos idénticos! Pensé entonces en todo lo que hubiera podido decir de aquel extraño sacerdote, y con qué facilidad hubiera podido destruir su reputación, o al menos asestarle un duro golpe. Me sobrecogió el temor de Dios ante la rapidez con la que nuestra lengua puede destruir en pocos segundos una bella obra de Dios.

La vida de San Felipe Neri está llena de florecillas y una de ellas, citada a menudo por la Madre Teresa, arroja una luz interesante sobre el uso de nuestra lengua.

Una mujer odiaba a cierta comunidad de Roma y a su fundador (Felipe Neri), porque su hija había ingresado en ella contra su voluntad. De hecho, esta madre había trazado bellos planes de boda para su hija e intrigaba para que dejara la vida religiosa, alegando todo tipo de chismes en contra de aquella comunidad. Pero un día tuvo remordimientos de conciencia y fue a confesarse con el Padre Felipe. Ella admitió sus falsedades y calumnias. El padre le dijo entonces:

—Antes de que te dé la absolución, ve a la plaza del pueblo y compra una gallina. Desplúmala con cuidado y me la traes.

La señora obedeció prontamente y le trajo la gallina desplumada. Tras lo cual el padre le dijo:

— ¡Ahora vuelve a la plaza del pueblo y recoge todas las plumas de la gallina!

— Pero, ¡es imposible! ¡El viento las ha dispersado!

— Exacto. Ahora comprendes lo que provoca una calumnia: ¡se ex-

---

[46] En casos precisos en donde se trata de evitar un peligro, tenemos que hablar; pero siempre con el fin de proteger a un tercero, nunca para difundir el mal cometido por un hermano. Esa exposición pública disgusta profundamente a Dios.

tiende por todos lados como plumas al viento! ¡Sus consecuencias son irrecuperables!

*****

En Italia conocí a una mujer colombiana, Gloria Polo, odontóloga en Bogotá. Durante una tormenta terrible ella fue mortalmente fulminada por un rayo y se encontró en el Más Allá. Durante su vida en la Tierra había concebido un orgullo y un egoísmo salvajes a causa de su belleza, su riqueza y su inteligencia superior. Despreciaba a los demás, detestaba a los sacerdotes y se burlaba de Dios. Había pisoteado todos los mandamientos divinos, uno tras otro, y había enseñado a otras personas a hacer lo mismo. Al llegar al otro mundo, iba cayendo al Infierno, pero justo antes de cruzar el umbral, por una gracia especial, se acordó de las palabras de uno de sus pacientes:

– Gloria, eres muy materialista. ¡Un día tendrás problemas con Dios! Pero recuerda siempre esto: Dios es misericordioso, así que grítale para obtener su perdón.

Gloria se puso entonces a gritar:

– ¡Señor, perdóname! ¡Dame una segunda oportunidad!

En aquel preciso momento volvió hacia arriba y vio a Jesús. Él le habló y le confió una misión en la Tierra. Gloria comenzó a revivir de a poco y su cuerpo destrozado por el accidente fue milagrosamente restaurado (ella tiene la documentación médica de esas dos etapas).

El Señor le reveló lo que ella necesitaba saber para llevar a cabo una gran misión en la Iglesia. Se convirtió en la antítesis de lo que era antes. Su testimonio es tan fuerte que –lo he visto con mis propios ojos– cientos de personas se confiesan luego de haberla escuchado.

Después de esta experiencia conmocionante, Gloria vive como una santa. ¡Ha captado bien el mensaje! Su historia es muy rica y se necesitaría un libro entero para contarla como merece. Yo me ceñiré a un punto sorprendente de su comportamiento. A veces le ocurre hallarse en una cena o en una reunión con personas a las que, poco a poco, se les suelta la lengua y desvían la conversación hacia las críticas. Al oírlas, sin decir palabra, Gloria de repente se levanta y se va a otra habitación a rezar con fervor. Preguntada acerca de esta actitud sorprendente y bastante en contra de las normas de cortesía, confiesa sencillamente que ¡esta clase de conversaciones la quema y se ve obligada a huir! Ella explica a todo aquel que la quiera oír que el chisme –y mucho más la calumnia– es un horror ante Dios, y que los sufrimientos que las almas (que vio durante su tiempo en el Más Allá) tienen que soportar para ser purificadas de este pecado son terribles[47].

*****

¿Pero de qué vamos a hablar?

Desde el primer encuentro alrededor de la mesa en Sassuolo[48], rodeada por una decena de amigos, les propuse no hablar entre nosotros de gastronomía, sino procurar evocar temas que pudieran aumentar el nivel de luz en nuestras almas y así hacernos crecer. Por supuesto teníamos mucho interés en hablar de Jesús, de lo que nos había hecho comprender recientemente por medio del Evangelio, o de algún suceso en nuestras vidas. ¡El resultado no se hizo esperar! Al final de la comida nos costaba separarnos porque todos queríamos profundizar en estos temas, tanto ardían nuestros corazones. Un poco como los peregrinos de Emaús –¡guardando las distancias!– la presencia de Jesús era tangible, y queríamos decirle: "¡Quédate aún con nosotros!"

Nos hemos ido acostumbrando a sentarnos a la mesa sin pensar en la grandeza de ese momento, querido por Dios. Entonces expresamos todo lo que se nos pasa por la cabeza y hablamos de cosas sin importancia e incluso, por desgracia, ¡hablamos mal del prójimo! Sin embargo, ese tiempo de intercambio puede ser un momento maravilloso para compartir, en el cual cada uno se toma en serio el crecimiento del Reino de Dios en el corazón de sus vecinos de mesa. Si lo decidimos así durante la oración de bendición antes de la comida, comprobaremos muy rápidamente que Dios acude a la cita –encantado por haber sido invitado,

---

[47] Véase su página web: www.gloriapolo.net o www.gloriapolo.com. Santa Faustina Kowalska nos revela algunas virtudes del silencio, a menudo ocultas, ver cap. 32, pág 163

[48] Ciudad italiana donde sor Emmanuel dio su testimonio.

¡al menos una vez!–, y el encuentro tomará un giro totalmente diferente.

Una abuela croata tenía la costumbre de ir a misa todos los días. De regreso a casa compartía con su familia lo que había dicho el sacerdote en la homilía. Al principio de las apariciones, una noche no pudo ir la iglesia por motivos de salud, pero su familia si fue. A la vuelta, la abuela les preguntó qué había dicho el Padre Jozo (quien entonces era el párroco). Aquel día, el padre había pedido a todos los feligreses que se comprometieran ante Dios a pasar toda la noche sin decir una sola palabra en contra del prójimo. Ante esta noticia, la abuela exclamó espontáneamente: "¿Pero entonces de qué vamos a hablar?"

En la Tierra el mismo Jesús apreciaba ese momento especial de la comida compartida. Qué bonita ocasión también para nosotros, para que sea un tiempo de bendición, no un tiempo vacío poblado de palabras huecas, y mucho menos de ofensas a Dios. Frecuentemente compruebo que Jesús honra la voluntad del que le pide: "¡Señor, utilízame durante esta comida a fin de que sirva para gloria tuya!"

*****

El Papa Francisco no mide sus palabras cuando se trata de maledicencia. Exhorta a los que lo rodean a defenderse de ella porque destruye la unidad. (Homilía del 29-9-2013). Confrontado, como cada uno de nosotros a los chismes, se propuso decir las cosas claras en la fiesta de San Miguel Arcángel. Este arcángel es el santo patrono del cuerpo de policía encargado de la seguridad en el Vaticano.

Aquel día el Papa invitó a los policías a agregar otro objeto de lucha a los que ya están obligados por su deber de estado: la lucha contra la murmuración, las habladurías y la calumnia, enfermedades espirituales que siembran cizaña y destruyen la unidad tan valiosa para Cristo.

"No sólo les pido que defiendan las puertas y ventanas del Vaticano, sino también, como su santo patrono San Miguel, las puertas del corazón de los que trabajan en el Vaticano, por donde puede entrar la tentación. Quiero decir –y lo digo a todos, también para mí, para todos– es una tentación que le gusta mucho al Diablo: la tentación contra la unidad. La unidad de los que viven y trabajan en el Vaticano. El Demonio trata de crear una guerra interna, una especie de guerra civil y espiritual.

Esta guerra no se hace con las armas que conocemos, se hace con la lengua. Les pido que nos defendamos mutuamente de las habladurías. En concreto, esta defensa consiste en no hablar mal unos de otros y en no prestar nunca oídos a los chismes. Y si oigo a alguien que murmura, le digo: 'Aquí no se puede criticar: ¡ve a la puerta de Santa Ana, sal y murmura allí! ¡Aquí no!' "

24

VER O NO VER AL NIÑO

"Lo que hagan al más pequeño de mis hermanos, a mí me lo hacen" (Mt 25, 40).

El Niño Jesús sale de una puerta de Medjugorje (fotomontaje)
© Nancy Cleland, 2008

Entre sus fieles apóstoles la Gospa cuenta con médicos y especialistas de todo tipo, a veces de mucha categoría. Uno de ellos, cardiólogo de renombre en París y defensor de la vida, nos contó este episodio poco común: le derivan a una mujer embarazada de seis meses para un diagnóstico cardíaco. Una ecografía fetal permite sospechar un problema en el futuro bebé. Después de nuevas pruebas el Dr. Charbel confirma la presencia de una malformación cardíaca en el feto. Pero su informe es tranquilizador: esa malformación es operable, con muy buen pronóstico.

Sin embargo, en un tercio de los casos, este tipo de defecto en el corazón puede estar asociado con la trisomía 21. Informada, la pareja decide hacer una amniocentesis (toma de una muestra del líquido amniótico que rodea al bebé) para ver si su hijo es portador de la trisomía 21 y luego decidir si quedarse con él o no.

El resultado de la amniocentesis confirma que se trata de un bebé con síndrome de Down. El Dr. Charbel intenta convencer a los papás de que no lo aborten, porque sabe que las presiones ejercidas sobre los padres por la mayoría de los facultativos conducen al aborto que es presentado como la única solución.

Sin embargo, la pareja decide interrumpir el embarazo al octavo mes. Es decir que, en una especie de parto inducido, el niño será asesinado por un médico antes de salir del vientre materno. Aquí, el lenguaje utilizado es significativo: no se dice que un ser humano es condenado a muerte; se habla de un "mal embarazo" y se dice que la mejor solución para todo el mundo es "interrumpirlo y empezar con otro".

El grupo de oración del Dr. Charbel y su esposa intenta un asalto al Cielo para que la pareja renuncie al aborto, y ese niño, criatura de Dios, pueda ver la luz. El día "D" para que esa madre permita que maten a su hijo se acerca. Nuestros amigos la llaman la víspera para interesarse por ella… En vano, la pareja está decidida y la madre ingresará en el hospital a las 7:00 de la mañana siguiente. El grupo redobla su oración, destrozado de dolor por esa decisión.

Pero no han orado en vano. Al día siguiente, alrededor de las tres de la madrugada, la madre de repente tiene contracciones muy seguidas y ¡en menos de una hora da a luz a su hijo en su casa! ¡El pequeño tuvo la buena idea de nacer espontáneamente unas horas antes de su ejecución!

La ambulancia lleva a madre e hijo al hospital y el padre los sigue con su auto. Nuestro cardiólogo se encuentra en la sala de maternidad con los papás que están en estado de shock. Trastornados, sostienen al niño en sus brazos y se golpean la frente, diciendo: "¡Somos unos criminales! Ayer, nosotros mismos firmamos su sentencia de muerte…

¡Íbamos a matar a esta pequeña criatura! ¡No somos dignos de ser sus padres! ¡Doctor, por favor, haga lo que sea necesario para salvarlo!" Y con gran ternura, la madre abraza al niño pacíficamente dormido junto a su corazón y lo besa.

Padres, ¿acaso su hijo no es el mismo en el útero que fuera del seno materno? ¿Por qué ese bebé enfermo cuando estaba todavía escondido en el vientre materno fue declarado culpable y condenado a muerte mientras que, una vez visible, había que hacer todo lo posible para protegerlo y salvarlo? ¿Tenemos que esperar a ver a nuestro hijo con nuestros propios ojos y a tocarlo con nuestras manos para darnos cuenta de que es un tesoro, una criatura de Dios, que merece vivir? Este niño, que supo hacer caer en la trampa a los cazadores que la preparaban para él, fue operado y ahora está sano. Con su trisomía 21, pertenece a aquellos que, en medio de nuestro mundo agitado y materialista, brillan como una señal. Se han vuelto muy escasos porque se los liquida antes de nacer, en la creencia de que así mejoramos nuestro bienestar... ¡Error de cálculo! ¿Se puede construir el bienestar sobre la sangre de un inocente?

¡No los rechacemos! Ellos nos recuerdan que el corazón humano y su inmensa capacidad de amar es más importante que cualquier otra cosa; y que el último día la inocencia del niño vencerá a todos los Goliats destructores que socavan nuestros valores y nos llevan a la cultura de la muerte. La verdadera grandeza está de su lado, y de quienes los reciben.

Oración al Niño Jesús

"Niño Jesús, Niño Dios, has venido tan pequeño, tan vulnerable, tan pobre, tan débil por nosotros. Te ofrezco los temores de mi debilidad, de mi vulnerabilidad, de mi pequeñez, de mi pobreza. Deposito todo lo que soy en tu corazón inocente y puro. Sí, me consagro a ti, Niño Jesús. Rey de Amor me consagro a tu inocencia, a tu pureza. Sí, eres el verdadero Amor, la verdadera belleza; eres el que no sospecha nada. ¡La inocencia de tu mirada nos salvará! ¡Niño Jesús, sálvame por tu inocencia!" (Jean Marc Hammel).

25

VALENTYNA, ¿CUÁL ES TU SECRETO?

"Queridos hijos, hoy los invito a todos a regocijarse en la vida que Dios les ha dado. Hijitos, alégrense en Dios creador porque los ha creado de manera tan maravillosa. Oren para que sus vidas sean una gozosa acción de gracias que salga de sus corazones como un río de alegría. Hijitos, den gracias sin cesar por todo lo que tienen, por todo pequeño don que Dios les concede. Así, una bendición de alegría procedente de Dios descenderá siempre sobre sus vidas..." (25-8-1988).

Valentyna, de 29 años, es ucraniana. Uno podría pensar que se trata de una chica común y corriente. ¡Sin embargo su historia sale de lo ordinario! En un ambiente marcado por el comunismo puro y duro de aquellas regiones, creció en la pobreza material y en un vacío espiritual completo. Un día ganó providencialmente una "Green Card" (tarjeta de residencia), que le permitiría ir a vivir a los Estados Unidos. Sólo tiene 18 años, con una formación de peluquera. Dada la terrible condición de vida en su país, no vislumbrando ningún futuro, decide partir. Los comienzos son difíciles; no habla inglés. Su trabajo no la satisface y un terrible sentimiento de vacío la abruma. Se hace las preguntas que la Virgen nos ha formulado a todos el 2 de julio de 2012: *"Como madre, les ruego que se detengan un momento y reflexionen sobre ustedes mismos y el carácter pasajero de su vida terrenal. Luego, reflexionen sobre la eternidad y la felicidad eterna. ¿Qué eligen? ¿Qué camino quieren tomar?"*

En su noche espiritual Valentyna presiente que la vida tiene otra dimensión. "Debe haber otra cosa", se decía ella. "Entonces se atreve a dirigirse al Padre Celestial a quien su abuela rezaba en Ucrania, pero que le es completamente desconocido: "Si existes, si eres un padre, ¡demuéstramelo!" Con esta oración, recibió oleadas de paz en su corazón; ¡su fe acababa de nacer! Valentyna se convirtió luego en una ferviente católica.

Cierto día conoce a unos peregrinos que regresaban de Medjugorje y concibe un profundo deseo de conocer ella también ese lugar. Emprendió su primer viaje en 2007. Allí su corazón fue embargado por la presencia de la Virgen y se sintió urgida de hacer un "trato" con Ella. Rezando el rosario ante la imagen de Cristo Resucitado, consagró su vida a una gran misión: orar por los jóvenes de su país y traerlos a Medjugorje. Por su parte, la Divina Providencia le abriría los corazones y las puertas. ¡Había encontrado su vocación!

Valentyna regresó muy feliz a su albergue y en el camino se encontró con un desconocido que le dijo a quemarropa: "Perdóneme si lo que le voy a decir suena estúpido, ¡pero tengo que decírselo! ¡Siento que usted está llamada a traer aquí a los jóvenes de su país! He estado buscándola para decirle que quiero financiar esta misión. ¡Valentyna no podía creer lo que estaba escuchando! ¡Apenas acababa de comprometerse ante Jesús resucitado!

Volvió a su tierra natal para ponerse a trabajar. Organizó su primera peregrinación en 2008, y todos los jóvenes de su parroquia respondieron al llamado. Su corazón puro, su juventud, su determinación y sobre todo la unción del Espíritu Santo que reposa sobre ella le abren los corazones. Ella consagra mucho tiempo a la oración. Pronto se preocupó por los más pobres, y Dios la introdujo en el ambiente médico donde hay tanta miseria moral y los pacientes están frecuentemente abandonados. Con la ayuda de la Providencia comienza a crear asilos donde los pacientes terminales pueden recuperar su dignidad. La Madre Teresa de Calcuta fue su inspiración.

Ella se aferra a Nuestra Señora que quiere invitar a todos sus hijos, sin excepción, bajo su manto maternal. Es así como invita a médicos ateos a venir a Medjugorje. Un día de junio de 2011 aterrizó allí con 50 peregrinos, médicos de profesión, todos ellos ateos. ¡Esos médicos eran abortistas profesionales!

Entre ellos, una ginecóloga, de unos sesenta años bien cumplidos, que sube al Monte de las Apariciones con todo el grupo. Valentyna ha preparado un Plan de Emergencia inspirado por la Virgen para todos los peregrinos: ateos o no: al llegar allá arriba ¡todo el mundo, la ginecóloga incluida, se consagra al Inmaculado Corazón de María! La misma noche en la pensión, esta médica reúne a su gente porque siente la necesidad de compartir algo importante. Con un nudo en la garganta, le cuesta hablar; ella, la mandamás de todas las secciones de su hospital…

"Apenas puse un pie en la colina, todo cambió ante mis ojos. Las piedras desaparecieron. La colina de repente se cubrió de huesos y cráneos de todos los niños que he abortado durante 40 años. ¡Miren estas manos!… ¡Estas son las manos que han matado a toda una ciudad!"

Ella llora y los demás lloran con ella. Los abortistas presentes comienzan a cuestionarse. En su mayoría, volverán a su país cambiados, transformados, decididos a dejar la práctica del aborto y a caminar con Dios.

Valentyna continúa con su noble misión. Hasta el presente ha traído a Medjugorje a más de 700 abortistas[49]. No les hace pagar el costo del viaje, no queriendo que dinero manchado con sangre inocente esté involucrado. ¿Cómo se las arregla? Cada vez es un nuevo reto; el dinero aparece en el momento preciso para financiar la peregrinación de estos médicos ricos. Ahora muchos hospitales han dejado de realizar abortos y de practicar la eutanasia. Valentyna tiene una meta: limpiar todos los hospitales de Ucrania de estas prácticas fatales, atraer hacia ellos la bendición de Dios y volver a darle a todo el cuerpo médico la dignidad de su profesión. Hoy en día, muchos médicos se han transformado; ¡el Cielo utiliza a tantas de esas manos que han matado a inocentes para proteger la vida![50]

Nunca he visto girar al sol en Medjugorje, pero este milagro, ¡todo el mundo puede comprobarlo! Valentyna está convencida de que no se limitará a Ucrania. Oremos por ella y sus amigos, para que estén protegidos. Pidamos para nuestros países ese celo ardiente y esa fe viva que han transportado y todavía transportarán muchas montañas.

Un trato con María

En 1990, poco antes de la guerra de los Balcanes de 1992-1995 que tanto ha devastado nuestra región, yo había subido al Monte de la Cruz (Krizevac) para rezar el Viacrucis. Allí me encontré con una pareja de

---

[49] Datos de 2014.

[50] Ver www.chaliceofmercy.org

novios, Marinko y Dona, justo en la víspera de su casamiento en la iglesia de Medjugorje. La familia de Marinko vive en la aldea de Sivric. Ella es irlandesa, de fe firme, y decidió dejar su país para formar una familia con Marinko.

Al cabo de un tiempo, Dona devastada por no poder tener hijos, permanecía largas horas en la iglesia rezando y suplicando a Dios. Pasaban los años… ¡y nada!

Un día, después de cinco años sin lograr concebir, asiste a una aparición de la Gospa a la vidente Marija Pavlovic. En aquella época, las apariciones a Marija todavía ocurrían en una pequeña habitación de su casa particular. Una vez más y con todo su corazón, Dona encomendó su deseo de ser madre a la Virgen. De repente, se sintió animada a hacer un trato bastante audaz con Ella: "Te lo ruego, ¡dame un hijo! Y si me escuchas, yo acogeré a tantos como quieras darme". ¡Hoy en día, tiene ocho hijos!

A pesar de la guerra y todos los riesgos que conllevaba, Dona cumplió su promesa y hoy en día, si pasean por Sivric, verán un enjambre de niños (algunas vecinas han captado el mensaje y la han imitado). ¡Eso sí es alegría! ¡Allá sí hay vida! También es un ejemplo para otras familias que lamentablemente son víctimas de un pensamiento insidioso: "Si tenemos más de dos hijos, tendremos que repartir la herencia en demasiadas partes y seguramente no alcanzará". ¡Qué triste error! ¿Por qué vivir como si no existiera la providencia de Dios, o ignorando su funcionamiento? Cuando damos un paso confiando en Dios, la gracia nos alcanza y siempre nos sorprende…

"No teman tener hijos", dice la Gospa. *"¡Cuantos más hijos tengan mejor!"* *"Más bien deberían temer no tenerlos cuando pueden tenerlos"* (Mensajes a Mirjana, 1982).

Europa con su increíble riqueza humana y espiritual, ¿se hundirá en el olvido para dar paso a otras ideologías que eliminarán de su bella cultura todo signo cristiano? *"Los que puedan tener hijos y decidan no tenerlos* –continúa diciendo la Virgen– *lo lamentarán dolorosamente en el futuro"*.

No es demasiado tarde para elegir la vida, la vida tal como María la describe, la verdadera vida cristiana. Todas nuestras posesiones materiales terminarán en un montón de basura un día u otro, de eso estamos seguros. Nuestros seguros de vida, de salud, de robo, accidentes e incendios... ¡sólo funcionan cuando llega la desgracia! En cambio, nuestros hijos son para siempre y siempre serán un gran motivo de alegría. Brillan sin cesar con una luz que no conoce el declive. ¡Cada niño es una nueva creación!

26

ABORTO RECHAZADO

"Queridos hijos, hoy los invito a decidirse de nuevo por Dios y a elegir a Dios ante todo y por encima de todo. Así Él hará milagros en sus vidas y cada día su vida se convertirá en alegría con Dios. Por eso hijitos, oren y no dejen que Satanás actúe en su vida mediante incomprensiones, malentendidos y por no aceptarse unos a otros. Oren para comprender la grandeza y la belleza del don de la vida" (25-1-1990).

Valérie es contadora en Bélgica. Ha venido a dar gracias a la Virgen María en Medjugorje en compañía de su madre y de un niño pequeño. ¡Su testimonio merece ser tenido en cuenta!

"A los 29 años me encontré embarazada. Mi médica habitual estaba en un Congreso y no podía atenderme, así que con 3 semanas de embarazo me tocó otro médico totalmente desconocido. Después de examinarme, me dijo: 'El resultado no es bueno, se trata de un embarazo extrauterino. ¡Tiene que volver mañana para que le hagan un curetaje de urgencia!'

Cuando ingresé al hospital no estaba muy segura de tener que hacer aquel curetaje. Llevaba conmigo una reliquia del Padre Pío. La tomé en mis manos y, mientras oraba al Padre Pío para que me ayudara, una voz o más bien una fuerte convicción interior me hizo comprender que la decisión no era buena y que pidiera otra consulta. Yo ya tenía puesto el camisón blanco para entrar en el quirófano, ¡y *aquella voz* no cesaba! Así que dije que antes de someterme al raspaje deseaba ver a mi médica habitual para que me hiciera una nueva ecografía. Mi ginecóloga pudo ser avisada a tiempo. Logró dejar otros compromisos y hacerme el nuevo examen. Yo conservaba la reliquia del Padre Pío en mi mano sin dejarla, porque sentía que él era mi amigo, mi tabla de salvación en medio de aquel hospital algo inhumano.

¡La nueva ecografía mostró que el fruto era bueno! Mi bebé estaba bien colocado en la matriz. Pero la médica me dijo que no tenía suficientes hormonas para conservar al niño. Añadió que no podía operarme porque no quería provocar un aborto. ¡Menos mal! Me escapé de la operación y del aborto y me fui a casa. No hice ningún tipo de tratamiento hormonal. Y ya ve, Jeff está aquí ¡y se encuentra en perfecto estado de salud!

Jeff tiene ahora 4 años; nació el 1° de octubre igual que su padre. Él no quiso reconocerlo, ni siquiera verlo, para evitarse el pago de la pensión. Pero el Señor quiso que Jeff naciera antes de tiempo, precisamente el día del cumpleaños de su padre; así nunca podrá olvidarlo. Vivo con mis padres y el niño es verdaderamente la alegría de su madre y de sus abuelos".

La madre de Valérie confiesa que, al enterarse del embarazo, ella y su marido lloraron a mares, así como la propia Valérie que se sentía muy desamparada[51]. Pero ahora, esta abuela ve las cosas de otra manera:

"¡Cuando nos enteramos, una verdadera cruz cayó sobre nosotros! Pero esta cruz se ha convertido en alegría para nuestra familia. Nunca tuvimos un niño. Jeff lleva el nombre de mi marido y están muy unidos entre sí. Su abuelo se ha convertido en su padre; ¡era realmente lo que necesitábamos! Dios ha puesto a esta criatura en nuestras vidas y el pequeño nos está uniendo más a mi marido y a mí. Incluso, su presencia entre nosotros ha sanado nuestra relación. ¡Realmente es una alegría!"

Pude comprobarlo por mí misma: Jeff es un encanto de niño. Mientras su madre me contaba su historia en francés (Jeff sólo entiende flamenco), daba saltitos a nuestro alrededor y se maravillaba de todo. Un día se enterará de que él es un sobreviviente, pero que una multitud de niños no ha tenido el mismo privilegio. Porque hoy en día muchos médicos toman el lugar de Dios para decidir sobre la vida y la muerte, y a veces engañan a la madre sobre el estado real del niño. Lo digo sin amilanarme,

---

[51] Existen muchas organizaciones católicas pro-vida que ayudan a las futuras madres con problemas para que se sientan apoyadas y no se vean abocadas al aborto. También hay iniciativas para difundir los estragos morales que padecen las madres que han abortado con el fin de romper el muro de silencio sobre las nefastas consecuencias psicológicas y espirituales del aborto. Para Argentina ver: gravida.org.ar

porque casos similares se han vuelto frecuentes.

Querida mamá, en caso de un diagnóstico negativo, si te incitan a abortar, ¡pide un segundo diagnóstico en otro lugar! Por ejemplo, en el caso de la trisomía 21, la ecografía tiene un margen de error del 20%. ¡Cuántos niños sanos han sido abortados por error! E incluso si el niño tiene un problema, ¡es un niño! ¡Es tu hijo! No tiene a nadie más que a ti para ser protegido.

27

LA CONFESIÓN MÁS BONITA DE SUHA

Un grupo venido de Medio Oriente pasa unos días en Medjugorje, con el deseo de hacer una verdadera peregrinación. Entre ellos, una mujer casada, Suha. Su marido es médico. Ha venido sola porque él tiene que trabajar. Suha tiene un secreto que no la deja vivir en paz. Poco después de su llegada, busca a un sacerdote y le confiesa que ha realizado un aborto. El niño tenía síndrome de Down; tanto ella como su marido decidieron eliminarlo del seno materno y el aborto se llevó a cabo. Como su corazón permanecía agitado, Suha pregunta al sacerdote: "No es pecado, ¿verdad?" El sacerdote responde: "Claro que sí hija mía; es un pecado, un pecado grave. ¡Debes confesarte!" Pero Suha, no está convencida y se cierra en la negativa. Sin embargo, le pide a la Virgen que le dé una señal para saber si debe o no confesar aquel acto.

Por la noche, durante la aparición en la colina con el vidente Ivan, Suha está allí con su grupo. Al inicio de la aparición ella cae de rodillas; su cuerpo se dobla en dos repentinamente, con el rostro pegado en tierra como si hubiera sido proyectada al suelo. Permanece así un buen rato y cuando se levanta después de la aparición, sus amigos ven que llora. Entonces les dice: "Hay que llamar a un sacerdote, ¡tengo que confesarme enseguida!"

¿Qué le ha pasado durante la aparición? Debemos respetar su secreto, pero la Virgen ha actuado. Vertiendo lágrimas, Suha hace la más hermosa confesión de su vida. Sí, se ha dado cuenta del horror del pecado y llora. Acepta la misericordia de Dios para con ella y recupera la paz interior. ¡Ahora es libre! Suha da testimonio ante sus amigos de la inmensa alegría que experimenta, como nunca antes en su vida. De repente, ¡qué contraste, qué luz en su rostro!

En Medjugorje, algunos peregrinos tienen una hermosa tradición. El líder propone a cada uno orar específicamente por alguien del grupo durante la peregrinación. Así la primera o la segunda noche, todo el mundo saca de una pequeña cesta el nombre de un peregrino. Aquella noche, de las 150 personas del grupo, ¿quién sacó el nombre de Suha y recibió el encargo de orar por ella? ¡Una niña con síndrome de Down!

Esa misma noche el marido de Suha la llama por teléfono y, después de escuchar la historia de su esposa, dice: "Te llamo porque me parece extraño que estés rezándole a Dios mientras que yo estoy aquí practicando abortos. Esto es absurdo y hoy he decidido terminar con ellos". Ambos lloraban. Él había presentido que algo le estaba pasando a su esposa y él estaba dispuesto a dar aquel paso enorme en el plano profesional. Suha no podía creer lo que estaba escuchando.

Esto ocurrió en agosto de 2010. Ahora Suha, su esposo y sus hijos viven de otra manera: ponen a Dios en el primer lugar. Reciben los sacramentos, van a misa casi todos los días y dan testimonio. Al regresar de esta memorable peregrinación, mientras se preguntaban cómo podrían reparar semejante pasado, decidieron adoptar a un niño huérfano.

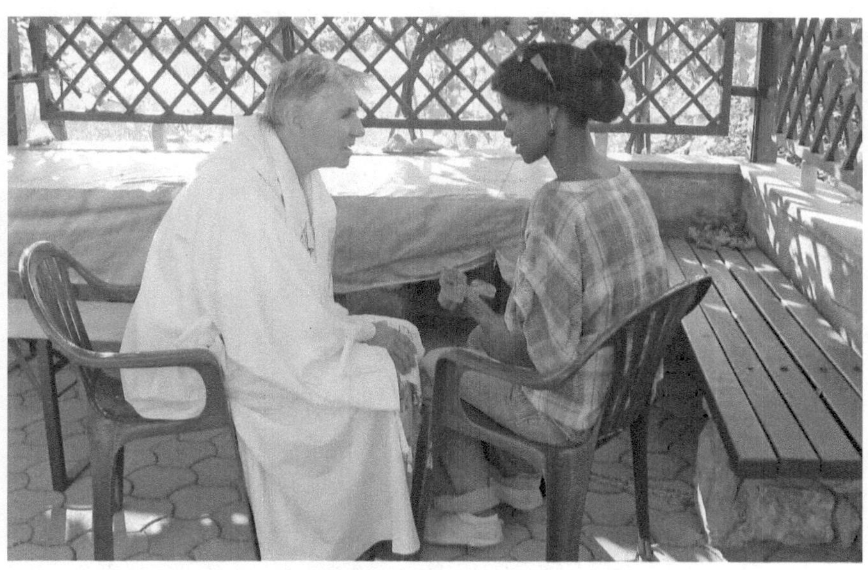

Medjugorje. El padre Daniel-Ange confiesa a una joven durante el Festival de la Juventud © EDM 2009

¿Qué ha sido del pequeño con síndrome de Down que fue abortado? En Medjugorje María dice de estos niños no nacidos: "*Están conmigo*". Seguramente ese niño ora mucho por sus padres y sus pequeños compañeros que nunca verán el sol.

Pregunta: ¿ese niño era realmente trisómico? De hecho, vemos cada vez más ejemplos de diagnósticos erróneos: muchas madres deciden quedarse con sus hijos, independientemente de su discapacidad, y con frecuencia el niño nace perfectamente normal. Nuestra cultura de la muerte y la presión cada vez más fuerte del mercado del aborto no se dan por casualidad. ¡Para meditar!

¡Pero Dios es maravilloso! Para esta familia cambió el mal en bien. Miles de niños ya no serán abortados por ese médico que ahora lucha por la vida.

28

No quería arrodillarse

"Queridos hijos: En el gran amor de Dios vengo hoy a ustedes para conducirlos por el camino de la humildad y de la mansedumbre. La primera estación de este camino es la confesión. Despójense de su soberbia y arrodíllense delante de mi Hijo. Purifíquense y acepten la mansedumbre y la humildad. Mi Hijo podía vencer por la fuerza, pero ha elegido la mansedumbre, la humildad y el amor. Sigan a mi Hijo y denme la mano para que, juntos, subamos la montaña y alcancemos la victoria. Gracias" (Mensaje a Mirjana, 2-7-2007).

El Padre Pío atraía a grandes muchedumbres a su confesionario; pasaba días enteros administrando el sacramento del perdón a los pecadores. Naturalmente se encontraba con situaciones muy diferentes. Después de su muerte, *L'Osservatore Romano* escribía sobre él: "Su confesionario era el tribunal de la compasión y de la firmeza. Incluso aquellos a quienes despedía sin absolución en su mayoría volvían a él, impulsados por el deseo de encontrar la comprensión y la paz. Un nuevo camino hacia una mayor interioridad se abría en sus vidas".

En su libro *Io, testimone di Padre Pio*[52], el padre Pierino Galeone cuenta un hecho real ocurrido en la vida del Padre Pio, del que ha sido testigo ocular. Este acontecimiento arroja una luz interesante sobre la misericordia de Dios ofrecida a todos y sobre la psicología de nuestro enemigo.

"Ese día, escribe el padre Pierino, el Padre Pío escuchaba las confesiones en la sacristía de la iglesia antigua. Estaba sentado en un

---

[52] *La mia testimonianza su padre Pio*, del padre Pierino Galeone, 1989

rincón a la derecha, cerca de la pequeña puerta que daba a la iglesia, detrás de una cortina. Yo podía ver al Padre por una hendija. Las personas que iban a confesarse estaban en fila y esperaban. Me senté en mi lugar para rezar el breviario. De vez en cuando alzaba la mirada y podía ver al Padre. Por la puerta derecha de la iglesia entró un hombre de espaldas anchas y de aspecto imponente, de ojos negros y pelo grisáceo; vestía una chaqueta oscura y pantalones a rayas. No quería distraerme y seguí orando cuando una voz interior me ordenó: '¡Para y mira!' Y yo miré.

Sin esperar su turno, después de dar algunos pasos de un lado a otro, el hombre se situó directamente delante del intersticio de la cortina y, cuando se levantó la persona que se estaba confesando, se interpuso y se quedó plantado frente al padre Pio al que ya no me dejaba ver. Transcurrieron unos minutos y, dando un paso, el hombre desapareció de repente atravesando el piso. Entonces ya no vi al Padre sentado en la silla, sino a Jesús, joven, rubio y hermoso, ligeramente apoyado en el brazo de la silla, con la mirada fija en el hombre que estaba siendo engullido hacia abajo.

Observé nuevamente al Padre que, como viniendo de arriba, volvía a su sitio. Su apariencia se fundía con la de Jesús. Luego sólo vi al Padre Pío y en seguida resonó su voz: 'Dense un poco de prisa'. Entre los penitentes que esperaban su turno, nadie se dio cuenta de lo que había ocurrido.

Al año siguiente, algunos frailes estábamos conversando sentados en la galería, preguntándonos si era cierto, como un escritor parecía afirmarlo, que después de un cierto número de miles de años, los demonios podían volver al Paraíso. El Padre Pío escuchaba en silencio, pero por la manera en que contraía su rostro no parecía compartir la opinión de aquel autor. Le preguntamos qué opinaba, y respondió:

'Me acuerdo haber leído que un día un simple y pobre sacerdote acudió a la sacristía para escuchar confesiones. Entonces entró un hombre ancho de espaldas y de un aspecto imponente, de ojos negros y pelo grisáceo, vestido con una chaqueta oscura y pantalones a rayas. Pasó por delante de todos los que esperaban y se colocó frente al sacerdote para confesarse. El humilde confesor lo invitó a arrodillarse, pero el hombre le contestó: '¡No puedo!'. Suponiendo que tuviera algún problema en las rodillas, el sacerdote no dejó por eso de oír su confesión, pero al escucharlo le pareció que esa persona había cometido todos los pecados del mundo y pensó: '¡Hay uno que comete todos los pecados del mundo y otro que los borra todos!'. Después de escuchar la confesión, le dijo una palabra de exhortación, y le pidió de nuevo a este hombre extraño que se arrodillara, o al menos que inclinara su cabeza para recibir la absolución. Pero el hombre respondió con un tono duro y casi atormentado: '¡No puedo!'. Entonces, el confesor le dijo: 'Amigo, cuando te pones los pantalones por la mañana, inclinas un poco la cabeza, ¿no?'. El hombre lo miró con un semblante colérico y despectivo, y le respondió con rabia: 'Soy Lucifer; en mi reino, nadie se inclina'[53].

El Padre Pío terminó así su historia:

– Hasta tanto Lucifer y sus demonios no se inclinen ante Dios, ¡no entrarán en el Reino de los Cielos!

Poco después el Padre se levantó para retirarse a su celda. Entonces le pregunté:

– Este hombre del que ha hablado, ¿en realidad no era usted? Esto le pasó hace un año en la sacristía; ¡yo también estaba allí!

El Padre Pío se entristeció y respondió llorando:

– Sí, es cierto, me ha pasado a mí también, pero también es verdad que he leído lo mismo en un libro".

Este testimonio del padre Pierino Galeone nos enseña –o, más bien, nos recuerda– un aspecto importante de las actuaciones del Enemigo y de su intención última: quiere ser adorado, poniéndose en el lugar de Dios. Intentó engañar a Jesús después de su bautismo en el Jordán cuando, por tres veces, quiso deslumbrarlo con toda clase de gloriosas recompensas. Pero la última tentativa que hizo con Jesús y que devela su deseo más íntimo fue cuando le dijo:

– *Si me adoras...*

– *Sólo al Señor tu Dios adorarás,* le respondió Jesús... (Mt 4, 1-11).

El episodio también fue contado por uno de los hermanos del Padre

---

[53] El Demonio se le apareció un día a san Macario, ermitaño de Egipto. "Todo lo que haces, yo también lo hago, le dijo Satanás. Tú ayunas, y yo no como nunca. Tú velas, y yo no duermo nunca. Sólo hay una cosa que yo no puedo hacer y que tú haces". "¿Cuál es?" "Humillarme".

Pío, el padre Tarcisio Cervinara[54]. Éste cuenta en sustancia que al Padre
le había llamado la atención oír a un penitente justificar cada uno de sus
pecados con una gran habilidad y una gran inteligencia, haciéndolos
aparecer como naturales, normales, y por lo tanto desprovistos de toda
maldad. Esto dejó perplejo al Padre, pues los horribles pecados confesados se convertían sutilmente en algo carente de importancia, como si
fueran anodinos, como si se tratara de pequeñas insignificancias. ¿Quería
obtener del Padre una absolución de sus pecados sin tener un arrepentimiento sincero? Gracias a la luz recibida del Espíritu Santo, el Padre
hizo pasar al penitente por el test de los test, el de la humildad. Esto fue
lo que le permitió reconocer el verdadero rostro de este hombre aparen-
temente tan amable, tan fino y educado, que en seguida se hundió en la
compuerta infernal de la que procedía.

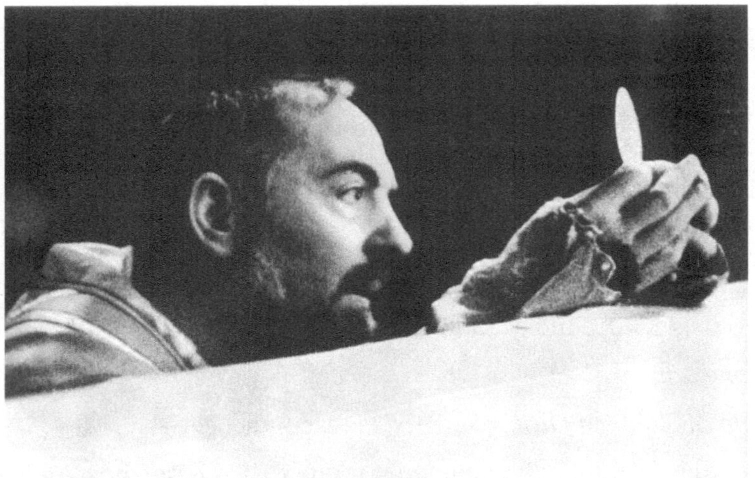

El Padre Pio celebrando la Santa Misa – Archivo Voce di Padre Pio

---

[54] *Il diavolo nella vita di padre Pio* por Tarcisio de Cervinara.

Satanás sigue siendo para nosotros el gran usurpador. Si ha fracasado con Jesús, sigue intentando desesperadamente hacerse adorar, o más bien idolatrar, por los hombres, captando así para su beneficio el extraordinario potencial de adoración que reside en cada persona, y que constituye su nobleza, única entre las criaturas. ¡Cuántos caen en la trampa! Que sepan que la verdadera adoración, en espíritu y en verdad, es lo que engendra la suprema alegría en el alma humana. Pero el mayor obstáculo es el orgullo. *"Podemos encontrar en el Infierno toda clase de virtudes, pero no encontraremos la humildad,* le dijo Jesús a Mariam. *Y en el Cielo hay toda clase de defectos, menos el orgullo"*[55]. La puerta estrecha, por la que se entra al Reino, es la de la humildad. Dios perdona todos los pecados, en su misericordia infinita, pero no fuerza a nadie. Si, por soberbia, no desisto de mi pecado, si me empecino en él y rechazo pedir perdón, entonces yo mismo me privo de la misericordia ofrecida y me condeno a vivir sin Dios. Las lágrimas del Padre Pío se comprenden: bastaba que Satanás hubiera aceptado arrodillarse y pedir sinceramente perdón, ¡y hoy no estaría adonde está!

---

[55] En "Mariam, la pequeña Árabe" de Sor Emmanuel, cap. 55 "El humilde está feliz con todo", pág. 65 Editorial San Benito, www.gradifco.com.ar

29

¿REINARÁ SATANÁS EN EL VATICANO?

"Queridos hijos, esta noche su Madre desea advertirles de que en estos días Satanás los reclama y los busca. Es suficiente un simple vacío espiritual para permitir que Satanás obre en ustedes. Por eso su Madre desea que oren, porque su arma contra Satanás es la oración. Mediante la oración con el corazón, lo desarmarán" (Al vidente Ivan Dragicevic, 5-9-1988).

San Maximiliano Kolbe

En 1917, tuvo lugar en Roma una reunión de la masonería para celebrar sus 200 años de existencia. Sus miembros desfilaron enarbolando una pancarta en la que figuraba la victoria de Lucifer sobre el arcángel San Miguel. En la Plaza de San Pedro, se desplegaron carteles con la inscripción: "Satanás reinará en el Vaticano… y el Papa se hará su servidor".

¡Pero Dios tenía su plan! Al joven Maximiliano Kolbe, canonizado en 2008 por el cardenal Stanislaw Dziwisz, esta declaración abominable le llegó al alma y concibió una idea luminosa: "Se me ocurrió fundar una alianza contra los masones y otros poderes demoníacos... Así fue como, con el permiso de nuestro Rector, los primeros siete miembros de la *Milicia de la Inmaculada* se reunieron el 17 de octubre de 1917".

Cuatro días después de la última aparición de Fátima (el 13 de octubre de 1917), estos primeros "Caballeros de la Inmaculada" se comprometieron a luchar con su ejemplo, su oración, sus obras y sufrimientos por la conversión de los pecadores y por el regreso de los herejes, cismáticos, comunistas y masones a la unidad de la Santa Iglesia.

Su fundador no cesaría de insistir a lo largo de toda su vida sobre el hecho de que los miembros de la Milicia de la Inmaculada alcanzarían la meta más por el sufrimiento, ofrecido a Jesús, que por las obras.

El hermano Maximiliano fue ordenado sacerdote en Roma el 28 de abril de 1918 y durante el verano de 1919 volvió a Polonia. Antes de dejar la Ciudad Eterna le escribió a su madre estas palabras tan significativas: "Reza por mí, mamá, para que yo crezca cada vez más deprisa en el amor; reza sobre todo para que mi amor no tenga límites".

El padre Maximiliano partió de Roma en un estado de salud deplorable. Había contraído unas dolorosas hemorragias pulmonares que le hacían escupir sangre. Su superior, el Padre Kubit, declaraba: "Está tan afectado por la tuberculosis que los médicos no le dan más de tres meses de vida". No por eso dejaron de nombrarlo profesor de Historia de la Iglesia. Tenía veinticinco años.

Aunque gravemente enfermo, nunca se quejaba y con gran entusiasmo comenzó a extender en el interior del convento la Milicia de la Inmaculada, pero su fervor fue acogido con total indiferencia. Soportó las humillaciones con paciencia y mansedumbre. Más tarde sólo tendría bondad y tierna indulgencia hacia los que sufren.

Ante la actitud de sus hermanos en religión, Maximiliano se dirigió a los laicos. La creciente afluencia de sus oyentes lo condujo rápidamente a fundar la primera Milicia de la Inmaculada en Polonia justo antes de que, debilitado por la fiebre, se viera obligado a permanecer un año en un sanatorio en Zakopane. Sumiso, pasaba las horas en una reposera, consagrándose al apostolado de la oración y del sufrimiento.

Nadie podrá medir el impacto extraordinario que la *Milicia de la Inmaculada* y sus millones de miembros tuvieron en la vida de la Iglesia y del mundo. En 1943, el propio Padre Kolbe dio su vida por la de un padre de familia en el campo de concentración de Auschwitz. Murió en su lugar, de hambre y de sed en el bunker de la muerte, ofreciendo así el ejemplo más concreto de una caridad heroica[56].

Las pancartas y los estandartes de 1917, que anunciaban el reinado de Satanás en la Iglesia, no han demostrado ser ciertos porque la Madre de Dios ha escuchado a sus hijos.

Sin embargo, la amenaza de la influencia de Satanás sigue siendo real, hoy en día más que nunca. La solución salvadora, sin duda, no la tienen nuestros políticos, sino más bien cada uno de nosotros a quienes Dios llama a la santidad, si aceptamos entregarnos a Él en cuerpo y alma. El sacrificio del Padre Kolbe engendró un número considerable de almas que inclinaron la balanza. Hoy todavía Jesús y María están en busca de santos pastores como él, que den a luz un sinnúmero de santas ovejas. En el desierto de nuestro mundo sin paz, el Cielo nos grita a nosotros que hemos recibido el mensaje. ¿Quién aceptará el desafío?

---

[56] Bibliografía sobre San Maximiliano Kolbe: *San Maximiliano Kolbe, Mártir de la caridad,* Félix Ochayta Piñeiro, BAC, Madrid, 2009 – *No olvidéis el amor: la pasión de Maximiliano Kolbe,* André Frossard, Ediciones Palabra, Madrid, 1987 – *Maximiliano Kolbe,* Fray Contardo Miglioranza, Misiones Franciscanas Conventuales, Buenos Aires, 1990 – *Maximiliano Kolbe, el santo del siglo,* Fray. Francisco Javier Pancheri, Misiones Franciscanas Conventuales, Buenos Aires, 1985 – *Vida de Maximiliano Kolbe,* José Luis Vazquez Borau, Ediciones San Pablo – *El caballero de la Inmaculada, San Maximiliano Kolbe,* P. Ramón Licciardi, Editorial Verdad y Vida, España. –

30

Un shock saludable para Clément

En 1976, durante la gran reunión de verano en Paray-le-Monial, el responsable de la comunidad Emmanuel, Pierre Goursat, me pidió que diera una de las conferencias. Tenía que hablar en especial sobre el Espíritu Santo. Naturalmente, para explicar el combate espiritual, no oculté la existencia de los espíritus malignos y cité lo que la Iglesia enseña sobre ellos.

Después de mi charla, Clément, un joven que animaba el coro desde hacía poco, vino hacia mí y me dijo con tristeza: "Emmanuelle, todo lo que dijiste estuvo muy bien; ¡me llegó mucho! Pero es una pena que hayas hablado de Satanás. ¡Qué tontería! Tendrías que saber que es sólo un producto de nuestra imaginación. ¡Hablas como si realmente existiera! Eso ha estropeado parte de tu discurso, ¡qué lástima!"

En estos casos, sólo se puede tener una actitud: ¡la paciencia! Como sabía que ninguna explicación lo convencería, le dije: "Bueno, Clément, mira lo que voy a hacer. Oraré a Dios para que nos ilumine. Si Satanás existe, que te lo haga ver bien claro de manera que nunca más puedas dudar. Y si no existe, ¡que me lo haga ver a mí!". Con estas palabras, Clément se fue tranquilo y yo me puse a rezar.

El mismo día, por la tarde, de nuevo lo vi venir corriendo hacia mí, y haciendo grandes gestos de pánico me gritó: "¡Deja de rezar! ¡Lo he visto! ¡Sí, a él, a Satanás! ¡Es horrible! ¡Está bien, comprendí!" En su conmoción, ni siquiera conseguía decir exactamente lo que había visto, y seguía temblando…

Confieso que me sorprendió que el Señor hubiera actuado tan rápidamente y con tanta fuerza con Clément. Pero no me arrepiento de haber orado por él, porque este hermano, marcado a fuego por este episodio memorable, se tomó en serio lo de estudiar a conciencia las Santas

Escrituras y la doctrina de la Iglesia sobre este punto[57].

Conocer un poco más la identidad del Enemigo ayuda a discernir los peligros que nos acechan en el campo de batalla del mundo. Hoy en día, existen sectas muy perniciosas, cuyos miembros están muy bien disfrazados de mansos corderos inocentes. Estos secuaces de Satanás son en realidad los más miserables entre los hombres, porque no tienen ningún futuro a no ser el de encontrarse un día (¡tal vez mañana!) cara a cara con su amo tiránico y de darse cuenta, demasiado tarde, de que se han dejado engañar por el más sutil y más cruel de los mentirosos.

Por eso deseamos que, sin demora, aquellos que han hecho un pacto con el Maligno puedan verlo como realmente es, y no como se presenta a ellos con sus disfraces de falsificador. No tenemos nada que temer de él si procuramos estar en estado de gracia y si mantenemos una vida de oración. María nos dice en Medjugorje: *"No tengan miedo de Satanás; con una humilde oración y un amor ardiente podrán desarmarlo"* (Al grupo de oración, en agosto de 1985).

Lo que lleva al Infierno no es el pecado en sí mismo. El Cielo está lleno de pecadores… ¡pero de pecadores arrepentidos y perdonados!

---

[57] Muchas personas atormentadas por el Maligno se preguntan qué oraciones de liberación puede rezar un simple laico para sí o para los demás. La mayoría de los exorcistas está de acuerdo en que la mejor oración son las promesas del Bautismo. Se trata, por supuesto, de pronunciarlas con fe y sinceridad, renunciando sinceramente al pecado para no dejarle ningún asidero al Maligno. Estas son las Promesas del Bautismo:
"Hermanos, por el Misterio Pascual hemos sido sepultados con Cristo por el Bautismo, para que vivamos una vida nueva en Él. Renovemos nuestra profesión de fe:
– Para vivir en la libertad de los hijos de Dios, ¿renuncias al pecado? Sí, renuncio.
– Para escapar del poder del pecado, ¿rechazas lo que conduce al mal? Sí, lo rechazo.
– Para seguir a Jesucristo, ¿rechazas a Satanás que es el autor del pecado? Sí, lo rechazo.
– ¿Crees en Dios Padre Todopoderoso, Creador del Cielo y de la Tierra? Sí, creo.
– ¿Crees en Jesucristo, su único Hijo, nuestro Señor, que nació de la Virgen María, fue crucificado, muerto y sepultado; resucitó de entre los muertos y está sentado a la derecha del Padre? Sí, creo.
– ¿Crees en el Espíritu Santo, la Santa Iglesia Católica, la Comunión de los Santos, el perdón de los pecados, la resurrección de la carne y la vida eterna? Sí, creo.
Que Dios Todopoderoso, Padre de nuestro Señor Jesucristo, que nos ha hecho renacer por medio del agua y del Espíritu Santo, nos conceda el perdón de todos los pecados, nos mantenga por su gracia en Cristo Jesús nuestro Señor y nos conceda la vida eterna. Amén".
También es bueno recuperar el uso de los sacramentales, especialmente el agua y la sal benditas, según las recomendaciones de la Virgen en Medjugorje. Ver fórmulas en la Lista Anexo 2, página 293.

Lo que nos lleva al Infierno es el hecho de obstinarnos en el pecado, de no querer dejarlo, de rechazar el perdón. Es el orgullo de no querer arrodillarse. Entonces Dios se encuentra en cierta forma desarmado; respeta infinitamente la libertad que le ha dado a su hijo y no puede obligarlo a ir con Él si éste no quiere.

Me gusta mucho estas sabias palabras que vienen de América del Norte: Un abuelo Iroqués le está enseñando a su nieto los principios fundamentales de la vida de su tribu. Le revela que dentro de cada persona hay dos lobos que se hacen la guerra, una guerra terrible y sin cuartel. Un lobo es malo, colérico, celoso, orgulloso, perezoso, desdeñoso, hiriente y rencoroso. El otro lobo es bueno, amable, servicial, delicado y muy medido. Estos dos lobos están constantemente combatiendo. El niño le pregunta a su abuelo:

– ¿Cuál de los dos lobos ganará?

– ¡El que tú decidas alimentar!, le respondió el abuelo.

*****

Una pregunta muy frecuente: ¿Cómo es posible que alguien decida ir al Infierno?

En el momento de la muerte, Dios se revela a sí mismo con gran poder, y le da al alma más gracias de las que le ha dado a lo largo de toda la vida. Sobre este punto, las enseñanzas de los santos son muy esclarecedoras[58]. Sin embargo, el alma es totalmente libre para tomar una decisión: aceptar o rechazar la misericordia de Dios. Vivir la eternidad con Dios o sin Él. Aceptarlo o huir de Él. Muchas veces me he preguntado cómo puede ser que un ser humano opte por apartarse de Dios en el momento en que Él se nos revela en la luz de su amor infinito.

Imaginemos a un hombre que ha adquirido el hábito de cometer actos atroces. Amparado por la oscuridad de la noche maquina y planea sus próximos crímenes. Todo su ser está empapado de odio, de impurezas

---

[58] Ver especialmente el párrafo 1697 del Diario de Sor Faustina.

de todo tipo y del deseo de hacer daño. Pero la muerte lo sorprende y de repente una gran luz brota en las tinieblas. Es la hora del cara a cara. Es el momento de la verdad. El hombre es tomado por sorpresa, en flagrante delito. ¿Qué hará él instintivamente? Sin pararse a pensar, ¡huirá con todas sus fuerzas de esa luz que descubre y expone su negrura! Tendrá tanto miedo que echará a correr en dirección opuesta. No la soportará y hará todo lo que pueda por esconderse. De hecho, no se soportará a sí mismo y a su propio horror.

Dios es luz. Dios es amor. Dios es luz amorosa. Él llama, invita, suplica al hombre pero, por respeto a su libertad, nunca lo forzará a permanecer con Él. Y aquel que le huye se arroja a sí mismo al abismo donde Dios está ausente. Como la Virgen María dijo a los videntes de Medjugorje, Vicka y Jakov, que estuvieron con Ella en el Cielo, en el Purgatorio y en el Infierno en 1981[59]:

"Los que van al Infierno, van allí por su propia voluntad. Dios no arroja a nadie al Infierno; al contrario, envió a su propio Hijo para que el mundo sea salvado".

¿Por qué Satanás necesita oscuridad para trabajar? Jesús lo explica bien en el Evangelio de San Juan:

"Y éste es el juicio: que la luz vino al mundo, y los hombres prefirieron las tinieblas a la luz, porque sus obras eran malas. Todo el que obra el mal aborrece la luz y no viene a la luz para que no sean censuradas sus obras" (Jn 3,19).

---

[59] Ver este relato en *Medjugorje, el Triunfo del Corazón* de la misma autora, Ediciones Paulinas, Buenos Aires. *Se abrió el techo* (Año 1990, Nov. 25).

31

¿Primero en el rating?

"Queridos hijos, están dispuestos a pecar y a ponerse en las manos de Satanás sin reflexionar. Yo los llamo: ¡que cada uno se decida consciente- mente por Dios y contra Satanás! Soy su madre, por eso los quiero llevar a la santidad perfecta. Quiero que cada uno de ustedes sea feliz aquí en la Tierra y que luego esté conmigo en el Cielo. Queridos hijos, éste es mi deseo y el propósito de mi venida aquí" (Mensaje del 25-5-1987).

Hay un demonio tan poderoso, tan seductor, que hoy en día haría caer hasta al más virtuoso, si ello fuera posible. Este demonio ni siquiera necesita actuar para salirse con la suya, ya que la sola mención de su nombre es suficiente para otorgarle la victoria. Es un nombre bastante largo, más largo de los que solemos citar, pero está tan presente en el lenguaje cotidiano que se pronuncia de forma natural. Pasa por ser in- significante. Se encuentra en los labios de casi todos los jóvenes; así como se susurra al oído, también se grita a los cuatro vientos; se ufana de abrir todas las puertas y se otorga todos los derechos. Los ha hecho caer de a miles y parece que su índice de popularidad va en aumento cada día. Pretende que le ridan culto y honores al igual que a un rey. Se esconde bajo la apariencia de *chico bueno*, de manera que tiene entrada en los mejores círculos e incluso en algunos confesionarios. Ya su nombre es una trampa que contiene en sí mismo la excusa del mal. Es una serpiente con veneno mortal, disfrazada de dulce paloma carita- tiva… ¿Su nombre? "Todo-el-mundo-lo-hace"

Induce a pensar que el mal es un bien y hunde a sus víctimas en la maldición, como si nada. Porque está escrito: *"¡Ay de los que llaman al mal bien y al bien mal!"* (Is 5, 20).

¿Una mujer embarazada duda en someterse a un aborto? "No te preocupes, hazlo, le dicen sus amigos. ¡Todo el mundo lo hace!"

Un joven se apresta a salir con sus amigos; sabiendo de antemano que van a emborracharse a muerte, y por lo tanto está indeciso… "Ven, ¡no seas estúpido! ¡Todo el mundo lo hace!"

Una chica lleva un escote provocador y se lo hacen notar… "¿Y qué? ¡Todo el mundo lo hace!"

Le ofrecen drogas a un adolescente que nunca ha fumado; él las rechaza, pero se las arreglan para convencerlo porque, después de todo… "¡Todo el mundo lo hace!"

Una joven pareja invita a otra pareja: "Vengan con nosotros mañana; vamos a divertirnos a muerte en el Festival de Satanás allá en el Camino Negro" La pareja invitada está indecisa. ¡Satanás no es precisamente santo de su devoción! Bueno, después de todo, veremos de qué se trata… "Buah…", suspiran. "¿Cómo que buah? ¡Seremos miles! ¡Todo el mundo estará allá!"

"¿Por qué gritas '¡Barrabás, Barrabás!'? ¿Quieres dejar libre a un criminal para que mate a tus hijos? ¿Y por qué gritas '¡Crucifícalo!' refiriéndote a Jesús? ¿Acaso no le ha devuelto la vista a tu marido?" "¿Y qué…? ¡Todo el mundo lo hace!"

"¿Cómo, nunca has probado experiencias sexuales con intercambio de parejas? ¿Pero tú, de dónde has salido? ¡Si todo el mundo lo hace!"

¡Cuántas chicas han despreciado su virginidad para honrar a este demonio, dejándose herir y dañar íntimamente por muchos años!

Podría multiplicar los ejemplos, pero son demasiado tristes. Ansiedades, vidas destrozadas, depresiones, tormentos internos de todo tipo, rupturas familiares, la imposibilidad de poder vivir y trabajar normalmente, la pérdida completa del gusto por la vida, intentos de suicidio, crímenes… El nombre del señor Todo-el-mundo-lo-hace ya supone una mentira flagrante, porque, en realidad, ¡NO todo el mundo lo hace!

Estamos asistiendo a una verdadera hecatombe y, por supuesto, los más jóvenes y los más maleables son los más profundamente afectados, ingenuos como lo son ante los frutos amargos que les esperan si se convierten en seguidores del peor de los déspotas modernos: el Señor Todo-el-mundo-lo-hace. ¿Pero quién los previene con suficiente amor y paciencia para advertirlos y protegerlos? ¿Quién les da el ejemplo? ¿Quién pasa tiempo con ellos para escuchar los anhelos verdaderos de sus corazones y ayudarlos a gestionar positivamente su crecimiento en un mundo que los bombardea?

¡Jesús es la respuesta para ellos y para todos! Él, con su dulzura infinita, viene a rescatarnos de la uniformidad y el aburrimiento, Él que conoce la singularidad de cada una de sus criaturas. Nos muestra a cada uno cómo llegar a ser lo que somos: insustituibles, únicos y especiales. ¡Ser diferente es hermoso! Jesús lleva consigo nuestra imagen secreta, la ama, y cuánto más lo miramos a Él, más nos convertimos en nosotros mismos ante Él y ante los hombres. *"Miren hacia él y quedarán resplandecientes, y sus rostros no se avergonzarán"* (Sal 34,6). Jesús nunca dijo: "¡Haz como los demás y serás feliz!" No, Él da una respuesta que no es ni tramposa ni engañosa; nos muestra un camino que no termina en un callejón sin salida, y dice: *"Aprendan de mí, que soy manso y humilde de corazón, y así encontrarán descanso para sus almas"* (Mt 11, 29). Y también: *"El que me siga no andará en tinieblas, sino que tendrá la luz de la vida"* (Jn 8, 12). Entonces ¿por qué ir a buscar la felicidad justamente allí donde se la pierde? ¿Acaso Jesús no es el Camino, la Verdad y la Vida? (Jn 14,6).

*****

Una práctica desastrosa, el Reiki

Promovido por los medios de comunicación de la Nueva Era, el Reiki se extiende rápidamente por Occidente y no podemos permanecer en la ignorancia en cuanto a sus efectos. Se trata de un método de "curación", por decirlo así, al alcance de todos que, a primera vista, parece obtener buenos resultados. Orquestado por una publicidad invasora y seductora conectada con el bienestar, sus promesas de "curación" rápida atraen a muchas personas, enfermas o no. Me veo en la obligación de encender una luz roja de alerta[60].

Se trata de una medicina alternativa que utiliza *la Energía vital universal*. Implica ciertos poderes de un espíritu trascendental, ¡que sin duda no es el Espíritu Santo! La técnica consiste en atraer sobre el en-

---

[60] Leer el capítulo "Las jaquecas de Bill" en *El niño escondido de Medjugorje,* de la autora, Editorial Paulinas.

fermo la energía universal, trazando sobre él símbolos arquetípicos. El llamado terapeuta visualiza la energía que ingresa por el chacra de la parte superior de su cabeza, lo invade y desborda por su mano para penetrar en el paciente. En realidad, el Reiki abre las puertas a fuerzas ocultas nefastas. Tal vez se puede observar en ciertos casos una mejoría temporal en algunos aspectos de la salud, que es rápidamente reemplazada por otros síntomas como los que suelen aparecer en el contexto de las prácticas ocultas, incluyendo el espiritismo. Esta práctica utiliza símbolos secretos de fuentes oscuras como los mantras.

Como suele ser el caso en las prácticas promovidas por la Nueva Era, el Reiki niega la existencia de un Dios Creador personal y trabaja con las energías con una mentalidad panteísta. Esta técnica se transmite a través de sesiones iniciáticas (a diferencia de los dones del Espíritu Santo que nos son dados de Lo Alto según la voluntad de Dios y no se propagan automáticamente de una persona a otra. Además, son gratuitos). En el tercer grado de iniciación del Reiki, se invoca a los demonios, los "espíritus de la montaña". La práctica del Reiki no puede cohabitar con nuestra fe cristiana. ¡Con Jesús, todo es claro! El hecho de que algunos cristianos lo practiquen no es garantía de su utilidad para la salud, ni que tampoco sea inocuo: sus trampas son sutiles y los estudios serios realizados al respecto todavía están poco difundidos entre el gran público. Muchas víctimas del Reiki que sufren de opresión, ansiedad, insomnio y otras dolencias llegan a Medjugorje en busca de ayuda.

El padre Joseph Verlinde, experto en el tema, explica: "El Reiki es una práctica oculta que se basa en los principios fundamentales de la magia. Por ejemplo, la invocación de los espíritus del mundo astral con el fin de ejercer poderes taumatúrgicos con su colaboración… No hace falta decir que es imposible reconciliar esta práctica mágica (que niega la trascendencia divina) con una vida cristiana que quiere ser fiel a la revelación (Santa Escritura, Tradición, Magisterio). No es de extrañar tampoco que estas prácticas, cuya "eficacia" proviene de la colaboración con los espíritus del mundo astral, conduzcan a mediano o largo plazo a diversas formas de alienación mental o espiritual"[61].

---

[61] Véase las obras del Padre Joseph-Marie Verlinde sobre prácticas ocultas, en particular *Le Reiki*, Éditions Bénédictines, p.40 Resumen de los tópicos: La légende de la découverte du reiki. Une pratique magique classique. Les trois degrés du reiki. Discernement. Une pratique

32

¡Un premio para la rana!

"¡Decídanse por la santidad y no presten atención a los demás!"
(Mensaje de 1982 al grupo de Oración).

Cien ranas se reunieron un día al pie de una elevada montaña. Cansadas de vivir en zonas pantanosas y de que se las trate siempre de lentas y perezosas, decidieron demostrar lo que eran capaces de lograr y organizaron una carrera. El objetivo era la cumbre de aquella montaña, ¡nada menos…! Sabían que allá arriba descubrirían una hermosa vista y paisajes insospechados. Su visión del mundo finalmente cambiaría; ¡nada mejor que tomar altura! El cielo estaba despejado con una ligera brisa que soplaba a su favor. Todas estaban esperanzadas con alcanzar la victoria.

Muy emocionadas, se ponen en posición de largada al pie de la montaña, decididas a superar con valentía los múltiples obstáculos que seguramente las esperarían: cansancio, sed, desánimo, sofocamiento, arañazos en su delicada piel y todas las dificultades inherentes a su naturaleza de ranas.

Suena el silbato y nuestras ranas se lanzan a la conquista de la montaña. Cada una se esfuerza por franquear los obstáculos con entusiasmo. Pero, poco a poco, teniendo que esforzarse mucho para ascender aquella cuesta muy empinada y pedregosa, algunas comienzan a dudar de lo

occulte banalisée. Confirmation du Magistère. Ver en la web: http//www.final-age.net/
La Conferencia de Obispos de Estados Unidos emitió una advertencia en contra de la práctica del reiki. Ver:
http://www.la-croix.com/Religion/Actualite/Les-eveques-americains-mettent-en-garde-contre-la-pratique-du-reiki-_NG_-2009-04-27-534080

acertado de la aventura. Durante algunos minutos se reservan para sí sus reflexiones íntimas –no se trata de dar la impresión de que vayan a echarse atrás a mitad de camino– pero después de un nuevo tramo conquistado tras ardua lucha, ya no consiguen contener su lengua y empiezan a comentar con sus vecinas que, en realidad, el asunto era más difícil de lo que habían pensado. Se oyen palabras de aliento por parte de algunas, pero su efecto no es duradero.

Entonces empieza a surgir de sus bocas toda clase de recomendaciones surgidas del buen sentido común: han aspirado a algo demasiado ambicioso y es mejor renunciar. Sin embargo, la mayoría continúa. Llegadas a la mitad de la cuesta, surge entre ellas una gran efervescencia: se ponen a hablar todas a la vez, se quejan de haberse fijado una meta demasiado exigente y de haber sobrestimado sus fuerzas. Cada una expone su propio análisis de la situación; se agitan, sube el tono, todas croan a la vez: ¡es una verdadera cacofonía! Finalmente, la mayoría declara que hay que rendirse humildemente ante la evidencia: la montaña es demasiado escarpada, inaccesible para ranas; hay que optar por la sabiduría y renunciar a contemplar desde la cima aquellos paisajes escondidos y misteriosos, tan deseados. Y, una por una, emprenden la retirada rengueando, tristes y despechadas por tener que volver a chapotear en el pantano.

Sin embargo, una de las ranas continúa subiendo sola y, sin desviar su mirada, ni ahorrar esfuerzo alguno, consigue llegar a la cima. Allí queda boquiabierta: el panorama es mil veces más bonito y más emocionante que todo lo que ella se había imaginado. ¡No puede contener su alegría! Toda su fatiga parece haberse evaporado a causa de la felicidad que experimenta. Olvidando su cansancio y sus arañazos, se abandona maravillada a la contemplación del paisaje que se le ofrece.

¿Por qué aquella rana pudo trepar tan alto mientras que las demás habían tirado la toalla? Muy simple: ¡era sorda!

*****

Una gran santa de nuestro tiempo, sor Faustina Kowalska (1905-1938) supo compartir tesoros de sabiduría en su Diario, escrito por obediencia a su padre espiritual. ¡Bendito sea él! Allí nos regala uno de esos secretos que son curación para nosotros en este siglo en el que nos evadimos de nosotros mismos en el ruido ambiental. ¡Estamos bombardeados por un aluvión de mensajes electrónicos de toda clase, palabras vanas o negativas, declaraciones múltiples y contradictorias, técnicas modernas que nunca nos permiten escuchar al corazón!

Veamos qué nos dice sor Faustina sobre el silencio: "El silencio es una espada en la guerra espiritual; un alma habladora nunca llegará a la santidad. La espada del silencio cortará todo lo que quiera pegarse al alma. Somos sensibles a las palabras y queremos responder de inmediato, sin reparar si es la voluntad de Dios que hablemos. El alma silenciosa es fuerte; ninguna contrariedad le hará daño si persevera en el silencio. El alma silenciosa es capaz de la más profunda unión con Dios; vive casi siempre bajo la inspiración del Espíritu Santo. En el alma silenciosa Dios obra sin obstáculos" (§ 477 Diario, La Divina Misericordia en mi alma).

*****

La opinión de los demás

Cuando vivía en Jerusalén conocí a un dominico que se destacaba entre los demás sacerdotes de su convento. Su nombre, Paul Dreyfus, indicaba claramente su origen judío. Siendo adolescente había descubierto el Evangelio y, fascinado por la persona de Jesús, lo había seguido. Pero fue durante la guerra de 1939-1945, en un campo de concentración, cuando recibió el bautismo. Ingresó en la orden de Santo Domingo en 1947. Formaba parte de la muy famosa escuela bíblica de Jerusalén, en la Calle de los Profetas, muy cerca de nuestra casa. Yo lo había elegido entre varios para que fuera mi confesor y director espiritual.

¿Por qué hice esa elección? Especialista en las relaciones judeo-cristianas y muy fino exégeta[62], era apasionante escucharlo. Como Jesús decía de Natanael, el padre Dreyfus era un verdadero israelita, un hombre sin artificios, poco hablador, que tenía el valor de ser él mismo, sin componendas. Iba derecho al grano y poco le importaba lo que los

---

[62] Es el autor de una obra premiada por la Academia Francesa: *Jésus savait-il qu'il était Dieu?* Ed. Du Cerf, 1984 (¿Sabía Jesús que era Dios?).

demás pudieran pensar de él. Tan poco le importaba que había adoptado adrede una forma de vivir la pobreza que ya no estaba de moda en aquel noble convento mundialmente famoso. Es cierto que, a su libertad interior, se añadía un carácter un poco rebelde. Su aspecto exterior ya era significativo: usaba unos zapatos gastados y rotos y arrastraba los pies (sufría mucho de las piernas); en cuanto a sus calcetines, siempre tenía uno por lo menos que caía en forma de acordeón sobre sus tobillos. Su hábito le colgaba torcido y su capucha quedaba corrida sobre un hombro. A veces adoptaba un aspecto hermético para protegerse mejor de todo contacto inútil de tipo mundano. Añádanle a esto un corazón puro… A nosotros nos encantaba y lo queríamos mucho.

Cierto día, durante una recepción oficial con embajadores y otras personalidades de alto rango, el padre Dreyfus se encontraba también allí con sus hermanos, ignorando las convenciones sociales, siempre tan mal vestido y llevando los mismos zapatos de mendigo con agujeros en las punteras. Aquel día, como de costumbre, tenía un aspecto distraído, con la boca ligeramente abierta, convencido de no atraer en absoluto los cumplidos que normalmente se prodigan en ese tipo de reuniones. ¡Habría hecho las delicias del Papa Francisco!

Entonces se produjo el suceso que permanecerá grabado en nuestra memoria; uno de los invitados, lleno de celo evangélico se acercó al padre superior y le susurró al oído: "Lo felicito padre; ¡ya veo que en el seno de su comunidad también aceptan a subnormales!"

El padre Dreyfus era uno de los cerebros más brillantes de la Escuela Bíblica de Jerusalén…

33

Librarse de las dependencias

Céline nos contó un hecho que podría inspirar a muchas personas que sufren a causa de una dependencia.

Hacía años que ella vivía como mejor podía los mensajes de la Gospa y especialmente ponía mucho interés en el del ayuno dos días por semana, los miércoles y los viernes. Efectivamente había experimentado sus frutos, pero su tristeza era grande por no poder renunciar a su café matutino esos dos días. La razón no era baladí: si no tomaba café, su cerebro permanecía entumecido y ella se dormía sobre su computadora o durante la misa. Esto no le impedía sentir en el fondo de su corazón que también debía dejar el café los miércoles y los viernes, si quería vivir plenamente los mensajes sobre el ayuno, y que la Virgen esperaba su ofrecimiento. Hay que decir a su favor que ella le pedía a María que le concediera la gracia de poder privarse de él, pero hasta entonces sin éxito.

Un día durante la hora de adoración al Santísimo Sacramento, se le cruzó una idea y sin reflexionar ni siquiera un segundo, le dijo a la Virgen: "Está bien, yo no tomaré más café, pero tú conoces las consecuencias desastrosas de mis adormecimientos; entonces ¡sé tú mi café! ¡Haz que todo suceda como si lo hubiera tomado; ocúpate de que no me duerma!"

Céline comprobó que la Virgen había aceptado el intercambio propuesto y que había hecho muy bien su trabajo. Desde hace meses –nos afirma ella– el café ha desaparecido de su dieta no sólo los días de ayuno, sino también los demás días, lo que ha mejorado sensiblemente su salud y su estado de ánimo. Se reía cuando nos lo contaba: "No sé si nuestra Madre recibe a menudo este tipo de petición: '¡Sé mi café!' ¡Pero en todo caso la aceptó!"

Que tomen nota los amantes del café u otros deleites que deben consumirse con moderación, como el chocolate, por ejemplo.

*****

Rosie y las 24 horas de la Gospa

En nuestra casa "Bethléem" en Medjugorje tratamos de vivir los mensajes de María, lo que conlleva también luchar contra nuestras malas tendencias; ¡nada fácil! Los voluntarios que comparten nuestra vida y nuestra tarea, permaneciendo un año o dos con nosotros bajo las alas de la Virgen, suelen experimentar acontecimientos sorprendentes. En realidad, la Madre de Dios obra activamente en los corazones, en los cuerpos y en las mentes de aquellos que frecuentan su escuela; Ella no pierde el tiempo y hace un trabajo intensivo. Realiza en tan sólo algunos meses un trabajo que llevaría años concluir en otras circunstancias. Busca siempre dar a sus hijos su belleza esencial, la que Dios Creador modeló con amor desde el primer día y que ha sido estropeada a lo largo de los años transcurridos en el mundo.

Durante tres años una joven americana de New Jersey estuvo con nosotros y fue mi asistente. Muchos de ustedes la conocen: ¡es Rosie! Tenía una muy mala costumbre… Pero dejo que ella les cuente:

"Desde hacía años fumaba un paquete de cigarrillos al día. Había tratado de muchas maneras de dejar ese vicio, pero fracasaba a cada intento. Me resultaba demasiado difícil y llegué a pensar que carecía de la gracia para lograrlo. Me decía a mí misma: 'no es que yo no quiera dejar el cigarrillo, pero mi cuerpo lo necesita. De todas formas, si lo dejara nadie me aguantaría'.

El 24 de junio de 2009, decidí ofrecer un regalo a la Sma. Virgen para el 25º aniversario de sus apariciones en Medjugorje. Sabía que me sería difícil no fumar durante todo un día, por eso pensé que sería el mejor regalo que podía ofrecerle. Aquel día, durante la aparición, me decidí: 'De acuerdo, no fumaré hasta la aparición de mañana, 25 de junio, día en que celebraremos el aniversario de tus apariciones'. Parar de fumar definitivamente estaba fuera de mis propósitos.

Privarme de cigarrillos me parecía factible sólo si los recuperaba al día siguiente. Ignoraba por completo lo de las 24 horas de la Gospa[63]. Sor Emmanuel no me había dicho nada al respecto y el CD sobre este tema no existe en inglés. El día pasó muy lentamente, teniendo siempre presente mi promesa del regalo a la Santísima Virgen. Efectivamente, no pensaba más que en eso porque el deseo de fumarme aquel cigarrillo por la noche se volvía cada vez más fuerte. En resumen, estaba pasando por una crisis de abstinencia. Por fin el momento tan esperado llegó. ¡Finalmente iba a poder fumar un cigarrillo! Mis pensamientos estaban fijos en el placer y la satisfacción que ese cigarrillo me proporcionaría. ¡Pero qué sorpresa! Cuando me estaba llenando los pulmones de humo ¡el gusto me pareció repugnante! Arrojé inmediatamente el cigarrillo pensando que estaría enferma.

Volví enseguida a casa para contarles a los demás lo que había pasado, segura de que el siguiente cigarrillo sería mucho mejor. Pero tuve la misma reacción: un profundo asco. Lo mismo sucedió con todos los cigarrillos que prendí aquel día. Encontraba aquello verdaderamente extraño; entonces pensé que la Santísima Virgen tal vez no quería que fumara más. En efecto, al día siguiente ocurrió lo mismo.

No he vuelto a fumar desde aquel día, o sea desde hace más de cinco años. Durante las semanas que siguieron a aquella interrupción, me sobrevino un fenómeno extraño. No me lo puedo explicar científicamente, pero lo veo como un tiempo de purificación: no paraba de escupir una mucosidad espesa marrón y negra, que se generaba constantemente. Era algo muy desagradable. Antes no tenía ni idea de lo que el tabaco depositaba en mis pulmones. Algunos dicen que se necesitan siete años para que un fumador pueda liberarse de los efectos del tabaco. La Gospa ha sido más rápida conmigo, ¡lo hizo en un tiempo récord! ¡Ahora me encuentro muchísimo mejor! Antes tenía dificultad para escalar montañas y acababa siempre agotada. Ahora lo hago sin perder el aliento. Rezo mucho mejor y ya no tengo que pedir disculpas a los que están conmigo para dejar su compañía y salir a fumar.

---

[63] El CD "Las 24 horas de la Gospa" explica cómo preparar un regalo a la Virgen para ofrecérselo al día siguiente a la hora de la aparición. Disponible en francés en Maria Multimedia. Ver pág. 295.

La Gospa lo ha arreglado todo. Yo creía haberle hecho un regalo, ¡pero en realidad fue Ella quien me lo hizo a mí! Muy propio de la Virgen…"

Rosie, asistente americana de la autora en 2008.
© Bernard Gallagher, 2008-www.medjugorje.zenfolio.com

34

Cuando Jesús viene a nuestro corazón

"Toda vida cristiana es una Misa y toda alma es una Hostia" (Marthe Robin).

En Medjugorje, el evento central del día no es la aparición de la Madre de Dios, cómo podríamos creerlo, sino la Misa vespertina. Las dos realidades se entremezclan de manera magnífica. Veinte minutos antes de la Misa, durante la oración del Rosario, la Virgen se aparece a los videntes. Invita a todos aquellos que no la ven a acogerla en su corazón como si la vieran. Luego Ella acompaña a los presentes durante la Misa para vivirla con ellos. ¡No olvidemos que concede a los "no videntes", que somos nosotros, las mismas gracias que otorga a los videntes durante la aparición, siempre y cuando abramos nuestro corazón!

Un día le pregunté a la vidente Vicka si María le había dado algún mensaje particular sobre la Sagrada Comunión. La respuesta no me decepcionó: *"Queridos hijos, cuando reciben a Jesús en su corazón en la Sagrada Comunión y regresan a sus lugares, ¡no miren a los demás, no juzguen al sacerdote! ¡Queridos hijos arrodíllense al menos durante diez minutos y conversen con mi Hijo que está en su corazón!"*

¡Una gran alegría me invadió al descubrir este mensaje! Después pensé: "¿Diez minutos? A los fieles les puede llegar a parecer que es demasiado tiempo. ¿Cómo hacer para que el mensaje sea aceptado y vivido con gusto?" Volví a hacerle la pregunta a Vicka un poco para provocarla, porque así muchas veces nos da otros mensajes interesantes. También para hacer de abogado del diablo en nombre de aquellos que se sorprenderían ante los famosos diez minutos.

– Vicka, le dije, ¿estás segura que la Gospa ha especificado diez minutos?

– ¡No! ¡No ha dicho diez minutos! Ha dicho: '*¡por lo menos diez minutos, como mínimo diez minutos!*' También nos ha dicho: '*Queridos hijos, el momento más sagrado de su vida es cuando mi hijo Jesús viene vivo a su corazón. ¡Acójanlo! ¡Déjenlo entrar! ¡Tómense tiempo para Jesús!*'

Ya tenía mi respuesta y podía transmitirla con toda seguridad añadiendo: '¡Lo ha dicho la Virgen!' En la parroquia de Medjugorje el programa vespertino contempla aquellos diez minutos de oración después de la misa, pedidos por la Virgen. Es el momento de los siete Padrenuestros, Avemarías y Glorias.

Cuando Jesús llega a un corazón en la Sagrada Comunión, está sumamente feliz, al igual que todos los enamorados que van al encuentro de la persona amada. No solamente se prepara para darse por entero a ese corazón –regalo de lo más sublime– sino que también trae consigo innumerables beneficios, bendiciones, gracias, dones y favores que quiere derramar en cada uno. Pero ¿qué sucede cuando se encuentra con un corazón cerrado? Cuando la persona se ha puesto en la fila de los comulgantes por costumbre, sin oración previa, sin un solo acto de amor, sin estar verdaderamente interesada por Jesús; en realidad la puerta de su corazón está cerrada. ¿Qué hace Jesús ante esa puerta cerrada? Ciertamente respeta nuestra libertad. Entonces aguarda y aguarda… Esperará contra toda esperanza que la puerta se abra para ser acogido con sus dones. Pero, al final de la Misa, viendo que no hay cabida para Él en ese corazón, se retirará sin haber podido depositar todos los dones y gracias que tan amorosamente había preparado. ¡Y el corazón de Jesús quedará destrozado de dolor! No podemos imaginar el sufrimiento de aquel corazón que no es más que amor, que se alegraba de antemano por dispensar sus riquezas y se marcha despreciado, ignorado, pasado por alto… Y la persona permanece vacía porque ha desperdiciado la cita con su Dios.

¡Cuántas veces, durante las misas, Jesús es maltratado así! Él decía a sor Faustina:

"Oh, cuánto me duele que muy rara vez las almas se unan a mí en la Sagrada Comunión. Espero a las almas y ellas son indiferentes a mí. Las amo con tanta ternura y sinceridad y ellas desconfían de mí. Deseo colmarlas de gracias y ellas no quieren aceptarlas. Me tratan como una cosa muerta, mientras que mi corazón está lleno de amor y misericordia" (Diario § 1447).

Al contrario, si Jesús es acogido en un corazón abierto, bien preparado, que ha procurado purificarse con la confesión frecuente, un corazón que se alegra sinceramente de recibir a su Señor y a su amigo más querido, Él se deleita en ese corazón. Como lo dijo a Sor Faustina:

"Mi gran deleite es unirme con las almas. Has de saber, hija mía, que cuando llego a un corazón humano en la Santa Comunión, tengo las manos llenas de toda clase de gracias y deseo dárselas al alma" (Diario § 1385).

Y también:

"Escribe para las almas consagradas que es mi deleite venir a sus corazones" (Diario § 1683).

¡Podríamos asombrarnos de que Jesús hable de *delicias* cuando viene a un alma en estado de gracia! ¿Pero la verdadera delicia no es acaso el fruto del amor compartido? ¿Quién no sentiría como Él el deseo vehemente de unirse al ser amado y de saborear juntos ese fruto del amor? Además, la alegría del Salvador es salvar; y al descender en nuestras almas por medio de la comunión eucarística Jesús siempre encuentra en ellas algo que salvar.

Una vez que Jesús ha entrado en nuestro corazón abierto, ¿qué hace? Su alegría consiste en cambiarnos, purificarnos, consolarnos. Se destaca en particular por su acción transformadora. En efecto, nos transforma en Él mismo, ¡nada menos! En otras palabras, todo lo que tiene y todo lo que es se hace nuestro. Si Jesús ha elegido un alimento como el pan para hacernos comulgar con Él no es una casualidad. Hubiera podido proceder de otra forma, pero el alimento nos da una perfecta imagen física de lo que Él opera místicamente en nuestras almas.

Si como una fruta, esa fruta será transformada al cabo de algunas horas y –perdonen la expresión–, se convertirá en sor Emmanuel. Todas mis células serán alcanzadas por esa comida para ser fortalecidas y renovadas. Sin que yo haga un análisis consciente, la fruta alimenta todas las partes de mi cuerpo: mi cerebro, mi sangre, mis ojos, mis pies y todos mis órganos. Comprendemos entonces que, al comer un alimento, nuestro organismo realiza un trabajo de asimilación y de transformación. En realidad, digiero la fruta y mi metabolismo hace que sus nutrientes sean disponibles para mis células.

Cuando me alimento con el Cuerpo de Cristo en la Comunión, la operación es a la vez similar y diferente. No soy yo quien transforma a Jesús en mí misma (¡pobrecito, eso sería el colmo!); por el contrario, es Él el que me "aspira" y me transforma en Él mismo. ¡Qué grande es este misterio de unión y de intimidad entre el alma de Cristo y el alma humana! ¡Tan grande que incluso los ángeles se prosternan ante tal esplendor! Porque si los ángeles disfrutan de una gran luz y de dones insignes por su naturaleza angélica, no les ha sido dado recibir el Cuerpo de Cristo. Este privilegio se ha concedido únicamente a la raza humana.

Si Jesús nos transforma en Él mismo, naturalmente según la apertura de nuestro corazón y el deseo que nosotros tengamos de Él, podemos decir que la Sagrada Comunión nos hace progresar a pasos agigantados por el camino de la santidad. Porque si Jesús nos da su alegría, su paz, su misericordia, su fuerza, su amor, su luz y todos sus atributos, nos comunica también su propia santidad. ¡Él nos diviniza, nada más y nada menos! Varios místicos que han visto el Cielo relatan que los elegidos más felices y más gloriosos son aquellos que, en la Tierra, recibieron cada día el Cuerpo de Cristo y lo dejaron vivir en el centro de su ser. Si absorbemos cada día la santidad y la gloria de Cristo, ¿por qué extrañarnos de que en el Cielo este inmenso peso de gloria resplandecerá con sus más bellos destellos? La venerable Marthe Robin que vivió sin más alimento que la Eucaristía durante 50 años, declaraba:

"Nuestro grado de gloria y de felicidad en el Cielo será proporcional a la calidad de nuestras Sagradas Comuniones en la Tierra".

Y Jesús decía a sor Faustina:

"Mira, he dejado el trono de los Cielos para unirme a ti. Lo que estás viendo es apenas una pequeña muestra y tu alma se desmaya de amor. ¡Cuánto se asombrará tu corazón cuando me veas en toda la plenitud de la gloria! Quiero decirte, sin embargo, que la vida eterna debe iniciarse ya aquí en la Tierra a través de la Sagrada Comunión. Cada Comunión te hace más capaz para la comunión con Dios por toda la eternidad" (Diario § 1810).

¿Quién podría menospreciar semejante futuro para toda su eternidad?

Comprendemos entonces por qué la Madre de Dios, que recibía cada día de manos de San Juan el Cuerpo de su propio Hijo, nos invita a estar con Él para dejarlo realizar en nosotros su obra transformadora.

Me gustan mucho las palabras de aquella niñita de siete años que acababa de tomar su Primera Comunión. Después de la Misa, su madre le pregunta:

– ¿Estás contenta, mi amor, por haber recibido hoy a Jesús en tu corazón?

– Oh sí, mamá. Y ¿sabes qué? ¿Sabes lo que hice con Jesús?

– No, dime.

– Cuando vino Jesús, ¡tomé la llave de mi corazón y lo encerré! ¡Así ya no podrá salir nunca más!

Después añadió estas magníficas palabras: "¡Así Jesús y yo estaremos siempre juntos!" Esta niña nunca había leído un libro de teología sobre la Eucaristía; ¡y sin embargo lo había comprendido todo! Porque cuando Jesús viene a nuestro corazón, dos amores se encuentran y se abrazan. ¿Hay algo más que comprender?

Me gusta también pensar en un gesto muy sencillo: tomen un vaso y llénenlo de agua. Colóquenlo de forma que quede a la altura de su rostro. Tomen otro vaso y viertan en él una pequeña cantidad de vino tinto. Después, muy, muy lentamente, viertan en el agua un poco de ese vino –solamente algunas gotas– y observen atentamente lo que sucede: el vino hace su camino en el agua, se expande poco a poco dibujando arabescos y, finalmente, se mezcla de tal forma con el agua que resulta imposible separarlo. Estos dos elementos ya no son más que uno solo. Esta observación explica –aunque de forma imperfecta– lo que sucede en la Sagrada Comunión, cuando acogemos a Jesús con amor. La unión del alma divina con la nuestra es tan íntima, tan profunda, que somos absorbidos en Dios y Dios en nosotros, de manera indisociable.

*****

La comunión espiritual

Por diversas razones, algunos fieles no pueden asistir a Misa o no están en situación de recibir la Eucaristía (por ejemplo, si no están todavía bautizados, o si no se encuentran en estado de gracia, etc.). Pueden hacer entonces una *comunión espiritual* o una *comunión de deseo*. En ciertos países pueden adelantarse hacia el sacerdote con los brazos cruzados sobre el pecho como signo de que no pueden comulgar, y él les dará una bendición. ¿Cómo comulgar espiritualmente? Basta con abrir el corazón a Jesucristo e invitarlo a entrar. Entonces lleno de alegría de ser invitado, Jesús responderá enseguida a la llamada y comunicará a ese corazón las mismas gracias que en la comunión sacramental.

Todos los santos han multiplicado a diario las comuniones espirituales. Por eso han avanzado tan deprisa por el camino de la santidad. La Virgen María hacía una comunión espiritual permanente, consolando de esta forma a Jesús por todas las puertas cerradas con las que se topaba y se topa todavía hoy, incluso en el seno de la Iglesia. Cuando los fieles se dan cuenta de que se les ofrece esa posibilidad, muchos la aprovechan con alegría y entablan un diálogo con Jesús a lo largo del día. Se sorprenden al comprobar grandes cambios en sus vidas.

¿Por qué no hacemos un pequeño test, por la noche, cuando depositamos nuestro celular sobre la mesita de luz? Preguntémonos: ¿cuántas veces he llamado hoy a mis amigos y cuántas veces he llamado a Jesús? Llamar a Jesús sólo nos proporciona ventajas: la llamada es gratuita, no tenemos necesidad de cargar baterías ¡y la llamada nunca se desvía al contestador automático! ¡Ni hablar de los tesoros de gracias que se nos conceden!

Nuestras asistentes americanas Chrissey, Kern y Kim, con la autora durante una misión en California ©EDM 2014.

35

NATUZZA VEÍA EL PURGATORIO

"Hijitos, deseo que cada uno de ustedes se enamore de la vida eterna que es nuestro futuro, y que todas las cosas terrenales les sean una ayuda para que se acerquen a Dios creador. Sigo estando con ustedes después de tanto tiempo porque se encuentran en la senda equivocada" (Mensaje 25-1-2009).

La mística Natuzza Evolo (1924-2009) en Sicilia

¡Apenas Natuzza regresaba a la Casa del Padre que ya se abría su causa de beatificación a nivel diocesano! ¡Nada menos que siete obispos y ciento veinte sacerdotes concelebraron la misa de sus funerales!

Esta sencilla mujer de campo, esposa de un carpintero, madre de cinco hijos y abuela, causó un gran impacto en Calabria donde nació, y posteriormente en toda Italia. En la actualidad, su testimonio se propaga en el mundo entero[64].

En el seno de una vida familiar muy sencilla, en la pobreza de esta región desfavorecida en el plano económico, Natuzza vivió una relación muy particular con el Cielo. Entre los múltiples carismas que ejercía, citemos el hecho de que conocía el contenido de un libro simplemente tomándolo en sus manos, ya que no sabía ni leer ni escribir. Por ejemplo, era capaz de decir: "en la página 48, hay un error teológico", lo que podía verificarse en el acto. Por lo demás, veía el estado de algunas almas y podía también aconsejarlas sabiamente. Poseía el don de bilocación y se hacía presente a las personas sufrientes para reconfortarlas y ayudarlas a volver hacia el Señor. A veces estas personas quedaban curadas. A la edad de 11 años, "visitó" a su padre quien había emigrado en Argentina con el fin de darle una mejor calidad de vida a su familia. Natuzza rezaba constantemente las oraciones más sencillas del patrimonio cristiano. Jesús la visitaba con frecuencia, compartiendo con ella las necesidades de su Iglesia por las cuales la piadosa mujer se sacrificaba sin dudarlo.

Un día en que sufría mucho en su cuerpo, le pidió a Jesús que aligerara un poco su cruz. Jesús la escuchó con benevolencia, pero un poco más tarde le dijo: *"Para aliviarte he tratado de encontrar un alma que aceptara llevar esta Cruz por amor a mí y a mi Iglesia, pero ninguna de las almas a las que he preguntado ha aceptado; entonces vuelvo a pedírtelo a ti... ¿Quieres continuar llevando esta cruz y unir tus sufrimientos a los míos para salvar almas?"* Viendo que Jesús había fracasado en su petición ante varias almas, que sin embargo decían ser sus amigas, Natuzza se estremeció y aceptó de todo corazón continuar llevando la cruz[65].

---

[64] Ver: http://www.patriziacattaneo.com/natuzza_evolo.html

[65] Es importante precisar que lo que salva a las almas nunca es el sufrimiento en sí, sino el amor. Por amor a Jesucristo Natuzza aceptaba llevar determinadas cruces, porque conocía su valor redentor. En Medjugorje la Virgen dice: *"Queridos hijos, son muy pocas las personas que han comprendido el gran valor del sufrimiento cuando es ofrecido a Jesús"* (a Vicka en 1982). Véase también el mensaje dado por la Virgen el 13 de mayo de 1917 a los

Vivía muy pobremente y siempre rehusó donaciones. Su obispo decía de ella: "Es paciente, de una gran fe, obedece a la Iglesia y nunca se dejó tentar por el dinero; hubiera podido ser millonaria, con las multitudes que recurrían a ella".

A la edad de 15 años empezó a ver y a conversar con ánimas de personas difuntas. Su familiaridad con ellas era tal que la llamaban *la radio del otro mundo*. Ayudaba a las almas que sufrían en el Purgatorio y conocía el motivo por el cual tenían que permanecer en ese lugar de purificación.

Uno de mis amigos de Sicilia, Carlo, de familia católica tradicional, mantenía una bonita amistad con Natuzza y le gustaba visitarla para hablar con ella de las cosas de Dios porque, decía él, salía siempre muy feliz y revitalizado para continuar su camino. Tenía un hermano, Renzo, que como él había sido educado en la pura tradición cristiana, pero que, por razones que no hacen al caso, se había relajado poco a poco y había abandonado la práctica de la fe. Entre sus hijos, había uno muy brillante que prometía tener un buen porvenir profesional. Mientras estudiaba ingeniería su corazón experimentó una fortísima llamada al sacerdocio. Después de algún tiempo de oración intensa para probar su vocación, les habló a sus padres, sabiendo de antemano que la noticia corría el riesgo de ser muy mal aceptada. Efectivamente su padre se enfureció y le dijo con toda la autoridad paterna propia de su cultura italiana: "¡No te he pagado los estudios de ingeniero para que acabes siendo sacerdote! ¡Serás ingeniero hijo mío y no hay más de qué hablar!"

El hijo tuvo que doblegarse ante la decisión del padre y, con una profunda tristeza, abandonó su proyecto sacerdotal; terminó sus estudios con mucho éxito y se casó.

Carlo rezaba mucho por su hermano Renzo, sabiendo que éste llevaba una vida poco conforme a lo que le agrada al Señor. El dinero había tomado un gran espacio en su vida, con las trampas que podemos adivinar. Algunos años más tarde, murió en el acto en un accidente automovilís-

---

tres pastorcitos de Fátima: *"¿Quieren ofrecerse a Dios para padecer todos los sufrimientos que Él les quiera enviar en acto de reparación por los pecados por los cuales es ofendido, y para suplicar por la conversión de los pecadores?"* Y san Pablo: *"Completo en mi carne lo que falta a los padecimientos de Cristo por su Cuerpo, que es la Iglesia"* (Col 1,24).

tico. Carlo, muy preocupado acerca del destino eterno de su hermano, fue a casa de su amiga Natuzza para rezar con ella por él. Deseaba también preguntarle si tenía algún conocimiento de la suerte final de su hermano en el Más Allá. Entonces entró en la pequeña vivienda de Natuzza y, mientras que se disponía a saludarla, ésta no le dejó ni siquiera abrir la boca y le dijo de inmediato:

– ¡Puedes rezar mucho por tu hermano Renzo! ¡Porque se encuentra en la zona más profunda del purgatorio y sufre terriblemente!

Sorprendido, Carlo le preguntó con un hilo de voz:

– ¡Dios mío…! ¿Y por qué?

– Porque le ha impedido a su hijo seguir la llamada de Dios.

Luego Natuzza, quien veía en espíritu muchas realidades que permanecen escondidas a nuestros ojos, le explicó que Dios había llamado a ese joven al sacerdocio para que le llevara un gran número de almas. Un sacerdote de más o de menos en la Iglesia supone una gran diferencia en la economía de la redención. Pero Renzo no lo había aceptado y se opuso al plan de Dios. Los padres, decía ella, tienen una gran responsabilidad ante Dios cuando impiden a sus hijos seguir su conciencia y los obligan a tomar otros caminos. Los hijos no pertenecen a sus padres sino, en primer lugar, a Dios. Carlo todavía temblaba cuando me contaba este episodio a su paso por Medjugorje algunos meses más tarde.

Es posible que algunas personas se desestabilicen al leer este relato. Nuestra sociedad actual nos focaliza de tal manera en las cosas del mundo, como si fueran a durar para siempre. No lo olvidemos: ¡no tenemos más que este tiempo de nuestra vida terrenal para preparar toda una eternidad! Querer invertir a favor de nuestros hijos es algo excelente, pero no olvidemos que entre los bancos que tenemos a nuestra disposición, ¡el "banco" del Corazón de Jesús es el único que multiplica las inversiones hasta el infinito!

36

LA PORNOGRAFÍA, UNA LEPRA MODERNA

"Hijos míos, ¡no se desvíen del camino por el que los conduzco! ¡No tomen imprudentemente el camino de la perdición!" (Mensaje del 2-5-2013)

Un sacerdote libanés, que viene con frecuencia a Medjugorje, ha recibido una gracia particular para ayudar a las almas en la confesión. Ha compartido con nosotros este testimonio muy esclarecedor.

Una pareja acude a él porque su hijo de siete años no anda nada bien. Ha tenido siempre buena salud y le ha ido muy bien en la escuela pero, últimamente, todo ha cambiado. Ahora el niño está siempre enfermo y ninguno de los numerosos médicos consultados ha podido determinar qué es lo que le sucede. Además, sus notas en la escuela se han vuelto lamentables; es como si hubiera perdido toda motivación y hasta toda su capacidad de estudio. Muy preocupados, los padres han llevado al pequeño a varios psicólogos, sin ningún resultado.

Con el corazón deshecho y como último recurso, acuden a nuestro amigo sacerdote y le piden hablar en presencia del niño. Pero el sacerdote les ruega que dejen al niño esperando afuera, porque primero quiere hablar con ellos en privado. Después de algunas preguntas de fondo sobre sus costumbres y comportamientos en casa, el sacerdote descubre con estupor que, en los últimos tiempos, con la ayuda de un DVD y demás recursos de Internet, los padres se dedican a ver programas pornográficos cuando el niño está ausente. Consideran esta actividad una distracción como cualquier otra. Efectivamente, se han vuelto dependientes de ella, como de una droga. Con el pretexto de estar casados, consideran que la pornografía les ayuda a vivir su sexualidad sin caer en el pecado de adulterio ¡Trampa sutil! Como si el sacramento del matrimonio exonerara a la pareja de toda responsabilidad moral en la práctica de la impureza, como si le permitiera acoger impunemente a "Asmodeo", el espíritu impuro destructor de las parejas.

El sacerdote exclama: "¿Pero qué están haciendo? ¡Abandonen esto de inmediato! ¿No saben que así comenten un grave pecado? ¡Confiésense! Han abierto una puerta al Maligno; lo han dejado entrar en su hogar y le están permitiendo atacar a su familia. ¡Por medio de la pornografía, Satanás destruye a los matrimonios!"

Dirigiéndose al hombre le dice: "Por gracia de Dios, tú eres el padre, la cabeza de tu familia; ¡pero actuando así, pierdes tu gracia de estado y destruyes lo que se te ha confiado!"

Dirigiéndose a la mujer le dice: "Estás estropeándote a ti misma y estás distorsionando la mirada de tu marido hacia ti. En realidad, estás alejando a tu marido de ti. ¿Y se asombran de que su niño esté enfermo, agobiado, desanimado…? ¡La pornografía enferma a la familia y su hijo está pagando caro el pecado de ustedes! Pero todavía están a tiempo de revertir la situación".

A pesar de la dependencia que ya se había creado hacia esa costumbre perversa, estos padres tuvieron el valor de abandonarla y se deshicieron de todo su material porno. Poco tiempo después, sin recurrir a médico ni psicólogo alguno, el niño recobró la salud, sus ganas de vivir y su motivación en la escuela. Vivió una suerte de renacimiento. Esta pareja es ahora muy consciente de la trampa en la que habían caído y puede dar testimonio ante otras familias en situación de peligro[66].

A lo largo de sus numerosos años de ministerio, este sacerdote notó también que, en una pareja, si el hombre cae en la pornografía, frecuentemente su esposa padece molestias graves en el plano ginecológico. No es extraño que tenga infecciones o, peor aún, cáncer en los órganos genitales. Si quien cae en la pornografía es la mujer, es muy frecuente que, debilitada por el pecado al que le ha abierto la puerta y que "trabaja" en ella, comience a esquivar a su marido para finalmente caer en manos de un amante. A veces concibe cierto odio hacia él sin causa aparente, e

---

[66] Esto no significa que cada vez que un niño esté enfermo o perturbado, sus males provengan de un grave pecado de parte de los padres. Las causas pueden ser múltiples. Sin embargo, nunca nos equivocaremos si eliminamos el pecado grave del seno de la familia.

intenta separarse. Lo mismo ocurre con los maridos ¿Cuál es el motivo? Este pecado de impureza produce en el corazón de los cónyuges un fruto de muerte, tanto más íntimo cuanto que la sexualidad toca a la esencia de la vida. (*"El salario del pecado es la muerte"*, nos dice San Pablo en Romanos 6, 23). Por un efecto de bola de nieve, este mal extiende sus destrozos a los corazones y acaba por empujar a la pareja al divorcio.

Además, la práctica de la pornografía hace perder la bendición dada por Dios sobre las cosas materiales, facilitando así la destrucción estructural de la familia. Los jóvenes que se dedican a la pornografía se vuelven perturbados y su inteligencia se oscurece. Son atacados por el miedo y se vuelven nerviosos, a veces hasta tener manifestaciones de pánico. Se han alejado de Dios y por consiguiente están propensos a ir a la deriva, siempre a la búsqueda de nuevas excitaciones.

La pornografía es como la madre del adulterio, de la cual derivan otros pecados graves (cf. Ga 5, 19-20). Es dañina para todos los aspectos de la persona humana, porque conlleva mensajes satánicos destructores. Naturalmente las sectas que adoran a Satanás le hacen mucha publicidad.

*****

Cerrar la puerta al mal

Durante una misión en Italia, un hombre vino hacia mí y me dijo muy alegre:

– Sor Emmanuel, estoy muy contento; he hecho una peregrinación a Medjugorje este año y he tenido una fuerte conversión. ¡He abandonado casi todos mis pecados!

– ¿Casi qué?, le pregunté.

– Sí casi todos. Me he quedado con uno solo.

– ¿Por qué sigue con ese pecado?

– ¡Porque ése me gusta! Me resulta agradable.

Bajo la cabeza para reflexionar un instante, porque no se trata de contestar a tontas y a locas…

– ¿Cómo puede usted seguir voluntariamente con un pecado?

– ¡Pero si he dejado todos los demás! Sólo sigo con uno…

– Todos somos pecadores, pero una cosa es caer por debilidad y otra cosa es querer continuar pecando. Cuando usted recibe a Jesús en la Eucaristía, le está diciendo que lo quiere, que lo adora, que está feliz de haberlo conocido… ¿Cómo puede al mismo tiempo abofetearlo cruelmente? Mi pecado, el suyo y todos los pecados cometidos por los hombres son los que han clavado a Jesús en la cruz. Entonces ¿ha decidido continuar hiriéndolo todavía siguiendo voluntariamente con un pecado?

– ¿Por qué me dice esto? ¿El pecado con el que yo quiero seguir es como una bofetada para Él? ¡Oh Dios mío! ¡Nunca se me había ocurrido!

– Además, querer continuar con un pecado grave es como dejar una puerta abierta al Maligno, que está súper contento teniendo su entradita privada en nuestra casa. Así puede hacer destrozos en nosotros, en nuestra familia, en nuestra salud, en nuestra vida, y uno ni siquiera se da cuenta de dónde proviene el malestar.

– ¡Entonces voy a hacer todo lo posible para abandonar también este pecado! ¡Ore por mí!

Aquel hombre era totalmente sincero. ¡Le faltaba únicamente esa simple información elemental!

Hoy en día hay una ignorancia tal de la fe cristiana, que las realidades más básicas escapan a la conciencia de un gran número de "creyentes". Satanás adormece las conciencias focalizándolas en la búsqueda del bienestar puramente terrenal. San Juan de la Cruz lloraba de compasión ante tantas almas abandonadas a sí mismas, peligrosamente perdidas, cuando todas están llamadas a un alto grado de santidad. ¡Qué desperdicio!

La Virgen no cesa de llamarnos a ser testigos, apóstoles y misioneros, porque la mies es más abundante que nunca. Ella lo sabe. Para sus hijos que no conocen todavía el amor de Dios, los sufrimientos que se desprenden de los pecados graves –a veces elevados al rango de leyes– ¡son abismales! Los legisladores y los gobernantes tienen una pesada responsabilidad ante Dios. La palabra de San Pablo: *"el salario del pe-*

cado es la muerte", no tiene fecha de vencimiento; vale también para hoy. Nuestra cultura de la muerte está conduciendo a millones de niños y jóvenes a la agonía. Es por esto que María viene a Medjugorje para gritarnos que nuestra verdadera paz está sólo en Jesús. Como la escuchamos demasiado poco, se las arregló para que Él mismo se expresara durante la aparición de Navidad, el 25 de diciembre de 2012: *"Yo soy su paz*, dijo. ¡*Vivan mis mandamientos!"* La vidente Marija nos contó que el pequeño se irguió en los brazos de su madre y habló con autoridad, aunque era un recién nacido. Tenía la voz de un niño que había alcanzado la edad de la razón.

Ya en el Evangelio Jesús nos decía: *"Si quieres entrar en la vida, observa los mandamientos"* (Mt 19,17).

"Padre Celestial, eres mi refugio y la roca de mi salvación; todo cuanto sucede en mi vida está bajo tu dominio. Soy tu servidor y llevo tu nombre. Te agradezco por haberme dado el casco de la salvación. Mi identidad en tu Hijo Jesús es mi seguridad y nada puede separarme de tu amor. Gracias porque perdonas mis pecados y borras mis culpas. Me coloco ahora la coraza de tu justicia. Espíritu Santo penetra mi ser y saca a la luz toda estrategia de las tinieblas que haya sido dirigida contra mí. Empuño el escudo de la fe y me arraigo en la Palabra de Dios que me asegura que el Hijo de Dios ha venido para destruir las obras del Demonio.
Por eso, Padre Santo, en el nombre glorioso de tu Hijo Unigénito Jesucristo, por la autoridad que proviene de mi bautismo, renuncio a toda obra de Satanás, sea cual fuere su origen, aunque esté oculta por medio de médiums o de brujería; y con la fe que Tú, Padre, me has dado, proclamo que toda obra suya en mi vida sea destruida.
Jesús, mi Señor y Salvador, tú has triunfado sobre él en el desierto, en la cruz y en el sepulcro y con tu gloriosa resurrección lo has derrotado para siempre, sellando así su fin y su destino. En Ti, también yo obtengo la victoria sobre él, con el poder de tu santo Nombre, ante el cual toda rodilla se dobla en el Cielo, en la Tierra y en los Abismos. Con la fuerza que proviene de ti, Señor, resisto y me opongo a todo intento suyo de oprimirme, afligirme o engañarme. Quiero combatir enérgicamente contra su deseo de robarme la alegría y el fruto de mi salvación.
Con el poder de tu preciosísima Sangre derramada por mí en el

Calvario, te suplico alejes de mí todo poder de las tinieblas que me ataque o envuelva y le ordenes alejarse de mí para ir adonde Tú quieras, Señor, a fin de que no pueda regresar nunca más. Gracias, Señor Jesús (Tarcisio Mezzetti).

*****

La vidente Marija Pavlovic-Lunetti dando testimonio
©Bernard Gallagher, 2006-www.Medjugorje.zenfolio.com.

La muerte del lobo

Esta parábola describe como el pecado hiere al alma:

En Alaska, los inuits (esquimales) tienen una forma muy especial de proteger su vida. Cuando se ven amenazados por los lobos, rastrean toda la zona en la que han descubierto a uno de ellos. Después toman una cuchilla afilada de 25 a 30 cm, la recubren de sangre y la congelan. Nuevamente la recubren de sangre y la vuelven a congelar. Luego hacen lo mismo una tercera y una cuarta vez. Una vez terminado este proceso, se dirigen con esta cuchilla hacia el sitio donde habían localizado las huellas del lobo.

Clavan la cuchilla en el suelo de forma que no se pueda arrancar. Después salpican sangre a su alrededor para atraer al lobo. Y se retiran sabiendo que éste volverá. Al lobo le gusta lo que ve y lo que huele. En primer lugar, lame la sangre que ve sobre la nieve. Atraído por lo que huele, se acerca entonces a la cuchilla y comienza a lamerla. Lame la primera capa de sangre, luego la segunda. Cuando llega a la tercera capa, ya tiene la lengua entumecida e insensible a causa del hielo. ¡Ah, si supiera lo que le espera en esta última capa de sangre! Lame y lame sin darse cuenta de que está comenzando a cortarse la lengua de a pedacitos. Cuando ha terminado y traga el último lambetazo, se traga su propia lengua y, claro está, se ahoga. Al día siguiente, los esquimales vuelven a buscar el cadáver del lobo y recuperan así su seguridad.

Al igual que los lobos, ¡somos atraídos, afectados y finalmente, destruidos por el pecado! El mundo se ha vuelto insensible al pecado, de la misma forma que la lengua de los lobos está entumecida por la sangre helada. La gente no sabe ya lo que es pecado ni cree en su existencia, y no reconoce donde está el mal. El pecado resulta atractivo. Nos gusta lo que vemos, nos gusta lo que percibimos, seguimos ciegamente nuestros sentidos, y en poco tiempo acabamos como el lobo.

La Virgen nos decía en mayo de 2012:

"Yo, como Madre, quiero salvarlos de la falta de paz, de la desesperación y del exilio eterno. Mi Hijo, por su muerte en la Cruz, les ha enseñado cuánto los ama. Se ha sacrificado por ustedes a causa de sus pecados. ¡No rechacen su sacrificio y no renueven sus sufrimientos con sus pecados! No se cierren a ustedes mismos la puerta del paraíso". Y en junio del mismo año: *"Hijos míos, tienen una gran responsabilidad. Deseo que, con su ejemplo, ayuden a los pecadores a ver claro, que enriquezcan sus pobres almas y las traigan de vuelta a mi regazo. Por eso oren, oren, ayunen y confiésense regularmente. Si en el centro de su vida está el recibir a mi Hijo en la Eucaristía, no teman; lo pueden todo".*

37

La mesa

"Hoy, tráeme a las almas de los sacerdotes y religiosos, y sumérgelas en mi insondable Misericordia. Ellas me han dado la fuerza de resistir mi amarga pasión. Por ellas, como por canales, mi Misericordia se derrama sobre la humanidad" (Diario de sor Faustina §1212).

El padre Robert no es una excepción a la regla. Como todos los sacerdotes, conoce la aspereza del combate espiritual y sabe, por experiencia, que *el enemigo del género humano* estaría muy contento, hoy más que nunca, si lo destruyera a él y a su sacerdocio. ¡Un sacerdote es tan valioso en el plan de Dios! Por eso la Virgen nos invita, no solamente a rezar por nuestros pastores, sino también a velar por ellos[67]. ¿Las ovejas deben velar por sus pastores? ¿No es el mundo al revés?

El padre Robert nos ha permitido explorar algo de lo que un sacerdote puede llegar a vivir y sufrir en el ejercicio de su sacerdocio y qué precipicios tiene que bordear a veces. Si este experimentado sacerdote americano hoy en día realiza maravillas confesando a los peregrinos de Medjugorje, echemos una ojeada indiscreta sobre su pasado, naturalmente con su permiso. Cedámosle la palabra:

"Cuando fui ordenado sacerdote le hice una promesa al Señor, con el visto bueno de mi padre espiritual. Con la intención de protegerme, me comprometí a tener siempre una mesa entre la persona que viniera a verme para pedirme consejo o por otros motivos y yo. Esta promesa no ha sido siempre fácil de mantener,

---

[67] *"Hijos míos, mi Hijo les ha dado pastores; ¡velen y oren por ellos! Les doy las gracias"*. (02-05-2013)

pero gracias a Dios he perseverado ¡y eso me ha salvado!

Un día vino a verme una mujer que tenía necesidad de hablar con un sacerdote sobre su situación familiar, muy compleja. Apenas llegó, sentí por ella una fuerte atracción. A causa de su problema, venía con frecuencia, buscando en mí el apoyo que no encontraba en ninguna parte, según decía. Rápidamente me enamoré de ella, ¡pero enamorado de verdad! Tenía todos los síntomas de un hombre flechado. Empezó a poblar mis pensamientos, a invadir toda mi sensibilidad, mis emociones… No conseguía controlar aquel sentimiento. En cada una de sus visitas experimentaba un deseo muy fuerte de abrazarla y hasta de revelarle mis sentimientos. Pero entre nosotros estaba aquella mesa… Oh, ¡cuánto la detestaba! ¡Cuántas veces hubiera querido apartarla! Sin embargo, la mesa no cambió de lugar.

Aquella tortura duró tres años. Hasta que un día, la mujer llegó como de costumbre y –oh sorpresa– me di cuenta al mirarla que no sentía ya nada por ella. Todo mi sentimiento amoroso se había esfumado en un instante; ¡tan rápido como había aparecido! Volví a ser el hombre de antes, y ni siquiera entendía lo que había podido atraerme en ella. ¡Qué alivio…! Continué ayudando a esa parroquiana lo mejor que pude, pero con la gran y maravillosa libertad de corazón que un hermano puede tener hacia una simple hermana en Cristo. Comprendí entonces que aquel sentimiento amoroso era una trampa que el Enemigo me había tendido para destruir mi sacerdocio.

La gracia previsora de Jesús, en el momento de mi ordenación, me había inspirado para que le hiciera la promesa de la mesa. ¡Qué lejos estaba yo de imaginar entonces que esa mesa salvaría mi vocación sacerdotal! O más bien que, ¡Jesús mismo, por esta promesa de permanecer vigilante, me salvaría del desastre!"

Más adelante el padre Robert ejerció un carisma especial con las personas atormentadas. Recibió el don de "ver" el problema que las aquejaba y de arrancar el mal de raíz por medio de su oración. ¿A cuántos corazones habrá ayudado? ¿A cuántas vidas habrá salvado, rezando y dando testimonio de la misericordia de Dios? Sin embargo ¡qué pérdida hubiera representado su caída para tantos y tantos corazones sufrientes! Hoy en día es un sacerdote feliz que se prepara para ir al encuentro con el Señor, lleno de alegría por haber podido servir a la Iglesia humildemente y por haber permanecido en su sacerdocio en medio de tormentas. ¡Bendita sea aquella famosa mesa!

Si el padre Robert supo prever su propia protección desde el momento de su ordenación, también nosotros, los laicos, podemos colocar "mesas" para proteger a nuestros sacerdotes y encontrar medios concretos para evitar situaciones que podrían hacerlos caer. ¿Acaso no es ésta una forma de *velar por ellos,* como nos lo pide la Virgen?

Algunas personas mal inspiradas se han especializado en hacer caer a los sacerdotes, a veces recurriendo a medios ocultos. ¡No podemos más que orar y ayunar por esas almas desgraciadas! *"No toquen a mis ungidos ni maltraten a mis profetas"* (Sal 105,15) *"No toquen a mis ungidos, ni maltraten a mis profetas"* (1 Cro 16, 22).

*****

¡Hoy yo sería todavía sacerdote!

"El Señor es bondadoso y compasivo, lento para enojarse y de gran misericordia; no acusa de manera inapelable ni guarda rencor eternamente; no nos trata según nuestros pecados ni nos paga conforme a nuestras culpas. Como un padre cariñoso con sus hijos, así es cariñoso el Señor con sus fieles; Él conoce de qué estamos hechos, sabe muy bien que no somos más que polvo. Pero el amor del Señor permanece para siempre y su justicia llega hasta los hijos y los nietos de los que le temen y observan su alianza, de los que recuerdan sus preceptos y los cumplen" (Salmo 102).

El padre Kevin Scallon, lazarista, quien suele acompañar a sor Briege McKenna en sus misiones, dirige maravillosos retiros para sacerdotes en Irlanda y en el mundo entero. Durante su estadía con nosotros en septiembre de 2013 nos contó este hecho doloroso: un sacerdote fue a hablar con él y le confió que, durante una crisis interior debida a una sobrecarga de trabajo, había dejado el sacerdocio.

"Fui a hablar con el Provincial de mi congregación para quejarme. Estaba aplastado por el trabajo y ya no daba más. Le dije que estaba pensando en dejar el sacerdocio. Entonces, sin ni siquiera tratar de hablar conmigo, de escucharme un minuto, o de intentar ayudarme, mi superior me respondió que arreglaría lo más rápidamente posible mi reducción al estado laical. Si aquel superior se hubiera tomado un poco de tiempo para examinar la situación conmigo, para escucharme y tomar en consideración mi estado de extrema fatiga, estoy seguro de que todavía hoy sería sacerdote. Lo sé, habría continuado ejerciendo el ministerio".

Este tipo de confidencia es doloroso. ¡Y ocurre con frecuencia! ¡Oh, Señor, multiplica en la Iglesia los buenos padres de familia, los buenos sacerdotes y los buenos obispos; aumenta en ellos el sentido de la paternidad; que todos tus pastores sean íconos vivientes del Corazón del Padre!

Sor Briege McKenna me ha referido el siguiente testimonio que fortalece nuestra esperanza en este terreno:

"Yo sentía que el Señor me decía: 'quiero que vayas por el mundo entero y digas a mi pueblo que el sacerdocio es un regalo que tiene que ser alimentado y fortalecido. Deseo que llames a mis sacerdotes a interceder, a amar el sacerdocio y a venerar el sacramento del Orden. Cuando mi pueblo ame, venere y dé gracias por el sacerdocio, las vocaciones sacerdotales florecerán en su seno. Entonces será una alegría para los jóvenes responder SÍ a este llamado, porque serán apoyados por sus comunidades y sus familias' "

*****

¡Mirjana lo sabe!

"Hijos míos, apóstoles míos, ayúdenme a abrir los caminos para mi Hijo. Una vez más los invito a orar por sus pastores. A su lado yo triunfaré. Les doy las gracias" (Mensaje del 2-8-2010).

El 9 de febrero de 2013, la vidente Mirjana participaba de un encuentro de oración en Italia, en la iglesia de Santa María Maggiore de Trieste.

Estaba presente el arzobispo de Trieste, Mons. Giampaolo Crepaldi. Durante su testimonio Mirjana declaró con vehemencia:

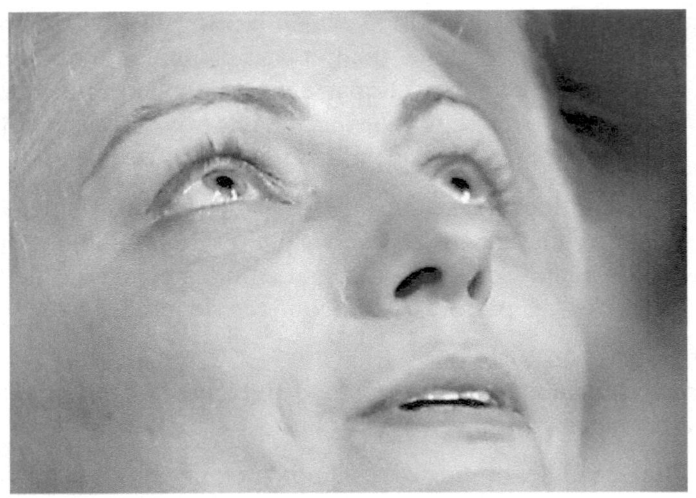

La vidente Mirjana Soldo en éxtasis.
© Bernard Gallagher, 2006

"Como hermana les ruego, –porque sé todo lo que la Santísima Virgen nos prepara– ¡Amen, amen a sus sacerdotes! Ayúdenlos, recen por ellos, sobre todo por nuestro Santo Padre[68]. Porque él, especialmente, en estos tiempos que vivimos, tiene mucha necesidad de nuestra ayuda, de nuestras oraciones, de nuestro amor, y no de nuestros juicios. Si mañana te encuentras ante Dios y Él te pregunta:

---

[68] Los sacerdotes tienen más que nunca necesidad de nuestra protección, porque son los primeros objetivos del Enemigo. Obligado por Dios a revelar a Mariam de Belén sus trampas y sus técnicas, Satanás confesó: "Para nosotros (los demonios), triunfar en el alma de un sacerdote o de un religioso es mucho más que pervertir una ciudad entera". En efecto, miles de almas dependen místicamente de los sacerdotes en primer lugar y también de las almas religiosas. Aunque no fuera más que celebrando su misa cotidiana, un solo sacerdote fiel atrae a Jesús una multitud de fieles y los salva. El Enemigo conoce lo que está en juego para las almas; está aterrorizado por el poder de los sacerdotes y quiere destruirlos; por eso ellos tienen tanta necesidad de nuestras oraciones. ¡Que se aferren de todo corazón a la mano de María y caminarán en total seguridad!

La venerable Marthe Robin rezaba así: "¡Oh Dios mío, mantén a todos los sacerdotes en el Santo Camino, no permitas que la atracción del mundo y los deseos de la carne tengan la menor influencia sobre ellos! ¡Haz que todos sean apóstoles, cada vez más inquebrantables en su fe, más fieles a su ministerio y que tu adorable voluntad siempre se cumpla plenamente en ellos!"

¿Cómo te has atrevido a juzgar? Tú, ¿qué le contestarás?
Por eso, como hermana les ruego, ¡pidan a Dios el don del amor!
Cuando tienes el don del amor no juzgas nunca, no criticas nunca,
porque en cada persona ves a Jesucristo y encuentras siempre
una justificación. E incluso cuando te hacen daño, encuentras una
justificación, encuentras una excusa porque para ti, en tu vida,
Dios ocupa el primer lugar. Todo pasa, sólo Dios permanece...
Sólo estamos seguros de una sola cosa: que nos encontraremos
todos ante Dios y allí ¿levantaremos la cabeza o la bajaremos?
Les ruego que recen también por nosotros, los videntes, a fin de
que podamos hacer todo lo que Dios quiere de nosotros, pero de
una forma correcta, ¡porque es tan fácil equivocarse! Yo rezaré
por ustedes con todo mi corazón".

Mirjana ha recibido los 10 secretos, así como Ivanka y Jakov. Ha recibido confidencias sobre el futuro del mundo, lo que da a sus palabras
un peso considerable.

38

La lección de las Islas Fidji

El padre Lambertus Somar tiene 50 años de sacerdocio. Lo conocí durante mi misión en Yakarta en marzo de 2014. De origen indonesio, al principio de su ministerio fue enviado como cura a una parroquia muy reticente de las islas Fidji. No le habían ocultado el lado refractario de aquella comunidad en la cual los anteriores párrocos habían sufrido enormemente sin conseguir nunca atraer al pueblo a la Iglesia. Cuando el padre Lambertus oyó estos detalles, pensó: "No hay problema, soy joven, ¡ya encontraré la manera de cambiar a este pueblo!" Y se fue a la conquista de aquella parroquia agonizante, confiando en sus talentos de predicador.

Poco tiempo después de su llegada, se confrontó con los problemas endémicos locales: la gente bebía desmesuradamente y el alcohol, junto con otras tendencias mortíferas, los volvía sordos a toda predicación evangélica. También podemos imaginar los desastres en las familias. La religión apenas si les interesaba. Cada día el padre celebraba la misa en presencia de una sola persona, a veces dos, ¡tres, los días más favorables! Intentó todos los medios de persuasión; visitaba a las familias, trataba de reunir a los jóvenes, pero nada. Su iglesia permanecía vacía. Después de algunos meses de ejercicio de su ministerio, sin ningún resultado aparente a pesar de sus esfuerzos, empezó a desanimarse. Un día, durante la oración le dijo a Dios: "Señor, te doy un año para cambiar mi parroquia porque eso de celebrar la Misa completamente solo… Si al cabo de un año no sucede nada, entonces me iré".

Transcurrió un año así sin el mínimo cambio. El padre Lambertus celebraba la misa él solo, mientras que sus parroquianos se dedicaban a sus actividades. Esos dos mundos nunca se encontraban.

La fecha tope llegó y aquel día, fiel al desafío que le había lanzado a Dios, el padre Lambertus celebró su última misa solo en el templo lamentablemente vacío. Tuvo buen cuidado de consumir la última hostia, no pudiendo dejar la Santa Presencia eucarística en una iglesia que iba a quedarse sin sacerdote. Después de la misa se fue a su casa para hacer los últimos preparativos antes de la partida. Ató sus pertenencias en el portaequipaje de su bicicleta y emprendió viaje hacia la ciudad vecina con la idea de dejar las islas Fidji. Apenas había recorrido unos pocos metros que un hombre corrió hacia él gritando: "Padre, padre ¡no se vaya! Un hombre se ha caído de un cocotero y está moribundo. Quiere confesarse y recibir la comunión antes de morir".

"¿La comunión? –meditó el padre– ¡pero si no tengo ya formas consagradas! Y la idea de celebrar una vez más la misa solo no me gusta nada en absoluto". Después reflexionó: Si este hombre va al Cielo, gracias a esta confesión y esta comunión, seguramente rezará por mí. Bueno, voy a celebrar la misa por él".

Volvió a su casa a dejar su bolsito y fue hasta la iglesia para celebrar la misa. Mientras se revestía con los hábitos sacerdotales en la sacristía, oyó un alboroto insólito en la Iglesia. Voces y ruidos nunca jamás oídos en aquel lugar santo. Sorprendido, levantó la cortina que separaba la sacristía del templo y recibió el shock de su vida. ¡La iglesia estaba llena de par en par! Asombrado, el padre permaneció un instante como clavado en el piso, pensando que estaba alucinando, pero no: la gente había traído al moribundo sobre una camilla improvisada y lo había colocado justo en medio del pasillo central. Aquel día todos los parroquianos siguieron religiosamente la celebración. ¿Quién habría podido adivinar que, exactamente un año atrás, a la misma hora, el padre Lambertus había desafiado a Dios diciéndole: "¡Te doy un año para actuar!"?

El padre celebró la misa casi temblando, tocado por aquella respuesta magistral del Señor. Hay que precisar que el accidentado no murió. En realidad, el Señor tenía su plan. Se había servido de un cocotero resbaladizo y de la caída de aquel aldeano, para provocar el incidente importante que atraería nuevamente a sus hijos a su Corazón.

Los días siguientes, los parroquianos continuaron llenando la Iglesia, de manera tal que el padre Lambertus tuvo dificultad para seguirles el ritmo y administrar todos los sacramentos que le pedían. *"A su debido tiempo, actuaré de prisa"*, nos dice la Santa Escritura. Desde aquel día, la iglesia nunca más quedó vacía. Durante los tres años siguientes a aquel suceso, el padre Lambertus celebró 500 bautismos. ¿Quién da más?

Hoy en día este sacerdote de 80 años, todavía muy vivaz, me cuenta riéndose, como para burlarse de sí mismo, este episodio memorable que pone en evidencia tanto el humor como el amor de Dios. En su inconsciencia de joven sacerdote, ¿no había dicho?: "¡Yo lo lograré!" Pero necesitaba comprender que sólo Dios cambia los corazones y que todos somos pobres servidores inútiles. Aquel día, se dio cuenta de que el verdadero pastor de su parroquia era Jesús y no él. Aprendió, a costa suya, que las almas se ganan por la gracia del Espíritu Santo, con muchas oraciones y una profunda humildad. A partir de entonces, el padre Lambertus fue dotado de un gran don de predicación y de curación y no olvidará nunca a su primer "cliente": ¡el hombre que se cayó del cocotero!

Moraleja: si quieren que Dios se haga cargo de sus obras, no lo hagan esperar un año, sino pídanselo hoy mismo. Estará encantado de ocuparse personalmente de los asuntos de ustedes, o más bien de permitirles colaborar humildemente en SUS propios asuntos.

*****

Yo tenía siete años cuando lo arrestaron

En marzo de 2010, aproveché mi estadía en Singapur para volver a China. Allí me sorprendí por la calidad de la fe de muchos cristianos.

En un pueblo del centro de China, en el que me recibieron, residía una familia católica. En el momento de la revolución cultural de los años 60, el tío, que era sacerdote, fue arrestado y encarcelado. Nadie sabía por cuánto tiempo, ni si volvería algún día. Su familia y sus parroquianos podían temer lo peor, pero el sacerdote acabó por regresar después de 15 años de prisión, seguidos de cinco años de residencia vigilada.

Apenas liberado, se dedicó a reconstruir la iglesia de su pueblo y a reagrupar a su rebaño de fieles. Entre sus sobrinos y sobrinas, que en aquella época vivían con él según el sistema familiar tradicional chino, surgieron dos sacerdotes y una religiosa. Cuando pregunté a uno de ellos cómo había recibido su vocación sacerdotal me contestó: "Tenía siete años cuando mi tío fue arrestado y conducido a la prisión. Vinieron a buscarlo a casa; con mis propios ojos lo vi partir. No se podía pronunciar palabra alguna. ¡En ese momento recibí mi vocación sacerdotal!

Después le sugerí que escribiera un texto sobre su tío (ya fallecido), porque el testimonio sería de gran valor. Pero la sobriedad de palabras es propia de las personas que han vivido bajo el comunismo. "No vale la pena –me contestó con mucha calma– Como sacerdote su caso no es especial; ¡aquí muchas familias cristianas han vivido lo mismo!"

Motivo de meditación… ¡China es también esto!

*****

El Cura de Ars le promete al niño que le indicará el camino al Cielo.
Estatua en Ars. © Feu et Lumière 2005

Un corazón de sacerdote en oración...

"Te amo, oh Dios mío, y mi único deseo es amarte hasta el último suspiro de mi vida. Te amo, oh Dios infinitamente amable, y prefiero morir amándote que vivir un sólo instante sin amarte. Te amo, oh Dios mío, y no deseo ir al Cielo más que para tener la felicidad de amarte perfectamente. Te amo, oh Dios mío, y le temo al Infierno sólo porque allí no se tendrá nunca el dulce consuelo de amarte.

Oh Dios mío, si mi lengua no puede decir en todo momento que te amo, por lo menos quiero que mi corazón te lo repita tantas veces como respiro. Concédeme la gracia de sufrir amándote, de amarte sufriendo, y de expirar un día amándote y sintiendo que te amo. Y cuánto más me acerco a mi fin, más te conjuro que acrecientes mi amor y lo perfecciones. Así sea."

(Acto de amor de San Juan María Vianney,
cura de Ars y patrono de los sacerdotes).

39

EL OBISPO CHINO

"¡Queridos hijos! Mientras que mis ojos los miran, mi alma busca aquellas almas con las cuales desea hacerse UNA –almas que han comprendido la importancia de la oración por aquellos de mis hijos que no han conocido el amor del Padre Celestial. Los llamo porque tengo necesidad de ustedes. Acepten la misión y no teman; los fortaleceré y los colmaré con mis gracias. Con mi amor los protegeré del espíritu del mal y estaré con ustedes. Con mi presencia, los consolaré en los momentos difíciles" (Mensaje 2-9 2012).

Durante un viaje a China, visité la provincia de Herbei en el norte del país. Allí mis amigos me hicieron conocer a una figura muy querida por ellos, la de su obispo, monseñor Raymond Wang Chon-Lin, nacido al Cielo poco antes de mi llegada en 2012.

Detenido como sacerdote en 1958 y preso durante veintiún años, tuvo que sufrir enormemente y sólo pudo regresar a su casa en 1979. Consagrado obispo en 1983, su diócesis era prácticamente inexistente: sin sacerdotes, sin religiosos, sin religiosas, sin conventos, sin ni siquiera una iglesia o un presbiterio, nada…

Peregrinó al santuario mariano de la provincia de Shanxi para implorar a la Santísima Virgen, ya que tenía por Ella un amor desbordante. Decía a sus allegados: "Ya saben qué noble es la llamada a ser obispo, pero qué pesada es esa responsabilidad. ¡La Virgen María es mi único recurso! Ella es la Madre de Dios, la Madre de la Iglesia y también mi Madre bien amada. La Iglesia ha hecho de mí un obispo, pero aquí ¡la Iglesia está devastada! Sin seminaristas, sin terrenos, sin siquiera una habitación… ¡qué pastor tan miserable soy! ¿Qué querrá de mí la Madre de Dios?"

Oyó hablar del santuario mariano de Bansishan donde la Virgen se aparecía desde 1982 y decidió partir hacia allá. Él mismo nos lo cuenta:

"Una voz parecía empujarme a ir al encuentro de mi Madre. Allí rezamos el rosario de rodillas y durante la oración se me apareció cerca de la iglesia, vestida de blanco con un cinturón azul. La miré a los ojos y también Ella me miró. 'Oh Madre, ¡ojalá pudieras mantener siempre tu mirada fija en mí!' Al día siguiente, celebré la misa en la iglesia por sus intenciones Fue una celebración muy importante para mí porque ofrecí toda mi diócesis, consagré sus 60.000 fieles a la Virgen y me ofrecí yo mismo. Le dije: 'Como no tengo nada, no puedo hacer nada. Entonces te consagro mi diócesis a ti Madre mía, ocúpate tú misma de ella'. Mi madre María me dijo: 'Hijo mío, no te preocupes, me ocuparé de ti como lo hago con mi hijo Jesucristo' ".

¡Y así fue! La Virgen accedió a la petición que ese hijo le hizo con tanta confianza y los seminaristas y sacerdotes comenzaron a llover. En poco tiempo, monseñor Raymond Wang Chon-Lin pudo crear un seminario (1985), volver a instaurar la Congregación de Santa Teresa, abrir un orfanato, un centro de vocaciones, un centro de formación para los laicos, etc.

Este obispo pudo lograr lo imposible: en su pobreza radical y su soledad, oró con fe, lo consagró todo a la Madre de Dios y se abandonó a Ella con la confianza de un niño. Sabía que iba a tomar en serio, mejor que nadie, los asuntos de su hijo.

Hoy en día, ¡cuántos consagrados se ven confrontados a situaciones similares de carencia, de vacío y de soledad! Sienten la tentación de bajar los brazos ante la magnitud de la tarea que tienen que asumir. Pero la Virgen María está dispuesta a hacer milagros cuando se trata de los asuntos de su Hijo y de la salvación de sus hijos. Igualmente, ¡desde hace muchos años en Medjugorje, Ella intenta hacernos caer de rodillas!

Ante las amenazas que se ciernen sobre el futuro de la humanidad, ante opciones políticas o sociales que nos desafían profundamente, la Sma. Virgen siempre nos ha animado a no tener miedo, sobre todo cuando, humanamente hablando, tendríamos buenas razones para tenerlo. ¡Es cierto que grandes olas sacuden la barca de Pedro! Por todas partes los católicos son perseguidos cada vez más; muchos gobiernos quieren imponer leyes impías y, a pesar de todas las intervenciones del Cielo, el número de los verdaderos creyentes es muy escaso frente a la gran multitud de "los que no han conocido aún el amor de Dios" y de aquellos que no quieren tener nada que ver con Él.

¡Es la hora de la perseverancia de los santos! En la prueba, practicar la alegría y la confianza nos permite apresurar la hora de la victoria completa de nuestro Dios sobre las fuerzas del Mal. De todas las instituciones que el hombre ha creado, sólo una ha sobrevivido a lo largo de los siglos: ¡la Iglesia! ¡Y esto a pesar de lo pecadores que somos! ¿Por qué? ¡Porque la cabeza es Jesús! Además, Jesús le hizo a Pedro una promesa ¡única en la historia! respecto a su Iglesia: *"Las puertas del Infierno no prevalecerán contra Ella"* (Mt 16, 13-18). ¡La Iglesia tiene futuro! ¿Entonces, qué tememos? *"Si Dios está con nosotros ¿quién estará contra nosotros?"* dice san Pablo (Rm 8,31). Nuestro papel es estar con Él y en Él; no abandonar la barca en la que parece dormir y no desconectarnos nunca de su gracia.

Desde hace mucho tiempo, la Sma. Virgen nos muestra el camino a seguir. Pero debemos señalar que, desde hace poco, Ella utiliza mucho el tiempo verbal del futuro para expresar su acción, como para prepararnos para algo: *"Los fortaleceré". "Los colmaré de mis gracias". "Por mi amor, los protegeré del espíritu del mal". "Estaré con ustedes". "Con mi presencia los consolaré en momentos difíciles"* (2-9-12). *"Estaré a su lado". "Pediré al Padre Celestial para que la luz de la verdad eterna y del amor los ilumine"* (02-02-13), etc. ¿Por qué usa el futuro? ¿Nos ocultará algo? Al igual que una madre le ahorra a su hijo escuchar algunos comentarios cuando es demasiado pequeño y frágil, ¿la Virgen María en sus revelaciones no nos preserva del mismo modo a causa de nuestra falta de madurez espiritual? Sí, lo ha dicho claramente varias veces: *"Queridos hijos, todavía tengo otros mensajes para darles, pero no puedo hacerlo ahora, porque aún no han comenzado a vivir los mensajes que ya les he dado".*

Dejémonos preparar por Ella, sencillamente, siguiendo humildemente su escuela. Cuenta con nosotros más que nunca ¡para la llegada de los *tiempos nuevos*!

*****

¡Eslovenia se aferró a la bendición!

"Muchas personas no quieren oír hablar de Jesús ¡y sin embargo, quieren paz y satisfacción! Hijos, ésta es la razón por la que necesito su oración: la oración es el único medio de salvar a la raza humana" (Mensaje del 30-7-1987).

En abril de 2014, durante mi misión en Ljubljana, descubrí con alegría a un pueblo muy unido a la Virgen María. Eslovenia es un país muy pequeño, al norte de la antigua Yugoslavia, que cruzamos para ir a Croacia y a Bosnia y Herzegovina. Sus paisajes montañosos recuerdan las espléndidas bellezas de Austria, su vecina. A pesar de que sólo tiene dos millones de habitantes, posee una fuerte personalidad en los Balcanes. Al igual que toda esta región en su conjunto, Eslovenia ha sufrido persecuciones sangrientas en los últimos siglos por la invasión islámica y por la segunda guerra mundial, seguida muy de cerca por el comunismo.

Las numerosas fosas comunes descubiertas en los últimos años muestran que en Eslovenia sus habitantes fueron torturados o simplemente fusilados de a centenas de miles, y los atroces sufrimientos a que fueron sometidos son innumerables.

Pero un día, el obispo de Ljubljana, monseñor Gregorij Rozman fue inspirado por el Espíritu Santo y tomó una iniciativa que le ahorró a su país sufrir la terrible guerra de los Balcanes (1991-1995) que se extendió por otras provincias de la ex-Yugoslavia, entre ellas Bosnia y Herzegovina, donde se encuentra Medjugorje.

Volvamos un poco hacia atrás. En 1917, en Fátima, la Virgen les había dicho a los tres pastorcitos: *"Si hacen lo que les digo, habrá paz. Pero si no lo hacen, Rusia esparcirá sus errores por el mundo; el Papa tendrá que sufrir mucho; naciones enteras desaparecerán y habrá una guerra todavía más terrible..."* Ella daba un remedio para evitarlo: la Consagración al Sagrado Corazón de Jesús y a su Corazón Inmaculado.

Esta consagración pedida por Nuestra Señora debía vivirse, primero de forma individual, después en las familias, en las parroquias y, finalmente, en las naciones. En Europa, sólo Portugal realizó esta consagración y, de hecho, este país no sufrió la invasión nazi. Los expertos todavía no se explican por qué Hitler no se lanzó sobre Portugal, una presa tan fácil de tomar.

Inspirado en este ejemplo, con la aprobación del Papa Pío XII, y haciendo caso omiso de todas las presiones que recibió en sentido contrario, el obispo Gregorij Rozman puso toda su confianza en las promesas de paz hechas por María en Fátima. Decidió en 1943 consagrar oficialmente su diócesis y toda la nación al Inmaculado Corazón de María, y a través de Ella al Sagrado Corazón de Jesús. Para sorpresa de muchos, cientos de miles de devotos de todo el país llegaron al santuario mariano de Rakovnik, cerca de Ljubljana, para vivir allí esta magnífica celebración. A partir del mes de enero se habían ido preparando con la devoción recomendada por la Virgen de Fátima[69]. Y ese día, el último domingo de mayo de 1943, el alma del pueblo esloveno tomó fuerza y valor, y su esperanza renació.

A pesar de la persecución comunista que duró casi 50 años, el pueblo esloveno se mantuvo fiel a Cristo y a la Virgen. Muchos creyentes renovaron la consagración diaria y así encontraron la fuerza para perseverar en medio del caos. Después de la caída del comunismo, cuando la terrible guerra de los Balcanes se desató en 1991, el enemigo se quedó sólo tres días en Eslovenia, y luego despejó el terreno para dirigirse a Croacia. ¿Por qué esa retirada? Esta tierra había sido dedicada a Jesús y María y les pertenecía. ¡Está claro que el enemigo no se sentía para nada a gusto allí!

Los horrores causados por los conflictos en las otras provincias de la Ex-Yugoslavia son inimaginables. Los campos de concentración, el derramamiento de sangre, los crímenes de todo tipo, la agonía de familias diezmadas, los numerosos jóvenes mutilados de guerra impedidos de ser el sostén de su familia; por no hablar de las heridas interiores debidas al odio y a la falta de perdón que envenenan los corazones aún hoy. Si consideramos los dramas de los cuales Eslovenia fue preservada, ¿cómo no dar gracias a la Santísima Virgen por su protección maternal?

---

[69] En Pontevedra (España), la Virgen María le habló así a sor Lucía, el 10-12-1925: "Hija mía, mira mi corazón rodeado de espinas que los hombres ingratos, en todo momento, me clavan por sus blasfemias e ingratitudes. Tú, por lo menos, trata de consolarme y di que me comprometo a ayudar a la hora de la muerte con todas las gracias necesarias para la salvación, a todos aquellos que, el primer sábado de cada mes durante cinco meses consecutivos, se confiesen, reciban la Sagrada Comunión, recen el Santo Rosario y me hagan compañía durante quince minutos, meditando los 15 misterios del Rosario con la intención de reparar".

Al año de la independencia de Eslovenia (25-6-1991), los fieles se reunieron en el Santuario Nacional de Brezje, en la Fiesta de la Asunción, para dar gracias a la Virgen por haberles obtenido –de manera casi milagrosa– el reconocimiento de su independencia a pesar de todas las oposiciones. Volvieron a consagrarse y desde entonces renuevan la consagración cada 15 de agosto. Este acto contribuyó mucho para purificar y vivificar a la Iglesia eslovena, en la fidelidad al Evangelio.

¡Nota para los que quieran ser imitadores! Otros países podrían desear tener su propia protección, no la que prometen los discursos de los políticos, sino la que viene de Lo Alto, que es ¡divina, segura, sólida, indefectible, gratuita, pacífica y sin derramamiento de sangre! Ya hemos visto nacer en muchos países iniciativas privadas o públicas de consagración, comenzando por el Líbano que, en respuesta a la llamada de María, renueva anualmente la consagración de todo el país. ¡Ojalá estas iniciativas se multiplicaran por doquier, hasta que el mal sea vencido completamente por el amor!

40

EL MAESTRO ESTÁ AQUÍ ¡Y TE LLAMA!

"Queridos hijos, también hoy estoy con ustedes y los miro. Los bendigo y no pierdo la esperanza de que este mundo cambie para bien y que la paz reine en el corazón de los hombres. La alegría reinará en el mundo porque ustedes se han abierto a mi llamado y al amor de Dios. El Espíritu Santo cambia a la multitud de los que han dicho SÍ. Por eso deseo decirles: gracias por haber respondido a mi llamado" (Mensaje del 11-1-2011).

Un día en que estaba orando en la gruta de Lourdes, una joven se me acercó y me preguntó: "¿Cómo es que vienes a Lourdes si vives en Medjugorje donde la Virgen se sigue apareciendo?" ¡Extraña pregunta! Para responderle mejor, ya que tenía algo de tiempo para explayarme, empecé con una pequeña mirada retrospectiva, porque Lourdes es para mí como un viejo amigo, como esas personas que siempre frecuentamos y a las que queremos. Estos lugares están tan grabados en nuestra memoria que nos gusta volver, sólo para estar allí sentados, con la alegría de saberse en casa.

Cada verano íbamos en familia al país vasco, cerca de Saint-Jean-de-Luz, y mi padre nos llevaba todas las veces a pasar un día en Lourdes, a dos horas de distancia, para rezar y bañarnos en las famosas piscinas. Rezábamos el rosario en el auto. ¡Cómo bendigo a mis padres por esta tradición que supieron hacernos vivir durante tantos años! Considerando todas las pruebas que mi familia tuvo que atravesar, ese anclaje en el Corazón de María nos ha salvado de muchos males y nos ha unido con mucha fuerza. Yo estaba lejos de sospechar en aquel entonces el papel que la Virgen de Lourdes tendría en mi vocación. Pero miremos hacia atrás…

En marzo de 1976, Pierre Goursat, fundador y pastor de mi grupo de oración, "El Emmanuel", se acercó para rezar conmigo y acabó por decirme: "Tendrías que salir de París unos días para ir a orar en un sitio tranquilo; estoy seguro de que Jesús hablaría a tu corazón". Obedecí y fui al convento de las Hermanas de Sión, contemplativas, cerca de París.

Al mes siguiente me encontraba orando frente al Santísimo Sacramento en la capilla de las hermanas, cuando el Señor Jesús, mediante una palabra que percibí en mi corazón, clara y humilde a la vez, me pidió que me consagrara a Él. Lo recuerdo como si fuera ayer. Varias cosas me llamaron la atención en aquel tiempo particular y muy corto que separó su llamado –a que fuera su esposa– y mi respuesta, que también debía ser clara: sí o no. En realidad, Jesús me conocía bien y supo cómo proceder para conmover mi corazón.

Libertad, inocencia y amor es lo que me manifestó en aquel momento; ahora, con la perspectiva que da el tiempo, lo comprendo mejor.

– Jesús me dejaba completamente libre: ninguna presión, ningún *chantaje sentimental*, ninguna insistencia de parte suya. Podía optar por sí o por no con igual facilidad.

– Jesús me hablaba como lo haría un pobre, no como un hombre rico que tratara de seducirme con bonitas promesas.

– Jesús me manifestaba un amor tal que mi corazón sólo podía derretirse. El mensaje era claro: nadie en el mundo podrá nunca amarme como Él me ama.

De manera que al cabo de un minuto me enamoré de Él y le di mi SÍ; un sí incondicional que Él aceptó. A partir de aquel momento mi vida realmente cambió. Cuando recuerdo ese minuto de silencio durante el cual Jesús esperaba mi respuesta y la facilidad con la que podría haberle dicho NO, ¡doy gracias por haber elegido el SÍ! ¿Y si hubiera dicho que no? Prefiero no pensar en ello. En ese entonces no tenía la menor idea del plan que tenía para mí; sólo sabía que iba a pasar el resto de mi vida con Él y para Él. Y esto me colmaba de alegría. Yo confiaba en el futuro; Él ya había diseñado su proyecto y yo podía despreocuparme. Ahora, cuando su plan para mí se revela un poco más cada día, me doy cuenta con gratitud que fue sobre todo Él quien dijo SÍ aquel día, porque se ha mantenido fiel más allá de todo lo que yo hubiera podido imaginar. Mi pequeño sí, tan frágil y con frecuencia fluctuante, Él lo tomó y lo toma todavía tal cual es, para transformarlo en su propio SÍ y presentarlo al Padre.

Cuando veo el mundo de hoy con sus conflictos, divorcios, agonías en las familias desunidas, angustia de tantos jóvenes, y sobre todo carencia de verdadera paz en la gran mayoría de los corazones, ¿cómo no dar gracias a mi Señor por haberme pedido ese sacrificio aquel día, y por haberse contentado con ese sí pequeño y endeble pero sincero, para llevarme en Su barca… ¡Y qué barca! A veces hace agua, con las tormentas se tambalea fuerte, pero no se hundirá porque Jesús está en ella.

Tengo la certeza de que decir sí a Dios es lanzarse a ciegas en la aventura más hermosa que podemos vivir en esta Tierra. Cualquiera que sea nuestra vocación, naturalmente única para cada uno, ¡nunca nos arrepentiremos de haberle dicho sí a Dios!

En el mensaje de María antes citado, la Virgen nos da, de alguna manera, su propio testimonio. Porque toda su escuela de amor fundada en Medjugorje para prepararnos para los tiempos nuevos; ¡es en realidad la aventura de su SÍ –puro, pleno, sin retorno– que ha iluminado al mundo! Nos invita simplemente a compartirlo con Ella, para esconder nuestro pobre sí en el suyo; dicho de otra manera, a participar de su felicidad. ¡Hoy nos invita a acurrucarnos junto a su Corazón maternal y a sumarnos, nosotros también, a la multitud de los que dicen Sí!

Tenía 28 años en el momento de ese llamado y me faltaba conocer los detalles prácticos de este nuevo camino con Jesús. Muchos me aconsejaban: "¡Ve por aquí, ve por allá!" No, yo no quería hacer "la recorrida de los monasterios". Además, mi llamado no incluía la idea de un convento, sino más bien la pertenencia a un grupo de hombres y mujeres renovados en el Espíritu Santo, que estuviera dentro del movimiento de la "Renovación Carismática", en la forma en que la había vivido durante mi conversión hacía cinco años[70].

Dos meses más tarde, en junio de 1976, descubrí la Comunidad naciente de "El León de Judá y el Cordero Inmolado"[71] en la región del Tarn. Desde mi primer contacto con esos jóvenes quedé impresionada por su oración, la belleza de su liturgia, su espíritu escatológico y su relación con

---

[70] Ver el capítulo 4 en *El niño escondido de Medjugorje,* Editorial Paulinas.

[71] *El León de Judá* es el primer nombre de la Comunidad, que en 1992 pasó a llamarse "Les Béatitudes" (Las Bienaventuranzas).

el misterio de Israel. Lo que allí se vivía correspondía muy bien a mis aspiraciones. Sin embargo, necesitaba recibir una señal del Cielo verdaderamente concreta antes de tomar una decisión. Al final de mi corta estadía en la Comunidad como "visitante", debía viajar a Lourdes para un gran encuentro de Pentecostés organizado por El Emmanuel. Había preparado aquel Pentecostés con una novena al Espíritu Santo, pidiéndole que me iluminara sobre el lugar de vida elegido por Jesús para mí.

Apenas llegué a Lourdes, me precipité hacia la Gruta en la que María se apareció en 1858 y me prosterné donde Bernadette se arrodillaba (ese lugar está señalado en el suelo). Oré a la Virgen con fervor dándole las gracias por estar allí y le expuse mi situación, como haría un hijo con su madre[72]. Después de mucho rezar con la nariz prácticamente en el suelo, el dolor de espalda me obligó a levantarme.

¡Una vez de pie, comprendí! La Virgen no me respondió con palabras, y menos aún con una visión. (Nunca lo hizo así conmigo, y me abstengo de pedírselo). Sin embargo, durante mi oración Ella actuó sin que yo me diera cuenta. Inclinó insensiblemente mi corazón a la voluntad de Dios de manera que, al incorporarme, mi pregunta había desaparecido. ¡Se había volatilizado por completo! Una gran paz me invadió. Era como si hubiera cruzado a la otra orilla: ya era miembro del León de Judá. Misteriosamente me había dado esa pertenencia; esto era evidente, indiscutible. Me sentía como una niña que se duerme en una casa y se despierta en otra. Esto es típico de la manera de actuar de la Virgen, humilde y escondida, ¡pero tan profunda y eficaz!

En mi alegría le di las gracias, pero tenía que recibir el aval de Pierre Goursat, presente también en Lourdes[73]. Como me había confiado algu-

---

[72] Si bien la Virgen ya no se aparece en Lourdes, sigue siendo un lugar donde Ella permanece siempre. Allí ofrece a todos su amor maternal y "transformante" y, a veces, cura nuestras enfermedades. Como en Fátima o en Guadalupe. ¡Ella está allí, y basta! ¡Es algo muy grandioso! Para Francia, Lourdes es un tesoro incomparable, sobre todo cuando nuestros gobernantes hacen lo imposible para expulsar a Dios de los ámbitos más vitales del país. ¡Pobres de ellos! Intentar excluir a nuestro Creador y Salvador nunca ha funcionado; deberían informarse mejor. Jesús y María tienen su plan, y Lourdes forma parte de él.

[73] Pierre Goursat, fallecido en 1991, fue declarado *Siervo de Dios*, para la mayor alegría de los que lo conocieron y lo amaron. Está abierta su causa de beatificación a nivel diocesano. Se puede colaborar en su causa enviando un testimonio relacionado con él, a: fkohn@emmanuel.info

nas responsabilidades en París, me podía haber dicho: "¡No, de ninguna manera, quédate con nosotros!" Pero este hombre de Dios muy inspirado me respondió con paz: "Sí, te vas a sentir muy bien en esa Comunidad; ¡únete a ellos!" También necesitaba la aprobación del fundador del León de Judá, Ephraïm. Estuvo de acuerdo sin reparo alguno y pude entrar en la Comunidad durante el verano de 1976. Gracias a Dios todavía permanezco en ella.

41

MADRE MAKARIA O LA DULZURA DE MARÍA

Yuri Gagarin nació el 9 de marzo de 1934 en el noroeste de Rusia. Sus padres trabajaban en la granja colectiva de un koljoz. Su padre, Alexei Ivanovich Gagarin, era carpintero y su madre, Anna Timofeievna Matveieva, proveniente de una familia de ingenieros de San Petersburgo, trabajaba en la lechería. La vida era dura en ese pueblo sin electricidad ni agua corriente.

En 1941, cuando estalló la guerra con la Alemania nazi, Yuri, el tercer hijo de la familia Gagarin, tenía 7 años. La aldea fue bombardeada y sus recursos se agotaron rápidamente con la llegada de los refugiados que afluían a ella como consecuencia de la batalla de Smolensko. A pesar de los riesgos, Yuri se dedicaba, al igual que los demás niños del poblado, a realizar pequeños sabotajes de la maquinaria de guerra alemana. Un día sucedió algo que jugaría un papel importante en su futuro: un caza soviético averiado aterrizó cerca de la aldea y un avión de rescate acudió para recuperar al piloto. Los niños, atraídos por el espectáculo, se acercaron rápidamente al lugar. Yuri quedó fascinado por el avión, tanto más cuanto que uno de los pilotos se tomó el tiempo de mostrarle cómo funcionaban los mandos de la cabina.

Cada vez más cautivado, el niño creció con la pasión por los aviones y el 12 de abril de 1961 se convirtió en el primer hombre que realizó un vuelo al espacio, durante la misión Vostok puesta en marcha por el programa espacial soviético. ¡En 106 minutos, aquel joven cosmonauta dio la vuelta al mundo! Fue la gloria para Yuri, que recibió la Medalla de la Orden de Lenin, el héroe ruso. A partir de entonces fue mundialmente famoso.

A 80 kilómetros del pueblo de los Gagarin vivía una gran "santa" ortodoxa rusa, Madre Makaria, una de esas almas aún ocultas a los ojos de nuestro mundo occidental, a pesar de su poderosa configuración con

Cristo. Había nacido en el pequeño pueblo de Karpovoka en los suburbios al oeste de Moscú. Desde su infancia se vio dotada por Dios con el don de la oración continua y de la curación. Rebosante de compasión, llevaba una vida excepcionalmente ascética y llegaba incluso a cargar con las diversas dolencias y enfermedades de quienes venían a verla. Rusia vivía entonces una gran pobreza y eran muy numerosos los que acudían a la Madre Makaria para perdirle oración. Efectivamente, muchos resultaban curados. Anna Gagarin, profundamente cristiana, la visitaba con frecuencia y entre ellas nació una gran amistad, verdadero don del Cielo.

Un día, ella le habló a su hijo Yuri de esa santa mujer asceta y le describió su alarmante estado de pobreza ya que le era imposible vivir con su miserable pensión. Entonces Yuri, conmovido, decidió proporcionarle un poco de ayuda. Llegado a su pobre morada, se encontró tan a gusto en su presencia que decidió visitarla de vez en cuando. Su último encuentro con la Madre Makaria tuvo lugar a principios de marzo de 1968. Makaria da su testimonio de aquel encuentro:

"Hablamos durante un largo rato. Yuri era un hombre bueno y sencillo como un niño. Aquel día le dije: '¡Yuri no vueles más, no debes volar más!' "

Yuri Gagarin no tomó en serio aquella advertencia y el 27 de marzo de 1968, haciendo caso omiso del valioso consejo de su santa amiga, el héroe del espacio decidió volar a pesar de todo. Pero un terrible accidente lo esperaba aquel día, un accidente mortal. Yuri tenía tan sólo 34 años. La causa del accidente nunca fue aclarada completamente, pero algunas investigaciones concluyeron que se trataba muy probablemente de un sabotaje.

Devastada por la muerte brutal de su hijo, Anna corrió a encontrarse con la Madre Makaria y le preguntó si antes del accidente ella conocía la desgracia que le iba a ocurrir a su hijo. Para su sorpresa, Makaria le dijo que sí, que ella lo sabía. Entonces Anna exclamó:

– Entonces, ¿por qué no se lo dijiste?

– Esto lo aprendí de la Santísima Virgen.

Es sorprendente y notable que, dada la gravedad de la amenaza, la Virgen con tanta dulzura, por boca de Makaria, sólo le haya recomendado a Yuri no volar. Ella podría haberle dicho con autoridad: "¡Haz lo que te digo o morirás!" Pero no lo hizo. Simplemente dijo: "¡no vueles, no debes volar más!" Yuri era libre de prestar oído o no al mensaje. ¿Por qué no le hizo caso, aun sabiendo que aquella santa mujer, que irradiaba amor, poseía carismas muy especiales?

Sucedé lo mismo en Medjugorje. Durante tantos años, la Virgen nos habla con dulzura en un lenguaje maternal muy tierno y también muy claro. No nos dice: "¡Si no ayunan los miércoles y los viernes, les ocurrirá una desgracia!" O: "Si no oran por los no creyentes, éstos acabarán por devorarlos". Tampoco nos dice: "¡Si no abandonan sus pecados y no se confiesan, le hacen el juego al Enemigo y le será muy fácil engullirlos de un bocado en la última hora!" No eleva el tono para tratar de convencernos. No ha venido a amenazarnos ni a atemorizarnos, sino a mostrarnos el camino de la salvación que es su Hijo Jesús.

Hoy en día, muchos de sus hijos leen sus mensajes con un corazón distraído, sin entrar en su profundidad. Tomamos lo que nos conviene y dejamos lo que no nos gusta, un poco como Gagarin. Perdemos así la bendición de Dios en nuestras vidas y nos hacemos daño a nosotros mismos. Leyendo el episodio de Madre Makaria, algunos podrían culparla por no haberle mencionado claramente el peligro de muerte. Sin embargo, la culpa no fue ni de Madre Makaria ni de la Virgen, porque su mensaje era más claro que agua de roca. No, el problema reside más bien en el hombre que, atrapado en el engranaje de sus pasiones y del confort material, deja que su conciencia se adormezca y se vuelve sordo a los llamados del Cielo. ¡Ésta es una enfermedad del alma muy común hoy en día en nuestro Occidente hiper ocupado y estresado!

Por eso la Madre de Dios nos dice: *"Queridos hijos, de nuevo les ruego maternalmente que se detengan por un momento y reflexionen sobre ustedes mismos y el carácter pasajero de su vida terrenal. Por lo tanto, reflexionen sobre la eternidad y la bienaventuranza eterna. Ustedes, ¿qué desean?, ¿qué camino quieren tomar?"* (Mensaje del 2-7-2012 a Mirjana).

*****

El campo de sandías

Ya que estamos considerando la personalidad de la Madre de Dios, no puedo resistir la tentación de insertar aquí un episodio de su vida que me llegó al corazón:

Durante mi visita a la fabulosa región del Bajo Egipto en 2011, mis amigos del Cairo y yo hicimos un alto en el pueblo de Kusseya, cerca de Assiut, donde la Sagrada Familia permaneció poco tiempo. José y María se habían enterado de que los espías enviados por Herodes acababan de llegar a esa zona en su búsqueda. Tuvieron entonces que huir rápidamente. Así era su vida de refugiados políticos en aquella época, vida de nómades muy pobres, totalmente dependientes de la Divina Providencia.

En ese pueblo, una pequeña iglesia atrae a egipcios y extranjeros por igual, ya que es frecuente que sucedan milagros a quienes oran allí.

Una tradición local muy antigua refiere que, al salir de la aldea, la Santísima Virgen vio a un hombre sembrando semillas de sandía en su campo. Ella se dirigió a él para pedirle un favor. "Puede ser, le dijo, que vengan algunas personas y le pregunten si ha visto a una familia extranjera con un niñito. ¿Podría usted contestarles?: 'Sí, pasaron cerca de mi campo, en el momento de la siembra' ".

Al día siguiente el hombre fue a trabajar en su campo, y ¡cuál no fue su sorpresa al ver que no sólo las semillas habían brotado, sino que las sandías habían crecido durante la noche! ¡Estaban listas para ser recolectadas y consumidas! Se puso a trabajar para recoger la cosecha, cuando se acercaron los enviados de Herodes y le preguntaron:

– Estamos buscando a una familia extranjera con un niño pequeño; ¿los ha visto?

– ¡Sí, los he visto!

– ¿Cuándo pasaron por aquí?

– ¡En el tiempo de la siembra de las sandías![74]

---

[74] Después de la siembra generalmente las sandías necesitan cuatro meses para desarrollarse.

¡Y esto era la pura verdad! Esta historia me conmovió. A pesar de que no tiene el sello oficial de un documento histórico, ¡qué hermosa descripción nos da del candor de María! También encontramos los signos de la protección especial del Padre Celestial sobre este pequeño núcleo familiar ¡tan valioso para la obra de la salvación y, sin embargo, tan menospreciado por los hombres! La gente del lugar precisa que María, por supuesto gracias al Niño Dios que la acompañaba, hizo este milagro para que el agricultor no tuviera que mentir, mientras daba una respuesta que los protegiera. La cosecha milagrosa fue también su manera de recompensar al agricultor por su ayuda.

En medio de los dramas que afectan a los cristianos en Egipto hoy en día, los oímos orar así: "¡Señor Jesús, acuérdate de que Egipto te protegió cuando eras pequeño; protege ahora Tú a Egipto!" ¡Unamos nuestras fervientes oraciones a las suyas![75]

---

[75] El Egipto cristiano está lleno de recuerdos del paso de la Sagrada Familia. Claro está, algunos son auténticos, otros no; en otros se mezclan la verdad y la leyenda. Es imposible verificarlos, ya que pertenecen a la tradición oral; valiosa memoria ancestral transmitida de boca en boca durante dos milenios, profundamente anclada en los corazones de los egipcios. Ellos la consideran como su "historia sagrada".

42

CAROLINA Y LAS LÁGRIMAS DE UN HIJO

"Queridos hijos, Dios no los quiere tibios e indecisos. Al contrario, quiere que se abandonen del todo en Él. Saben que los quiero, que ardo de amor por ustedes. Por eso, queridos hijos, ardan de amor. Aprendan a conocer cada día más el amor de Dios. Queridos hijos, decídanse por el amor. Que el amor prevalezca en cada uno de ustedes, no un amor humano, sino un amor divino" (Mensaje del 20-11-1986).

¿Quién mejor que Carolina me ha evangelizado sobre el amor de Dios? Esta amiga mía americana tiene siete hijos de 6 a 22 años. Como miembro de nuestro apostolado en los Estados Unidos, me había invitado a hablar en su parroquia y a participar en programas de radio en los que ella colabora todas las semanas.

A primera vista su casa parece un pequeño paraíso donde su marido y sus hijos viven una gran libertad, sin dejar de estar pendientes los unos de los otros. Reina la alegría, el sentido del humor surge por todas partes; uno se siente a gusto en su hogar. A medida que los niños han ido llegando, pequeños espacios vitales, mordisqueando el jardín, se han añadido al edificio principal, dando al conjunto el aspecto de un pequeño pueblo de lo más simpático. Pero las confidencias de Carolina muestran que la cruz existe en todas partes.

Steven, el hijo mayor, el "hermano mayor", el orgullo de todos por sus talentos y su amabilidad, dejó el nido familiar para ir a Roma, pensando en una posible vocación sacerdotal. Eligió la Gregoriana para su formación teológica. Después de unos meses de estudio, el amor viene a llamar a su puerta. Se trata de una maravillosa joven francesa, Esther, estudiante en Roma también, que revela a nuestro Steven dimensiones insospechadas de su corazón. ¡Cambio de rumbo para sus proyectos! Mientras el Tíber deja correr sus aguas en abundancia bajo los puentes de Roma, el amor crece entre Steven y Esther, un amor fuerte y recíproco que se intensifica de día en día, de manera que un proyecto de boda va tomando forma. Deciden terminar sus estudios antes de formar una familia. Esther no conoce a Dios, pero ella no tiene nada en contra de Él y permanece abierta a lo que vive Steven. Él, como cristiano, quiere vivir en castidad antes del matrimonio y Esther lo acepta con valentía por amor a él, lo que aporta una nueva dimensión a su relación. Con gozo, su amor va tomando vuelo.

Pero un día Esther realiza un viaje a Francia y, no lejos de Marsella, es víctima de un gravísimo accidente automovilístico. Alertado, Steven toma el primer avión disponible y la encuentra en el hospital, en terapia intensiva, entre la vida y la muerte. Ya no puede hablar, pero permanece plenamente consciente; abre los ojos, pero su estado es muy grave. Durante todo el día, Steven sostiene su mano sabiendo que sus horas están contadas. Le habla en voz baja y ora como nunca antes había orado. Esa misma noche, Esther lo deja para ir a la casa del Padre.

Aquella mañana Carolina recibe una llamada telefónica que le quedará grabada de por vida: "¡Mamá, quiero morir!" Los dos, madre e hijo, tienen el corazón destrozado. Steven repite esas mismas palabras cuando los sollozos le dejan un poco de voz, "Mamá quisiera morir; pero a la vez quiero vivir para convertirme en el hombre que ella pensaba que podía llegar a ser". Y la madre, al ver desaparecer brutalmente a la prometida de su hijo, comparte con él su descenso vertiginoso al temible purgatorio donde el corazón humano se ve aplastado hasta proferir aullidos. Toda su sensibilidad maternal experimenta la tortura. Sólo el nombre de Jesús se escapa de vez en cuando de sus labios, durante esta íntima conversación madre-hijo.

Por un tiempo Steven regresa a casa. Está callado, vaga de una habitación a otra, tratando de sobrevivir. Carolina lo adivina todo y cuida de no dejarlo demasiado a solas con su dolor. Un día, cuando ella entra en su habitación, lo ve a punto de estallar en llanto y dejar rienda suelta a su dolor. Para evitarle la vergüenza de que los demás lo oigan, pone muy alto el sonido de la televisión para que el ruido cubra los gemidos de su hijo. Por discreción se va a la habitación contigua a planchar ropa, mientras ora compartiendo el dolor de su hijo.

¿Qué oración eleva esa madre a Dios? ¿Qué va a pedir para su hijo? ¿Qué deseo lleva en su corazón para él?

A esto quiero llegar. Escuchen con atención las oraciones de esta madre cristiana, que tanto quiere la felicidad para su hijo y que lo ve destrozado por la prueba.

"Señor Jesús, tú ves a mi hijo aplastado por el dolor y yo, su madre, lo estoy con él. Señor Jesús, no le ahorres ninguna de las pruebas que deba vivir para llegar a ser el santo que tú esperas que sea. ¡No le quites ningún ápice de las pruebas que deba transitar para llegar a ser el gran santo según tu plan!"

Cuando Carolina me confío que había rezado así, pensé en María al pie de la Cruz. Ella no trató de suprimir la cruz. No tenía un amor humano por su hijo, sino un amor divino. No hizo gestiones ante Pilato para evitar su condena, ni ante el Sanedrín, ni ante Herodes, ni ante los sumos sacerdotes de Jerusalén. Permaneció en silencio. Ella sabía que su hijo debía pasar por aquello para cumplir su misión de Salvador. No trató de quitarle la cruz, sino que le ayudó a llevarla. La cargó con Él por compasión y por amor.

¡Ésta es la diferencia entre el amor humano y el amor divino! Éste es el amor divino que el Espíritu Santo quiere derramar en nuestros corazones para que, cada día, florezca en nosotros hasta su plenitud.

¿Cuál es la definición del amor divino? Amar divinamente no es sólo desear la mayor felicidad a la persona amada, sino también darse a sí mismo al servicio de esa mayor felicidad, para ayudarla a florecer, sin tratar de obtener beneficios personales. Es sacrificarse uno mismo para ayudar al ser querido a llegar a ser, de manera óptima, lo que es a los ojos de Dios, su Creador. Esto es ayudarle a hacer realidad todo el potencial de amor del que es capaz y llegar a ser así el santo que está destinado a ser en este mundo y para la eternidad. Un santo es alguien que posee en su corazón la plenitud del amor. Así que nada es demasiado costoso, nada es demasiado inaccesible para aquel que ama verdaderamente, sin interés personal y sin egoísmo. Sólo el amor auténtico realiza milagros. Si nos diéramos cuenta del potencial de amor que Dios ha puesto en nosotros, estaríamos locos de alegría. ¿Por qué vivir por debajo de nuestras posibilidades?

María nos muestra el espléndido ejemplo de un corazón totalmente entregado al amor, porque ningún obstáculo la detuvo nunca en su camino con Jesús. Nunca dijo: "¡Es demasiado!", o "Esto va demasiado lejos", o "¡No puedo soportarlo!", o "¡No soy capaz!". No, los ojos de su corazón estaban fijos en su Hijo y nunca pensó en mirarse a sí misma. Siguiendo tal ejemplo, mi amiga Carolina se ha entregado a Dios por el bien de sus hijos, ofreciendo sus alegrías y sus sufrimientos por su camino hacia la santidad. Ha querido construir sobre algo sólido, sobre algo eterno… *"Sólo el amor hace milagros y es eficaz,* dice la Virgen. *El amor os dará la unidad en mi Hijo y la victoria de mi Corazón. Por lo tanto, hijos míos, ¡amen!"* (02-09-08).

Mientras que Carolina agonizaba junto a su hijo con toda su sensibilidad de madre, mantenía la extraordinaria esperanza de que su sufrimiento no fuera en vano. Dios sabría utilizarlo para provecho de su familia y para muchas personas más, según su sabiduría.

En Medjugorje, la Virgen le dijo a uno de los videntes algo que podría sorprender de entrada, pero que corrobora lo que mis pobres palabras tratan de explicar. *"Cuando estaba al pie de la cruz de mi Hijo, en aquel momento experimenté la mayor alegría de mi vida al mismo tiempo que el dolor más grande".* ¿Por qué la alegría? Ella veía que Jesús cumplía el objetivo fundamental de su venida a la Tierra; lo veía realizando plenamente su misión ¡y estaba orgullosa de Él! ¡Vencía al mal y al autor del mal para siempre! Estaba viendo cumplirse con sus propios ojos el sueño de Dios: ¡la salvación de toda la humanidad!

Claro está que su alegría no estaba en el hecho de ver sufrir a su hijo. ¡No, su alegría era ver que su hijo alcanzaba la victoria! En el Gólgota, veía abrirse el Cielo para cada uno de nosotros; y la mirada de la Toda Pura atravesaba el sufrimiento más atroz que la Tierra haya podido soportar –la cruz del Hijo– para superarlo y ver el fruto de aquel sufrimiento: nuestra felicidad eterna. Ésa era la causa de su alegría.

Cuando decimos a alguien "Te quiero", Jesús nos pregunta: "¿Darías tu vida por esa persona?"

43

LA HERMANA DEL ESTABLO

"Siempre he querido ser santa, pero, ¡ay de mí! Toda vez que me comparé a los santos he comprobado que entre ellos y yo había la misma diferencia que existe entre una montaña cuya cima se pierde en el cielo y el grano de arena oscura pisoteado bajo los pies de los transeúntes. En vez de desanimarme, pensé: el buen Dios no puede inspirar deseos irrealizables por lo que, a pesar de mi pequeñez, puedo aspirar a la santidad; agrandarme es imposible; tengo que soportarme tal como soy con todas mis imperfecciones, pero quiero encontrar la manera de llegar al Cielo por un caminito muy recto, muy corto, un caminito todo nuevo... El ascensor que me debe elevar hasta el Cielo, ¡son tus brazos, oh Jesús! Para eso no necesito crecer; al contrario, tengo que seguir siendo pequeña, volverme cada vez más pequeña" (Santa Teresita del Niño Jesús).

El Cura de Ars repetía con frecuencia: "La humildad es lo que la cadena es para un rosario. Quita la cadena y las cuentas se dispersan. Quita la humildad y todas las virtudes desaparecen". Le gustaba citar a San Macario, el ermitaño de la Tebaida. Un día Satanás se le apareció y le dijo:

– Hagas lo que hagas, yo también lo hago. Tú ayunas y yo no como nunca. Tú velas y yo no duermo nunca. Sólo hay una cosa que no puedo hacer y que tú haces.

– ¿Y cuál es?

– ¡Humillarme!

Esto me recuerda un hecho notable que nos hace reflexionar, ya que Nuestra Señora (sobre todo a través de Mirjana) no cesa de exhortarnos a rezar por nuestros sacerdotes. *"Oren por sus pastores. Los sacerdotes no necesitan sus juicios, necesitan sus oraciones, su apoyo y su amor. Hoy en día es difícil para un sacerdote permanecer fiel"* (a Mirjana, 1982).

Un célebre obispo alemán Mons. Ketteler relata este hecho que lo marcó profundamente. Dios le reveló que una monja había sacrificado su vida por él, y la fecundidad de su ministerio se debía a su oración. También le mostró el rostro de esta religiosa. Pero él no sabía dónde ella vivía. Durante sus visitas pastorales a los conventos de su diócesis, siempre pedía ver a todas las hermanas. Así pensaba poder llegar a reconocerla...

Un día visitó a unas religiosas en una ciudad cercana a la suya y celebró la Santa Misa en su capilla. Cuando estaba terminando de dar la Sagrada Comunión, su mirada se clavó en una de las hermanas. Palideció y se quedó inmóvil por un momento; pero volviendo en sí le dio la eucaristía a aquella religiosa que no se había dado cuenta de nada. Luego terminó la misa con serenidad.

Mons. Ketteler pidió a la superiora que le presentara a todas las hermanas. Pero no encontrando a la que buscaba, preguntó: "¿Están aquí todas las hermanas?" La superiora le dijo: "Excelencia, las mandé llamar a todas, pero en realidad falta una. Se encarga del establo de una manera tan ejemplar que, en su celo, a veces olvida otras cosas". "Quiero conocer a esa hermana", insistió el obispo.

Poco después, llegó la hermana. El obispo palideció nuevamente y pidió que lo dejaran a solas con ella. Él le preguntó:

– ¿Usted me conoce?

– No, nunca vi a Su Excelencia.

– ¿Cuál es su devoción preferida?

– La devoción al Sagrado Corazón de Jesús.

– Parece que está haciendo la tarea más dura del monasterio.

– Oh no, Excelencia, pero debo admitir que a veces me repugna.

– ¿Qué hace cuando la asaltan las tentaciones?

– He tomado la costumbre de hacer por amor de Dios y con alegría cualquier tarea que me cueste. Y la ofrezco por un alma sobre esta Tierra. Le corresponde a Dios decidir qué alma será la beneficiaria.

Ofrezco cada noche por ella mi hora de adoración al Santísimo Sacramento.

– ¿Y cómo se le ocurrió la idea de ofrecer todo eso por un alma?

– Es un hábito que adquirí en la escuela. El cura párroco nos enseñó que debemos orar por los demás de la misma forma en que oramos por nuestra familia. También decía: "Tenemos que orar por las almas en peligro de perdición. Pero como sólo Dios sabe quién está más necesitado, lo mejor es ofrecer las oraciones al Sagrado Corazón de Jesús, confiando en su sabiduría. Es lo que he hecho, pensando siempre que Dios había encontrado al alma apropiada.

– ¿Quiere saber por cuál alma ora?

– No, no es necesario.

Se despidieron sin que el obispo revelara su secreto[76].

---

[76] Véase la revista Le Triomphe du Coeur, n° 22.

44

MATERNIDAD ESPIRITUAL

"Todavía estaba hablando a la multitud, cuando su madre y sus hermanos que estaban afuera, trataban de hablar con él. Alguien le dijo: 'Tu madre y tus hermanos están ahí afuera y quieren hablarte'. Jesús le respondió: '¿Quién es mi madre y quiénes son mis hermanos?' Y señalando con la mano a sus discípulos, agregó: 'Éstos son mi madre y mis hermanos. Porque todo el que hace la voluntad de mi Padre que está en el Cielo, ése es mi hermano, mi hermana y mi madre'" (Mt. 12, 46-50).

¿Cómo pudo Jesús decir a las mujeres que bebían con avidez cada una de sus palabras: *"He aquí a mi madre…?"* Jesús se identificó otras veces con algunas personas, con los pequeños, por ejemplo: *"Lo que hicieron al más pequeño de mis hermanos, lo hicieron conmigo"* (Mt 25, 40), o con los que padecían persecución a causa de su nombre: *"Saulo, Saulo, ¿por qué me persigues?"* (Hch 22, 7). Pero en este contexto identificó a algunas mujeres con su propia madre, María, la que por excelencia siempre *"hace la voluntad de su Padre que está en los Cielos"*. Jesús no dijo que eran "como mi madre"; no, lo que proclamó es infinitamente más fuerte; afirmó que ellas eran su "madre", sin el "como". ¡No podremos nunca sondear la profundidad de esta identificación!

¡Grande es este misterio de la maternidad divina de María[77]! ¿Qué es

---

[77] Un día, dos de los más grandes teólogos de nuestro tiempo, los padres Garrigou Lagrange, op, y uno de sus amigos fueron a consultar a Marthe Robin sobre una importante cuestión teológica. De las dos particularidades de la Virgen María, la Inmaculada Concepción y la maternidad divina, ¿cuál es la más importante? Sin esperar un segundo, Marthe respondió: "Su Inmaculada Concepción se le concedió en orden a su Maternidad Divina". Al salir, estos dos expertos se golpeaban la frente diciéndose el uno al otro: "¡Pero si es tan obvio! ¡Qué tontos somos!" La maternidad divina de María, por lo tanto, era más importante.

una madre sino una mujer que da a luz? Por supuesto, en su maternidad divina, María dio a luz al Hijo de Dios en la carne, pero su papel de madre no se detuvo allí: también lo dio a luz en su vocación de Salvador y en su misión de Sumo Sacerdote. Estaba tan compenetrada con el plan del Padre respecto a su Hijo que, a la hora de la pasión, no se opuso a la cruz, más bien lo ayudó a llevarla. Por su compasión de amor hacia El, soportó con Él todo su sufrimiento y por lo tanto participó en su obra redentora. Ésa es la verdadera misión de la mujer con respecto al hombre. Desde el Génesis, Eva fue dada a Adán como una ayuda[78]. La nueva Eva, María, junto a Jesús, el Nuevo Adán, para actuar con Él. El Redentor necesita esa presencia femenina que es todo amor, oración y sacrificio. Y María no se guarda para ella sola ese privilegio de ayudar a Jesús en su misión. Busca almas que estén dispuestas a ser UNA con Ella[79]. Está buscando madres, y no sólo para su Hijo Jesús; las busca para sus hijos de predilección, los sacerdotes. Toda vocación sacerdotal necesita de oración y sacrificio para florecer, crecer y dar fruto. ¡Se trata de una invitación especial de la Madre de Dios a cualquier mujer que quiera acoger sus hermosas virtudes marianas y vivir su maternidad para con Jesús!

"He aquí a mi madre…" ¡Esta palabra de Jesús es creadora!

La historia de la Iglesia nos ofrece numerosos ejemplos magníficos de santas mujeres, canonizadas o no, que han vivido hasta el extremo ese amor de predilección por la persona de Jesús. Estas "madres espirituales" tuvieron el gran privilegio de ser sus amigas íntimas, con quienes Él podía compartir sus necesidades, deseos, alegrías, penas secretas y sufrimientos ante la indiferencia del mundo… Y han sido colocadas como ángeles junto a ciertos sacerdotes que tenían una misión clave en la Iglesia. Examinemos algunos ejemplos.

*****

Estas observaciones me las contó Jean Daujat, un amigo de mi familia que los conocía muy bien. Jean era laico, ingeniero y profesor de teología. Las Memorias de Jean Daujat han sido publicadas por la editorial francesa Téqui en 2013.

[78] Gn 2, 18. La palabra hebrea "ezer" va mucho más allá de la simple idea de una ayuda. Se trata de un asistente, un apoyo, un asociado, y también el tipo de asistencia y apoyo que Dios mismo da al hombre.

[79] *"Queridos hijos, mientras mis ojos los miran, mi alma busca almas con las cuales quiere llegar a ser UNA. ¡Acepten la misión y no teman!"* (Mensaje del 02-09-12 a Mirjana)

Bárbara

Cuando mis amigos de Zagreb me contaron cómo vivían sus padres bajo el comunismo (colapsado oficialmente en 1991), me impresionó conocer el heroísmo de algunas mujeres cuyos hijos (uno o varios) habían sido encarcelados por el mero hecho de ser católicos y negarse a abjurar de su fe. Un ejemplo que me emocionó fue el de Bárbara, madre de ocho hijos. Como los padres de mis amigos la habían conocido, pude recabar testimonios de primera mano. Mientras su hijo sufría en la cárcel, me dijeron, Bárbara hizo lo imposible para ir a visitarlo, alentarlo y darle un poco de consuelo. ¡Hay que tener en cuenta que las normas de entonces eran como para desalentar hasta a las mujeres más intrépidas! Para llegar a la celda del prisionero, primero la madre tenía que desnudarse en una habitación a la entrada de la prisión y quedarse solamente con su ropa interior más íntima, también durante los durísimos inviernos de Zagreb, donde las temperaturas a veces bajan hasta -10ºC. Bárbara tuvo que sufrir estas humillaciones.

Ella amaba a Jesús por encima de todo y llevaba a cabo sus tareas con la sencillez de la vida cotidiana. Sabia y humilde como muchas mujeres croatas, con los pies firmemente apoyados en el suelo, su descripción me hace pensar en ciertos rasgos de la mujer perfecta del libro de los Proverbios:

"Una buena ama de casa, ¿quién la encontrará? Es mucho más valiosa que las perlas. El corazón de su marido confía en ella y no le faltará compensación. Ella le hace el bien, y nunca el mal, todos los días de su vida. Se procura la lana y el lino, y trabaja de buena gana con sus manos. Es como los barcos mercantes: trae sus provisiones desde lejos. Se levanta cuando aún es de noche, distribuye la comida a su familia y las tareas a sus servidoras" (Pr 31,10-31).

El marido de Bárbara era agricultor en Croacia y se las arreglaba medianamente bien en lo económico.

Cuando bautizó a su quinto hijo, Alojzije Viktor, el 9 de mayo de 1898 en la Iglesia de Krašić al día siguiente de su nacimiento, Bárbara hizo una especie de pacto tácito con Jesús, un voto muy especial que reconoció como proveniente del Espíritu Santo. ¡Esperaba tanto ver a uno de sus hijos llegar al orden sacerdotal! Pedía esta gracia especial a través de la intercesión de María, de quien era muy devota. En su profundo amor por el misterio de la Eucaristía, veía el sacerdocio como la gracia de las gracias. Poder dar un sacerdote a la Iglesia ¡significaba para ella un regalo insigne, divino! Por su parte, para conseguir semejante regalo de Dios, se comprometió a orar todos los días y a ayunar tres veces por semana a pan y agua, sin fecha límite. Esta decisión no era fruto de una inconsciencia piadosa. Ella lo sabía: ser sacerdote podía llegar a ser peligroso en el futuro, y efectivamente la época que siguió lo demostró. Un presbítero se arriesgaba a pasar por humillaciones y persecuciones, sin excluir la posibilidad del martirio.

Sólo el párroco de Krašić conocía el voto secreto de Bárbara y lo aprobó. No se confió ni a su marido, ni a ninguno de sus hijos, a pesar de que la veían ayunar. Además, no quería de ninguna manera influenciar la elección vocacional de su hijo, elección libre que sólo él debía hacer si reconocía una llamada en su corazón. Dios escuchó la petición de Bárbara y se la concedió. Durante el verano de 1931, Aloyzije recibió el sacramento del Orden y celebró su primera misa en Krašić. ¡Barbara había ayunado y orado durante 32 años! Según la tradición, Alojzije reservó su primera bendición para su madre. El párroco entonces le susurró a Bárbara al oído: "Ahora que tu hijo es sacerdote y has obtenido lo que querías, ¡podrás dejar de ayunar!" A lo que ella respondió con tono firme: "¡Por supuesto que no! Al contrario, voy a ayunar y rezar todavía más en el futuro, porque lo que pido ahora a Dios es que mi hijo se convierta en un sacerdote santo".

Después de soportar el poder fascista de los nazis, Croacia pasó a manos de los comunistas y sufrió severas persecuciones. Aloyzije se destacaba por su fe inquebrantable y su tenacidad, por no hablar de su inteligencia excepcional. En 1934 fue consagrado obispo y se convirtió en el obispo más joven del mundo, cuatro años después de su ordenación; ¡El sacrificio de Bárbara visiblemente estaba dando sus frutos! Para Aloyzije, el ejemplo de la fe de su madre, el apoyo de su oración y su afecto fueron los faros que alumbraron su camino. Fiel a la herencia que recibió de ella, siempre tenía el rosario en la mano. Uno de sus dichos se ha hecho célebre: "Cuando te privan de todo, ¡aún te quedan las dos manos para rezar!"

Un doloroso viacrucis lo esperaba. En efecto, Aloyzije fue amenazado, acusado de ser un enemigo del pueblo y un traidor a su patria en un simulacro de juicio, para ser luego encarcelado en 1946. Fue condenado a dieciséis años de prisión con trabajos forzados. ¿Su pecado? Siempre se negó a dejar a los católicos de Croacia en manos del gobierno comunista que quería separarlos de Roma. ¡Su coraje y firmeza impidieron nada menos que un cisma! Si hoy la parroquia croata de Medjugorje existe, si ha podido permanecer católica y acoger a millones de fieles, ¡no olvidemos que es gracias a los que pagaron con su sangre la fidelidad a Roma y a la sucesión de los apóstoles!

Bárbara, por su sacrificio oculto, sería la inspiradora de la heroica fidelidad de su hijo Aloyzije. Gracias a su asistencia maternal, recibió la fuerza y el coraje para afrontar todos los embates del enemigo. Ella quiso recorrer este via crucis con él ¡como sólo el corazón de una madre puede hacerlo! Murió en 1948, a la edad de 82 años durante la detención de su hijo y nunca vio en esta vida la doble gloria que coronaría sus esfuerzos: el Papa Pío XII, quien conocía toda la situación, nombró a Aloyzije Stepinac cardenal de Zagreb en 1953, aunque todavía se encontraba bajo detención policial. Aloyzije nació al Cielo en enero de 1960, dos años antes de la expiración de su condena. En 1997, Juan Pablo II beatificó a este hombre notable ¡que había entregado su vida para preservar del cisma a los católicos de la entonces Yugoslavia[80]!

Puede ser que hoy, desde el Cielo, Juan Pablo II piense que bien hubiera podido beatificar a Bárbara, esa mamá oculta, esa alma de elite, que dio a luz no sólo según la carne, sino también según el espíritu ¡a un héroe nacional, un santo y un mártir de semejante envergadura[81]!

A veces, durante mis misiones, hago un llamado a mis oyentes y les digo: "¡Miren lo que esta madre obtuvo para su hijo! ¡Eso sí que es verdadero amor de madre! ¿Qué madres entre ustedes quieren orar como lo hizo Bárbara, y pedirle a Jesús el honor de tener un sacerdote entre sus hijos, si tal es su voluntad, claro está? Si las hay, las invito a ponerse de rodillas; vamos todos a orar por ellas y los sacerdotes presentes las bendecirán".

---

[80] La tumba del beato Cardenal Stepinac se encuentra en la Catedral de Zagreb. El pueblo croata acude allí diariamente para orar y buscar la intercesión de su héroe. Después de sufrir la ola comunista, Croacia todavía se enfrenta hoy en día a otros males debidos a las consecuencias de la guerra, a las crisis internas, así como a gobiernos más bien hostiles a la fe cristiana.

[81] El cardenal Kuharic, de Zagreb (1919-2002), decía: "No podemos entender a Stepinac, ni su vida heroica, sin conocer a su madre".

Después de un tiempo de silencio, ¡cuántas veces, asombrada y con lágrimas en los ojos, he podido observar a unas cuantas mujeres de la audiencia caer humildemente de rodillas, una tras otra! La primera ocasión fue en Kuching, Malasia. Veinte madres se arrodillaron y rezaron. Después de la conferencia, una mujer se me acercó y me dijo:

– ¡Sólo tengo un hijo y no quiero que sea sacerdote porque tiene que perpetuar el nombre de nuestra familia!

– ¡La Virgen María también tuvo sólo un hijo –le contesté–, y ella lo ofreció! ¡Su nombre está sobre todo nombre! Y en el Cielo, los sacerdotes también tendrán un nombre por encima de todo nombre, porque celebrando los Misterios, son otro Cristo…

El enemigo trata de destruir la imagen del sacerdote según el plan de Dios, exponiendo el pecado de algunos de ellos en los medios de comunicación y dejando en el olvido el heroico don de sí mismos y la santidad de tantos sacerdotes. Todas las familias quieren la bendición de Dios sobre ellos y sus descendientes, y hacen muy bien. ¿Y la mejor manera de atraer esa bendición no es acaso invitar al Dispensador de las Bendiciones para venir como Rey dentro de las familias? ¡Abramos de par en par todas nuestras puertas a Aquel que es la fuente de todas las bendiciones y que tanto desea darse a nosotros a través de sus sacerdotes! ¿No son ellos otros Él-Mismo cuando administran los sacramentos? ¿No son nuestros sacerdotes nuestros tesoros, nuestras escaleras hacia el Cielo?

*****

Beato Cardinal Aloyzije Stepinac

Maria Bordoni

Durante sus años de cautiverio, Dios le dio a Mons. Stepinac, aquel fiel pastor de la Iglesia, otra madre espiritual de una manera muy diferente. Se trata de Maria Bordoni (1916-1978), fundadora del instituto 'Mater Dei', que vivía en aquel momento con sus hermanas en Castel Gandolfo, cerca de Roma. Desde entonces ha sido declarada por la Iglesia Sierva de Dios.

Maria Bordoni durante una peregrinación a Lourdes.
© Opera Mater Dei, Castel Gandolfo

Maria era un alma mística tan grande como oculta, toda impregnada del espíritu sacerdotal que la llevó a ofrecerse a sí misma como víctima por el clero. Ella oraba a menudo durante la noche por la Iglesia, el Papa, los sacerdotes y los cristianos perseguidos. Nuestra Señora hablaba a su alma y por la noche la llevaba en bilocación a visitar los lugares de miseria y, en tiempos del comunismo, los países del Este para llevar consuelo a los que sufrían en cárceles o en campos de concentración.

Durante una de sus bilocaciones, Maria visitó al Cardenal Stepinac cuando estaba detenido en Zagreb[82]. La Virgen le mostró a un sacerdote

---

[82] Las Hermanas de su Instituto lo confirmaron en marzo de 2010 a los sacerdotes de la Comunidad *Famiglia di Maria*.

en la cárcel, sentado y profundamente inclinado hacia delante, con los brazos apoyados sobre las rodillas, deslizando entre sus dedos las cuentas de su rosario. La Santísima Virgen le dijo a María: "¿Ves a este hijo mío bien amado? Sufre enormemente. Reza mucho por él. Su nombre es Alojzije Stepinac".

Cuando el Papa Juan Pablo II beatificó en 1997 a este obispo mártir, las Hermanas de Maria Bordoni en Castel Gandolfo se acordaron de sus relatos y de haber visto aquel nombre en los escritos dejados por su fundadora. En notas espirituales de Maria Bordoni que fueron investigadas, efectivamente estaba registrada la "visita de consuelo" de Maria al Cardenal Stepinac. Éste, después de su cautiverio, fue sometido a arresto domiciliario por espacio de nueve años en su pueblo natal, bajo la estrecha supervisión de treinta guardias. Murió en 1960, perdonando a todos los que le habían hecho daño.

"Yo quisiera ser como la lámpara que brilla en el altar y se consume lentamente delante del tabernáculo del Señor, por la Iglesia y el Santo Padre, por todos los sacerdotes y misioneros", escribió María Bordoni[83].

*****

Sor Faustina Kowalska (1905-1938)

Esta maravillosa santa polaca que inundaría el mundo con sus mensajes sobre la Misericordia, un día se quejó a Jesús de que Polonia no tenía grandes santos, como era el caso en otros países. Jesús le respondió: *"La santa serás tú"*.

En su Diario[84] santa Faustina refiere un hecho que expresa lo mucho que quería ayudar a los sacerdotes, no sólo por su ferviente oración, sino también mediante otras mil maneras que ella discurría en la generosidad de su corazón. Le fue concedido por el Cielo un favor poco fre-

---

[83] Sobre éste tema. Véase la revista *Le Triomphe du Cœur* de julio-agosto de 2010, n°50.

[84] Diario La Divina Misericordia en mi alma de santa María Faustina Kowalska.

cuente, el de tener un padre espiritual de alto valor, el Padre Mickael Soposcko quien la guió sabiamente los últimos años de su vida y fue a su vez beatificado en Cracovia en 2008, por el propio cardenal Dziwisz. Viendo Faustina todo lo que él sufría para llevar a cabo la misión de la misericordia, decidió hacerle un favor… ¡a la manera de una mística!

Éstas son sus palabras:

"Una vez un sacerdote me pidió que rogara por sus intenciones y le prometí que oraría por él. Cuando recibí de mi superiora el permiso de realizar cierta mortificación, sentí en el alma el deseo de ceder a aquel sacerdote todas las gracias que la bondad de Dios me había destinado y pedí a Jesús que se dignara darme los sufrimientos y las tribulaciones exteriores e interiores que dicho sacerdote tendría que soportar ese día. Dios aceptó en parte este deseo mío y en seguida, sin saber de dónde, empezaron a surgir distintas dificultades y contrariedades hasta el punto que una de las hermanas dijo en voz alta que el Señor Jesús debía tener algo que ver en el hecho de que todos atormentaran a sor Faustina. Los hechos referidos eran tan infundados que algunas hermanas los ratificaban y otras los negaban, mientras yo, en silencio, me ofrecía por aquel sacerdote.

Pero eso no fue todo; tuve muchos sufrimientos interiores. Primero me dominó el desánimo y cierta aversión hacia las hermanas; luego comenzó a atormentarme una extraña inseguridad y no lograba concentrarme para rezar; varios temas pasaban por mi cabeza causándome preocupaciones. Cuando cansada entré en la capilla, un extraño dolor estrechó mi alma y empecé a llorar silenciosamente; entonces oí en el alma estas palabras: *Hija mía, ¿por qué lloras? Si tú misma te has ofrecido para este sufrimiento; debes saber que lo que tú has recibido por aquella alma es una parte muy pequeña. El sufre todavía más.* Y le pregunté al Señor: ¿Por qué te comportas con él de este modo? El Señor me contestó que era por la triple corona que le estaba destinada: la de la virginidad, la del sacerdocio y la del martirio. En aquel momento una gran alegría dominó mi alma al ver la gran gloria que él recibiría en el Cielo. Entonces recé el *Te Deum* por esta singular gracia de Dios, es decir, por haber conocido que Dios se comporta así con aquellos que desea tener cerca de Él. Pues nada son todos los sufrimientos en comparación con lo que nos espera en el Cielo" (Diario, § 596).

Al igual que Santa Teresita del Niño Jesús, Faustina no retrocedía ante ninguna pena o tormento cuando se trataba de acercar las almas a su Señor. Así escribía ella:

"Oh Amor Eterno, quiero que te conozcan todas las almas que has creado. Desearía hacerme sacerdote para hablar incesantemente de tu misericordia a las almas pecadoras, hundidas en la desesperación. Desearía ser misionero y llevar la luz de la fe a los países incivilizados para darte a conocer a las almas y morir en el martirio, sacrificada por ellas como Tú has muerto por mí y por ellas. Oh Jesús, sé perfectamente que puedo ser sacerdote, misionero y predicador; puedo morir mártir anonadándome totalmente y negándome a mí misma por el amor hacia ti, Jesús, y hacia las almas inmortales. Un gran amor sabe transformar las cosas pequeñas en cosas grandes y solamente el amor da valor a nuestras acciones; y cuánto más puro se hace nuestro amor, tanto menos tendrá que consumir en nosotros el fuego del sufrimiento, y el sufrimiento dejará de serlo para nosotros y se convertirá en gozo. Con la gracia de Dios he recibido ahora esta disposición del corazón, de que nunca estoy tan feliz como cuando sufro por Jesús, al que amo con cada latido de mi corazón" (Diario § 302).

Toda maternidad espiritual está arraigada en el amor de Cristo. ¡La Virgen María es el mejor ejemplo de ello! Según los relatos de Marthe Robin, Jesús habló largamente con su madre antes de sufrir su Pasión y le explicó todo lo que le sucedería. Ella se asustó y le pidió poder morir con él. Pero Jesús no se lo permitió, porque el plan del Padre era muy diferente. En la cruz María debía recibir una maternidad que ampliaría su corazón a nuevas dimensiones, ¡inmensas, grandiosas! Su amor maternal en adelante abrazaría al mundo entero, con todas las generaciones pasadas, presentes y futuras. María se convertiría en la Madre de todos los hombres, comenzando por el apóstol Juan. Jesús le aclaró que los apóstoles la necesitarían después de su partida, y que Él confiaba en Ella para acompañarlos con su oración y su solicitud maternal. Es fácil imaginar cómo la presencia de semejante madre en medio de los apóstoles, todavía jóvenes en la fe, podría recordarles a su querido Jesús, su pensamiento, sus palabras, sus actitudes con las personas y los acontecimientos. Por no mencionar el testimonio de "familia" que María podría aportarles y que ha inspirado algunos Evangelios, especialmente los de la infancia. En este último diálogo con su Madre, Jesús también le dio instrucciones para cuidar de María Magdalena, todavía frágil. Y agregó: "Ella me ama más que los apóstoles"[85].

La Virgen María aceptó vivir una nueva maternidad por su Hijo. Lo "reengendraría" en cada uno de nosotros. En efecto, Jesús ya no sería sólo el *hombre-Dios* que ella conocía en su humanidad, limitado en el tiempo y el espacio. Después de su resurrección, estaría universalmente presente en el mundo a través de su Iglesia. Para María, toda criatura humana se convertiría en su hijo, y los sacerdotes de manera privilegiada, ya que por su sacerdocio son otros Cristo (*persona Christi*) en el ejercicio de los sacramentos. Su corazón de madre vibraría con cada corazón humano porque hoy Jesús nos dice a todos: *"Ahí tienes a tu madre"*. Es significativo que en la versión original griega del Evangelio de Juan esté escrito: *"Viendo pues Jesús a **la madre,** y de pie junto a ella al discípulo a quien amaba, dice a **la madre**: '¡Mujer, ahí tienes a tu hijo!'"* (Jn 19, 26). Ese "la madre" (y no únicamente "su madre") ya indica la maternidad universal de María.

Esta maternidad espiritual que pertenece a los muchos esplendores de la vocación de la mujer desde la Creación, la Toda Pura la compartirá con religiosas o seglares, simples célibes o enfermos, almas que quieran ponerse a la escucha de su Corazón maternal y tener parte en sus riquezas. Teresita lo había comprendido muy bien: "El tesoro de la madre le pertenece al hijo", decía ella. No se le pide a cada madre espiritual que asuma ella los sufrimientos de los sacerdotes como lo hicieron sor Faustina y algunas otras almas, porque la belleza de la obra de Dios radica también en su increíble diversidad. Tampoco se trata de pedir los estigmas para parecerse más al Crucificado. ¡Por supuesto que no! Jesús y María proponen esta gracia cuando lo consideran apropiado para el alma, y se adaptan a la personalidad profunda de la persona. El punto común que brilla en todas las *madres espirituales* estriba en su amor loco e incondicional por Jesucristo. ¿Podría María hacerles un regalo mayor?

*****

---

[85] Extractos de los cuadernos de Marthe Robin, publicados por les Foyers de Charité: *Marthe Robin – Journal, 2013* y *La douloureuse passion du Sauveur*, I, 2008. Dirigirse a: bureau.accueil@fdc-chateauneuf.com

Venerable Marthe Robin (1902-1981)

Esta mujer excepcional, que tuve la gracia de visitar cinco veces, vivió hasta el paroxismo el don de la maternidad espiritual para todas las almas, especialmente para los sacerdotes. No comía, no bebía y no dormía nunca. ¿En que ocupó su tiempo durante esos cincuenta años de inmovilización total en su cama? En ofrecer y ofrecerse. Vivió como nadie la gracia del bautismo y del *sacerdocio real de los fieles* que se nos confiere con él.

Cada semana, el jueves por la noche, Jesús visitaba a Marthe y le proponía que volviera a vivir su Pasión. Él la necesitaba para completar su obra de redención, como lo escribe tan claramente San Pablo *"Completo en mi carne lo que falta a la Pasión de Cristo por su cuerpo que es la Iglesia"* (Col 1, 24). Cada semana, Jesús le pedía nuevamente que fuera su corredentora. Pero frente a las agonías que le esperaban, Marthe se acobardaba. No se sentía capaz; aquello sobrepasaba sus fuerzas. Jesús la dejaba completamente libre y se retiraba con una respuesta negativa. Luego, un poco más tarde, Marthe recibía la aparición de la Virgen María, su Madre del Cielo a quien ella siempre llamaba *querida Mamá*. Entonces se producía el milagro del amor: renovando su confianza en el poder de la gracia divina para ella, Marthe daba su sí, un sí pleno y generoso, y aceptaba vivir aquel nuevo triduo con Jesús… Es muy consolador para nosotros saber que cada semana Marthe expresara primero su temor y retrocediera ante la cruz para luego, sólo en un segundo tiempo, dar su adhesión amorosa. ¡En cincuenta años, nunca prevaleció el no! Terminado su tiempo de pasión y resurrección, a partir del lunes, Marthe reanudaba la acogida de las personas que realizaban ejercicios espirituales y que encontraban en ella a la mujer más alegre del mundo. Positiva, divertida, nunca dejaba de decir algo gracioso. Mi hermana menor, que era alumna en el Foyer de Charité, decía que con los alumnos a veces se echaba a reír como un niño. Su profunda unión con Jesús la llenaba de un amor tal que, con sólo estar con ella, la gente cambiaba, les volvían las ganas de vivir, se iban más felices y con más determinación.

Nosotros no veremos todos los frutos de las ofrendas de Marthe hasta que lleguemos al Cielo. Creo poder decir que, también a mí, me libró de un final miserable. De hecho, poco después de mi conversión, siendo que yo había transitado por el terreno minado de ciertas prácticas ocultas, Marthe le dijo al sacerdote que me dirigía: "¡de la que se salvó…!"

Jesús esperaba de Marthe que se ofreciera incesantemente al Padre y a Él mismo por los sacerdotes. Así es como Marthe se ofrecía en reparación por todas las profanaciones y sacrilegios que se cometen cada día en la Iglesia.

"No temas, le dijo, yo estoy contigo, y tú eres toda mía… he buscado mucho tiempo a un alma que consienta en representar ante mí a la humanidad entera. ¡Un alma a quien pueda imponerle mi divina voluntad y manifestarle mis deseos! ¡Un alma en quien yo pueda derramar sin cesar mis deseos de amor por mis sacerdotes, el pensamiento de mi corazón por mis sacerdotes y por los pecadores! ¡Un alma que viva sólo de nosotros y para nosotros, en nuestra divinidad de amor! Y es a ti, mi bien amada, a quien he hecho la entrega total e inefable de mi vida. A ti a quien realmente me he sustituido y con quien me continúo y me completo más plenamente todos los días, a quien he elegido libremente por nosotros y por ellos. Yo quiero que te ocupes constantemente de mi Padre y de Mí; quiero que sólo estés con nosotros y en nosotros, como nosotros estamos siempre en ti y contigo… Quiero absorberte tanto en mí que yo esté totalmente en tu lugar y en todo, con todos los atributos y perfecciones de mi divinidad, hasta el punto de que no seamos más que uno en el sufrimiento y el amor. Tú en mí y yo en ti por completo".

Y Marthe decía:

"Mientras estaba así abismada en Dios, sentía que la sangre divina de Jesús descendía en grandes gotas de su rostro y surgía de su corazón hasta llegar a mí, para deslizarse después por todo mi ser, inundándome de gracias y de vida divina, llenándome de su amor por el Padre y por las almas, identificándome, sustituyéndome por Él para derramarse después sobre toda la Iglesia y, me parecía, sobre todo el mundo, sobre todas las almas, para purificarlas, regenerarlas, sanarlas, para aumentar en ellas la vida divina o devolvérsela, y prepararlas para la vida de la gloria en el Cielo".

Jesús le hizo comprender a Marthe con qué inmenso amor amaba Él a sus sacerdotes y todo lo que quería hacer por ellos. Le mostró el amor de preferencia que sentía por cada uno de ellos y todo lo que esperaba de ellos. También le reveló cómo tendría que ayudarlos a todos "para librarlos del mal y sacarlos del pecado, para hacerlos regresar a su sublime y tan santo ministerio; para purificarlos, santificarlos, divinizarlos para una vida fecunda de apóstoles, a fin de unirlos a Él que quiere vivir y continuarse en ellos y, a través de ellos, en todos sus miembros". *"Mi bien amada, diles a todos que todas sus acciones, incluso las menores, deben estar, ante todo, esencialmente animadas por la intención de alabar y glorificar a Dios, mucho más que por el deseo de sus propias ventajas e incluso de su salvación".*

Marthe veía en espíritu a los sacerdotes y a veces se ponía a llorar ante el estado interior de algunos de ellos al celebrar la Misa. *"Mis sacerdotes, mis sacerdotes,* le decía Jesús, *¡dámelo todo por ellos! ¡Mi madre y yo los queremos tanto!"* Jesús le hizo también entender que los sacerdotes tenían una necesidad real de todo lo que Él haría en ella por ellos. Así que Marthe tenía un solo deseo: dejarse transformar en una pequeña hostia ofrecida al Padre para volver a traer a su corazón, en unión con Jesús, a las multitudes de sacerdotes que Jesús deseaba santificar y a las miles de almas que quería santificar a través de ellos. En Medjugorje, la Virgen también lo ha dicho a su manera, al hablar del triunfo de su Corazón Inmaculado: *"Hijos míos, apóstoles míos ayúdenme a abrirle el camino a mi Hijo. Una vez más, los invito a orar por vuestros pastores. ¡Con ellos, triunfaré!"* (A Mirjana, 2-10-2010).

*****

Madre Yvonne-Aimée de Malestroit[86], 1901-1951

Yvonne forma parte de los grandes místicos del siglo pasado. Monja francesa de la Congregación de las Agustinas, fue favorecida con los más grandes carismas, como si Dios se hubiera complacido en concedérselos todos. Lo que la caracterizaba era un extraordinario amor a Dios y al prójimo. Cristo quiso confiarle los sacerdotes, por quienes le pedía oración y sacrificio.

A los 3 años Yvonne descubre en su abuela a una amiga que le habla

---

[86] El obispo de Vannes, Mons. Gourvès, inició el proceso de beatificación de Yvonne-Aimée el 25-3-2005.

mucho de Jesús y de los santos. Esto despierta en la niña el deseo de amar a Jesús por encima de todo y llegar a ser una santa ella también.

Yvonne estaba desbordante de alegría cuando, a los nueve años, recibió su primera Comunión. El padre Questel, sj, que supo discernir en ella su profundidad y madurez espiritual, le sugirió que le hiciera a Jesús la promesa de orar y sacrificarse cada día por los sacerdotes: "Pídele también a Jesús que una con un lazo especial tu alma con el alma de un niño destinado a ser sacerdote, sin querer saber cuál es su nombre o en qué país vive. Todos los días rezarás por él y te santificarás por su vocación y su sacerdocio". Yvonne hizo, sin dudarlo, la doble promesa. Desde entonces comenzó su maternidad espiritual con los sacerdotes, siendo sólo una niña. A los 22 años, su amiga Jeanne le pide oración por su sobrino Paul Labutte que quería ser sacerdote, y ella acepta. Sólo en 1941–cuando ya tenía 40 años– Jesús le revela que el padre Paul Labutte es el sacerdote por quien ella se había ofrecido desde los 9 años.

Madre Yvonne-Aimée de Malestroit

En 1926, cinco años antes de la ordenación de Paul Labutte, Yvonne y Paul se encuentran por primera vez sin conocer el plan de Dios para su futura unión espiritual. Un año más tarde, comienza una amistad. Paul recuerda aquel momento: "Entonces yo no sabía nada de ella, pero tuve la intuición poderosa de que ella era una joven auténtica hasta la raíz de su ser... Yvonne-Aimée fue para mí una hermana mayor con quien tuve una confianza absoluta; yo le pedía consejo y, al mismo tiempo, era el hermano menor a quien ella, a veces, le confiaba algunos hechos de su vida personal y sus misiones al servicio del Rey Jesús".

Desde entonces se reunían de vez en cuando en Malestroit en el convento de las Agustinas donde había ingresado Yvonne el 18 de marzo de 1927.

Durante la Segunda Guerra Mundial, el padre Labutte fue herido en combate. Sor Yvonne-Aimée lo invitó a reponerse en Malestroit. Permaneció allí de marzo a julio de 1941, siendo testigo de numerosas gracias místicas que recibía su madre espiritual. Durante sus conversaciones, ella le contó que le había ayudado varias veces en el pasado, sin él saberlo, gracias a su don de bilocación.

Una de aquellas bilocaciones ocurrió en 1940 en Wintzenheim. El padre Labutte, muy enfermo con una fuerte gripe, recurrió interiormente a Yvonne para implorar su ayuda y consuelo, lo que ella le proporcionó. Se lo contó un año más tarde: "Una noche en Alsacia, usted estaba en una habitación, agitado y con fiebre. Vi la cama de color crema, las mantas grises y verdes, sus borceguíes sobre la alfombrita al lado de su cama. Jesús me dijo, 'Ve a verlo. Está sufriendo' Y fui". Yvonne pudo aliviar y fortalecer al paciente sin que el sacerdote se diera cuenta en aquel momento de dónde le venía la ayuda. Con mucha razón decía de Yvonne: "Aún antes de conocerme, ella era mi madre espiritual". Jesús le confirmó a Yvonne su maternidad: *Te lo doy más que un niño a su madre porque lo has comprado con más oraciones y sacrificios de los que generalmente hace una madre por el alma de su hijo. ¡Cuídalo; guíalo!"*

El Padre Labutte fue también con frecuencia un consuelo y un apoyo para ella. En 1943, Yvonne se salvó de la muerte de manera extraordinaria gracias a su hijo espiritual. Madre Yvonne era para los nazis una espina clavada en la carne porque el hospital del convento de Malestroit, del que era superiora, ofrecía refugio y asistencia a todos sin distinción. Con el sólo hecho de viajar a Paris, el 24 de enero de 1943, sabía que estaría en peligro. En efecto, en la mañana del 16 de febrero fue arrestada por la Gestapo. Cuando el Padre Labutte se enteró, fue a París de inmediato. Madre Aimée se le apareció en el subterráneo y le dijo: "¡Ora! ¡Ora! Si no oras lo suficiente, me despacharán esta misma noche para Alemania. ¡No lo comentes a nadie!" Con una loca preocupación, el Padre Labutte corrió a arrojarse a los pies de Nuestra Señora, en la Rue du Bac, para implorar por la liberación de su madre espiritual. Por la noche, de regreso en Malestroit, pidió entrar en el despacho de Yvonne para rezar allí el rosario por ella. De repente percibió un ruido sordo detrás de él; sorprendido giró la cabeza y vio a Yvonne de pie cerca del escritorio, con la espalda manchada de sangre y muy abatida. Lo que sucedió, ella ya lo había visto en un sueño profético años antes. "Me vi en la cárcel y un ángel acudía a liberarme". De hecho, ella fue puesta en libertad y regresó a su casa, justo antes de que fuera deportada a Alemania, gracias a una intervención sobrenatural de último momento.

La maternidad espiritual de Yvonne se extiende mucho más allá de esta hermosa amistad con el padre Labutte; incluye a muchos sacerdotes, conocidos o desconocidos por ella. A la edad de 20 años, escuchó por primera vez la voz de Jesús. La llamó por su nombre tres veces como al pequeño Samuel en el Antiguo Testamento; le mostró una cruz y le preguntó con voz tierna:

– *¿Quieres llevarla?*

– ¡Oh sí, Señor!

– *Sé un alma abandonada. Acepta las pruebas que te enviaré como la gracia mayor y el favor más grande de los que concedo a las almas que amo. Acéptalas sin quejarte, sin examinar la naturaleza o la duración. Sin vanagloriarte. No prestes atención a lo que te mortifique o te humille. ¡Mírame! ¡Te amo!*

Un año más tarde, el Señor le mostró en una visión las desgracias que se abatirían sobre la humanidad a causa de la Segunda Guerra Mundial. Con voz grave, que no dejaba de ser tierna, la comprometió:

– *Reza, reza mucho, sobre todo por los sacerdotes y los presos.*

Muy seguido le muestra a su bien amada los lugares en donde hay personas a punto de ofenderlo profundamente. La envía a quienes han robado hostias con la intención de profanarlas y le encarga que las recupere. También le hace saber cuando los sacerdotes están en peligro y la envía a ellos para preservarlos del pecado. En una carta al Padre Crété del 16 de enero de 1925, ella escribía:

"Había entrado en una iglesia para hacer una visita al Santísimo Sacramento, cuando de repente me di cuenta de que tenía que hablar con el sacerdote que estaba a pocos pasos de mí, y decirle que no fuera al lugar donde tenía la intención de ir aquella noche, porque caería. El padre se emocionó y se sorprendió porque sólo él conocía su proyecto. Me preguntó cómo sabía lo que le acababa de decir. Le contesté que había tenido la revelación mientras rezaba, y que me dirigí a él de inmediato. Me lo agradeció profundamente".

Algunos sacerdotes la hicieron sufrir mucho. Uno de aquellos en quienes había depositado su confianza luego la calumnió, acusándola de ser una falsa mística. Jesús le hizo comprender en una visión del 6 de julio de 1923:

"Con el pretexto de defender mi gloria, él actuará en contra de mi voluntad y atravesará tu corazón con una espada. Sin embargo, tendrás corazones amigos para defenderte, pero las dudas atravesarán sus mentes. Acepta esta prueba desde ahora. El tiempo de calamidad durante el cual esta prueba te sucederá ayudará poderosamente a salvar al mundo. Mantente bien unida a Mí y reza para que, fiel a la gracia, el que te romperá el corazón se convierta de nuevo en un amigo".

Esta profecía se hizo realidad en 1943 y la Madre Yvonne la asumió tranquilamente y sin una palabra de justificación. ¡Hacía 20 años que rezaba por aquel sacerdote! A los cuatro meses, él le pedía perdón de rodillas.

En los últimos años de su vida, la Madre Yvonne se encontraba en un estado de agotamiento total, lo cual es comprensible debido a su incansable dedicación, pero también contribuyeron a ello diversas enfermedades como un cáncer de mama. Y sin embargo transmitía la alegría de vivir y una profunda paz a sus hermanas y a todos los que la visitaban en busca de consejos.

A raíz de un derrame cerebral, Madre Yvonne nació al Cielo el 3 de febrero de 1951[87].

✶✶✶✶✶

---

[87] Sobre la Madre Yvonne-Aimée, véase la revista Le Triomphe du Coeur, sep-oct 2010, n° 51.

Figliola (1888-1976)

Figliola forma parte de esas personas extremadamente sencillas que el Cielo a veces elige para confiarles secretos que les son vedados a los *inteligentes*. Cada vez que se quejaba a Jesús de no ser la persona adecuada para la misión que se le encomendaba, Él contestaba que de esta forma todo el mundo comprendería que sus mensajes no provenían de ella, sino del Cielo. Figliola, de origen alsaciano, ni siquiera sabía hablar bien el francés; lo había aprendido en los suburbios de París y muchas veces usaba el *argot*[88] para describir las experiencias místicas más sublimes. Un día, al ver a Jesús cubierto de sangre durante su pasión, le dijo: "¡Ay, caramba; la paliza que te dieron!"

He aquí algunos extractos de sus abundantes escritos[89]:

"La Iglesia entera está sufriendo más que nunca. Pero Jesús me muestra el secreto de su bondad misericordiosa. El Espíritu de Dios entero actuará ante la estupefacción de los hombres. ¡Francia recibirá un duro golpe! ¡El Sagrado Corazón de Jesús está tan ultrajado, su Santa Humanidad tan deformada, tan desgarrada por los suyos! Jesús me dejó ver la hipocresía tan grande de las mentes y los corazones. Jesús es bueno, pero el Espíritu Santo hará tabla rasa con su espada de fuego. ¡Y nos lo habremos buscado!" (29-04-74).

"¡Francia sufrirá por la falta de fe en Jesús y en su Santa Humanidad! Francia será humillada. Su orgullo sufrirá. Pero Jesús gobernará por su Humanidad Santísima. El mundo no sabe ya adónde acudir. Se busca en quien confiar, se defiende todo bienestar y las almas se pierden…"

"Los fieles a Jesús, a su Espíritu, a su amor, son ínfimos. ¡Pero Jesús construye con lo que tiene! Jesús me deja ver una luz tan hermosa que es una fuerza sin nombre, ¡Qué consolador! Jesús busca a las pobres almas en el barro para revestirlas con su amor… Jesús reinará gracias a esos pequeños. Con esos pequeños Jesús reconstruirá su Iglesia que sufre tanto. El espíritu de Jesús reinará en su Iglesia que hemos desgarrado" "Casi no me atrevo a escri-

---

[88] Lunfardo, en Argentina.

[89] Extractos del libro *Figliola–Chemins de lumière*, Edit. Téqui 1999.

birlo… pero la Iglesia está más enferma que el mundo. Hemos llevado a la Iglesia hasta la boca del lobo". "Satanás está trabajando más que nunca, y lo seguimos como ovejas llevadas al matadero. ¡Oh, qué estúpidos somos! Pero Dios tiene sus planes. Satanás trata de destruir y Dios construye en silencio".

Figliola evoca la responsabilidad actual del clero y la jerarquía de la Iglesia.

"¡Responsables de toda la Iglesia de Jesucristo! ¡No es poca cosa! ¡La Iglesia entera! ¡No es algo como para tomar a la ligera! Jesús me deja sentir en su corazón a la Iglesia entera. ¿Adónde la han llevado? ¡Oh Jesús mío, ten piedad; ellos no han comprendido (¡Ay, nunca había visto a Jesús así!). ¡Dios mío, ten piedad de los que han flaqueado, no los castigues como se merecerían! ¡Esto es grave, lo comprendo; tantas almas se han perdido a causa de ellos! Han dejado desgarrarse a la Iglesia, el cuerpo entero de la Humanidad Santísima de Jesús. Hasta han llegado a ultrajar a Dios por entero. ¡Oh malvados! Pero Jesús mío, tu amor está más allá de todo; no mires lo que somos, mira sólo lo que tú eres. Borra todas las abominaciones, derrama sobre tu Iglesia tu Preciosa Sangre, ¡para que Dios tan sólo te vea a ti, su amadísimo Hijo!"

Jesús también le dijo:

"¡Mi niña, me gusta tanto cuando escribes! Tu sencillez consuela mi Corazón que sufre tanto por su Iglesia. No he venido a demoler sino a construir" "Mi niña, mi amor quiere tener necesidad de ti para sostener a la Iglesia que sufre tanto". Figliola añadió: "Satanás y sus secuaces creen triunfar, sí, por un tiempo; Dios lo permite así. Necesita de ellos para abrirles los ojos a los ciegos. Pero antes habrá derramamiento de sangre y esta sangre abrirá los ojos a los necios". "El mismo amor divino quiere salvar al mundo de la tiranía de Satanás. ¡Y Dios usa un látigo que nosotros mismos hemos trenzado con nuestra falta de fe y con nuestra infidelidad!"

Figliola le preguntó a Jesús qué les sucederá a sus seguidores:

"Mi niña, haré de ellos una muralla intomable para repeler al enemigo" (13-6-75) ¡Oh Jesús mío, ¿cómo puede la Iglesia recobrar la luz a través de semejante desorden? Jesús le mostró una visión y ella contestó: "Oh Jesús mío, ¿ésta es la limpieza de tu Iglesia? Jesús mío, ya no me atrevo a seguir escribiendo…"

Figliola veía masas de almas que buscaban ayuda tendiendo los brazos hacia los *Apóstoles de Luz*.

"El enemigo está ganando terreno. ¡Todo podría haber sido diferente! Estoy desconsolada por Francia. Pero la Iglesia triunfará a pesar de Satanás y sus secuaces" (17-06-75).

En la noche del 6 al 7 de junio de 1975, al atardecer de la fiesta del Sagrado Corazón, Figliola recibió una insigne gracia: Jesús le donó su propio Corazón. La misión profética de Figliola dependería mucho de ese don místico excepcional. Con el Corazón de Jesús latiendo en su pecho, sentía como suyas dos de las realidades propias de ese corazón: por un lado, veía en espíritu todos los pecados de los sacerdotes y de las almas consagradas, lo que la hacía sufrir mucho, e imploraba misericordia. *"Hija mía,* le dijo Jesús, *deja que mi corazón ore en el tuyo".* Por otro lado, conocía lo que Jesús proféticamente llamó la *Iglesia de la Luz* y el magnífico Nuevo Pentecostés que Él preparaba. "¡Hija mía, mira, mira! ¡Habrá un nuevo Pentecostés!" Inclusive Figliola vio a varios de los que están siendo entrenados por Cristo en secreto, para ser apóstoles de su Iglesia regenerada desde el interior; las piedras vivas en espera de su victoria. Llegó a conocer a alguno de ellos y a alentarlos; a veces les trasmitía directivas de parte del Cielo.

Figliola vivió su maternidad espiritual en profunda soledad. Casada con un hombre malvado que se burlaba de ella, se puede decir que sólo tenía a Jesús como interlocutor y amigo. Unas pocas personas piadosas de su parroquia la apoyaron, pero ella necesitaba aquella soledad para poder abrazar a toda la Tierra con su oración. Viendo el mal que se hacía y el bien que se preparaba en secreto, Figliola dejaba vibrar en ella al Corazón de Jesús. Alegría y dolor se mezclaban con una intensidad que sólo una gracia especial le permitía soportar. De este modo se convirtió en la madre de un gran número de almas. El día de su muerte, Marthe Robin declaró que había visto subir una gran estrella desde Francia hacia el Cielo.

45

LA "PROFECÍA" OLVIDADA
DE JOSEPH RATZINGER

"Renueven la oración en las familias. Reúnanse en grupos de oración, pequeños y grandes. No pidan la cólera de Dios sobre sus adversarios; bendíganlos y oren por ellos. Los grupos de oración, aunque consten sólo de dos personas, son focos de gracias y pequeñas luces para aquellos que están en las tinieblas" (Al padre Franz Spelic de Kurescek[90], 06-07-91).

El 18 de febrero de 2013, el gran diario italiano *La Stampa* publicó la profecía de "un tal" Joseph Ratzinger[91]. A finales de los años 60, durante el tumultuoso período tras el Concilio Vaticano II, el joven teólogo Joseph Ratzinger daba conferencias sobre el futuro del cristianismo. Comparaba los tiempos modernos con los de la Revolución Francesa y la "Ilustración", cuando la Iglesia era el objetivo de poderes dispuestos a aniquilarla. Ya habían confiscado sus bienes, sus monasterios y sus lugares de culto, e intentado erradicar las órdenes religiosas. En realidad, la presencia activa de los "poderes que desean destruir a la Iglesia" hoy en día no necesita ser demostrada. La guerra es, en primer lugar, mediática. Las leyes y los decretos desnaturalizan el matrimonio y la familia. Pero también, en Francia por ejemplo, ¿cuántos lugares de culto e

---

[90] El padre Franz Spelic de Kurescek (Eslovenia), comunista convertido y estigmatizado, fallecido el 10 de abril de 2012, tuvo apariciones de María hasta el año 1998, reconocidas por el arzobispo de Ljubljana, Mons. Alois Sostar. Ver: http://www.kurescek.org/index.php?option=com_content&view=article&id=62&Itemid=58&lang=es

[91] La Stampa, "Vatican Insider", 18 de febrero de 2013. Ver 2 enlaces:
http://www.famillechretienne.fr/croire/pape-et-vatican/la-prophetie-de-joseph-ratzinger-50022 http://www.libertepolitique.com/Actualite/La-revue-de-presse/La-prophetie-oubliee-de-Ratzinger-sur-l-avenir-de-l-eglise

iglesias no han sido abandonados y secularizados?

El profesor Ratzinger expresó su visión profética en pocas palabras: tenía la intuición de que:

"de esta crisis surgirá *una Iglesia que habrá perdido mucho*: edificios, fieles, sacerdotes y privilegios sociales. Una Iglesia redimensionada con menos fieles, obligados a abandonar la mayor parte de los lugares de culto construidos a lo largo de los siglos. Una Iglesia de católicos minoritarios, humillados y obligados a recomenzar, con poca influencia sobre las decisiones políticas. Pero también una Iglesia que, a través de esta turbulencia masiva se reencontrará y renacerá simplificada, más vigorosa y misionera".

Lo que Joseph Ratzinger describía en aquel entonces se iría realizando, de acuerdo con un largo proceso:

"Serán los grupos pequeños los que harán revivir a la Iglesia; movimientos minoritarios que volverán a poner la fe en el centro de su esperanza. Será una Iglesia más espiritual, que renunciará a toda pretensión política y a cualquier coqueteo con la izquierda o la derecha. Pobre, volverá a ser la Iglesia del necesitado. En aquel momento, los hombres descubrirán que viven en un mundo de una soledad indescriptible; habrán perdido la visión de Dios y se horrorizarán de su indigencia. Entonces, y sólo entonces, –concluía Ratzinger–, verán al pequeño rebaño de creyentes como algo completamente nuevo: lo descubrirán como una esperanza para ellos mismos, una respuesta secretamente esperada desde siempre".

No puedo menos que relacionar estas palabras proféticas del joven Joseph Ratzinger, (¡que no se imaginaba, ni por un segundo, que se convertiría en Papa!) con un mensaje de la Virgen María en Medjugorje, que también pareciera haber pasado desapercibido:

"Queridos hijos... quiero darles las gracias porque hacen realizable mi plan. Cada uno de ustedes es importante... Los grupos de oración son fuertes y a través de ellos puedo ver, hijitos, que el Espíritu Santo actúa en el mundo"[92] (25-6-2004).

---

[92] *"Los grupos de oración son necesarios en todas las parroquias"* (11-04-1982) *"Renueven la oración en sus familias y organicen grupos de oración, así tendrán la*

Es significativo que María no haya dicho: "La Iglesia es fuerte, el Vaticano es fuerte, las parroquias son fuertes, la familia es fuerte...", sino que dice: "*Los grupos de oración son fuertes*". ¿Por qué pone tanta esperanza en esos pequeños grupos de oración? ¿Qué signos podemos leer hoy, que nos pondrían en la pista de una respuesta plausible? No soy profeta, ni mucho menos. Pero tampoco quiero decepcionar a Cristo, que les reprochó a sus contemporáneos no saber leer los signos de los tiempos ni aceptar el mensaje que se les ofrecía. Lo que sigue es mi interpretación personal de los hechos observados durante años, de diálogos e intercambios con gente de Iglesia de todos los países, de la escucha de mensajes, y de intuiciones recibidas en la oración. Aclaro nuevamente que ni el Señor ni la Sma. Virgen se me han aparecido y que soy una sencilla cristiana "muy normal". Comparto estas palabras con sencillez.

La Virgen en Medjugorje nos ha hablado varias veces de un *Tiempo nuevo*, un *tiempo de primavera,* y nadie podría adivinar la belleza que este tiempo nos reserva[93]. Creo que es demasiado pronto para tener alguna idea acerca de ello. Nuestros esquemas de seguridad de hoy habrán desaparecido para entonces y estarán basados en otros valores. Mientras esperamos ese tiempo de paz, parece que se están preparando grandes tormentas para el mundo y para la Iglesia, y estamos viendo los primeros signos. Vivimos actualmente en un tiempo de desobediencia a Dios tan flagrante que el mundo en su ceguera se atrae a sí mismo consecuencias que no sabe medir. Pero Dios no nos abandona por eso; su amor permanece inmutable y su misericordia es inconmensurable. Tiene paciencia, llama, advierte, nos envía a la Virgen María para que nos recuerde el Evangelio y concede gracias como nunca antes... Sin embargo, esto no es suficiente y una gran parte del mundo sigue ignorándolo.

Cuando la Virgen vino a Medjugorje en 1981, definió su misión con estas palabras: "*¡He venido para acercarlos al Corazón de Dios!*"

---

experiencia de la alegría en la oración y la comunión. Todos los que oran y son miembros de grupos de oración están abiertos a la voluntad de Dios en su corazón y dan testimonio con alegría del amor de Dios. Yo estoy con ustedes..." (25-09-2000)

[93] "*Decídanse por Dios, por la paz y por el bien; que todo odio y todo celo desaparezcan de su vida y sus pensamientos, y que en ellos sólo vivan el amor a Dios y al prójimo. Así, y sólo así, serán capaces de **discernir los signos de los tiempos**. Estoy con ustedes y **los guío hacia un tiempo nuevo**"* (25-01-93).

¿Habrá fracasado? El 25 de octubre de 2008, o sea veintisiete años más tarde, habla de *"la Tierra que se aleja cada día más del Corazón de Dios"*. Como lo dejan entender grandes místicos reconocidos por la Iglesia (Beata Mariam de Belén, Marthe Robin, Figliola, Marcel Van y tantos otros), se impone una purificación para el mundo, como siempre ha sido el caso en la historia del pueblo judeo-cristiano. En agosto de 2012, el vidente Ivan Dragicevic decía en Radio María (Italia): "Cuando se revelen los secretos de Medjugorje, la Iglesia se encontrará en medio de una gran persecución y un gran sufrimiento, y este sufrimiento ya ha comenzado".

Durante este tiempo de prueba purificadora, puede ser que encontremos en nuestras iglesias, junto a la cruz, o en lugar de la cruz, signos extraños a nuestra fe cristiana, como la media luna islámica o los símbolos de la Masonería.

Los seis videntes de Medjugorje al principio de las apariciones, en 1981.
© Archivos parroquiales de Medjugorje

¡Y a eso quiero llegar! Puede ser que entonces, bajo la amenaza y el malestar generalizado, muchos renieguen de su fe. ¡Muchos, pero no todos! Esta ola de pruebas nos puede sobrevenir de repente, de improviso, como sucedió en los días de Noé: comían, bebían, se casaban, y vino el diluvio, tomando a todo el mundo por sorpresa. ¿A todo el mundo? ¡No! Algunos fieles fueron encontrados justos ante Dios y su bendición los protegió. Del mismo modo, hoy Dios reconocerá a los suyos y su bendición se expresará a través de intervenciones que nunca habremos visto antes, adaptadas a la prueba. Los que se beneficien de ellas compartirán de corazón sus bienes con los que no conocen a Dios.

En Medjugorje el Señor ya ha obrado algunos de estos signos, por ejemplo, frecuentes multiplicaciones de alimentos y otros productos, como para prepararnos a no temer las hambrunas. No es que las multiplicaciones sean una novedad, pero hoy en día ¿quién piensa en ellas en la Iglesia? ¡La Divina Providencia está tan poco solicitada! Si un día no hubiera ya medicamentos, Dios será perfectamente capaz de cuidar de nosotros de otra manera; si el aire está demasiado contaminado y tóxico, podrá hacernos respirar de otra forma. Si Él lo quiere, escaparemos de las miras telescópicas de los trabajadores del mal, y ningún microchip[94] podrá detenernos. Si algunos son llamados a morir como mártires, otros se beneficiarán de una protección especial, como lo demuestra la historia de la Iglesia: Edith Stein murió en Auschwitz, pero la Madre Yvonne-Aimée escapó de las manos de los nazis, siendo transportada de manera sobrenatural de la cárcel a su residencia. ¡Dios distribuye sus gracias como mejor le parece! ¿No dijo Jesús a sus apóstoles a propósito de "los que crean": *"Podrán tomar a las serpientes con sus manos, y si beben un veneno mortal no les hará ningún daño"?* (Mc 16, 18). ¡Y el brazo de Dios sigue siendo generoso!

Creo que el futuro de la Iglesia se encuentra en esos pequeños grupos

---

[94] Hoy una gran cantidad de información sobre nuestra salud está almacenada en el microchip que se inserta en nuestra tarjeta de salud. Se está estudiando un carnet de conducir con un chip de memoria que guardará todas nuestras infracciones, accidentes, multas, etc. El día de mañana ¿se nos propondrá –o impondrá– un chip subcutáneo? Podría almacenar información personal, ¡incluso nuestras ideas políticas y religiosas! Una computadora podría dar órdenes a distancia a esos chips para influir o incluso dirigir nuestras conductas. ¿Qué garantías se pondrán en marcha para protegernos de la violación de nuestra libertad y de nuestra conciencia? ¡Estemos vigilantes y oremos!

muy modestos, sin pretensiones, que permanecerán ocultos a los ojos del enemigo y se le escaparán de las manos o de las mallas de la red del cazador, porque serán muy pequeños. Vivirán en la presencia de María que los guiará y cubrirá con su manto maternal. Ellos tendrán el poder de los humildes y la libertad de aquellos que no tienen nada que perder, ya que lo habrán dado todo; todo lo habrán consagrado. Sufrirán, sí, pero se sabrán en manos de Dios y ayudarán a aquellos que corran el riesgo de caer en la desesperación. San Luis María Grignon de Montfort los describía ya proféticamente, cuando hablaba de los Apóstoles de los últimos tiempos[95]; al igual que el pequeño Marcel Van[96].

En la formación de estos grupos, Medjugorje tiene un lugar crucial. El 2 de mayo de 2014 la Virgen nos volvió a recordar: *"¡Apóstoles míos, oren y actúen! Lleven la luz y no pierdan la esperanza. Yo estoy con ustedes"*. No conocemos el contenido de los secretos que se revelarán durante la vida de los videntes, pero podemos adivinar que si existen secretos es porque hechos de importancia para el mundo siguen velados para nosotros. Ante estas incógnitas, cabe una única actitud: la oración confiada. *"No hablen de los secretos, –nos dice María–, ¡oren!"*

---

[95] Leer *El Tratado de la verdadera devoción* de San Luis María Grignon de Montfort. Decía, por ejemplo: "El retorno de Jesús en gloria será precedido por un tiempo de Pentecostés, un tiempo del Espíritu Santo y de María. Por medio de la Santísima Virgen María vino Jesucristo al mundo y también por medio de Ella debe reinar en él. Surgirán apóstoles formados por María, asiduos a sus enseñanzas. Serán fuego encendido que prenderán por todas partes el fuego del amor divino".

[96] Leer *Les Colloques* de Marcel Van, Saint-Paul Ed. Religieuses /Les amis de Van.

46

CONVERSIÓN DE UN PRESIDENTE

"¡Todo es posible para el que cree!" (Mc 9, 23)

Gustav Husàk, Praga, 1978.
© *Gustav Husàk – oriznuto*

Monseñor Paul María Hnilica, sj, un obispo amigo muy querido cuya causa de beatificación ya está abierta, relató:

"El ex-presidente de Checoslovaquia, Gustav Husàk, nacido en 1913 en una familia profundamente religiosa, se convirtió más adelante en un comunista fieramente ateo. Acusado injustamente fue condenado a cadena perpetua. Pasó casi 10 años en las cárceles del régimen comunista. Su esposa, la ex-actriz y directora de teatro, Magda Lokvencoca, murió de las secuelas de las represalias y la persecución.
En 1973, recibió por segunda vez la Orden de Lenin y la Orden de Clement Gottwald por la reconstrucción de la patria socialista. Dos años más tarde se convirtió en presidente de Checoslovaquia.

Después de la "Revolución de Terciopelo" de noviembre de 1989 y la caída del comunismo que siguió, Gustav Husàk renunció a la presidencia. ¡Cuál no fue la sorpresa de todos los que lo conocieron, al saber que el 18 de noviembre de 1991 este ateo empedernido había muerto después de recibir los últimos sacramentos y la Sagrada Comunión! Él mismo había pedido a la enfermera que lo cuidaba que le trajera a un sacerdote".

Y Monseñor Hnilica añadió:

"Durante una charla que di en una casa de retiros para sacerdotes en Pezinok, cerca de Bratislava, evoqué aquella conversión tan inesperada. ¿Acaso la Divina Misericordia no es increíble? ¿Quién no se preguntó con asombro cómo pudo un ateo comunista militante, puro y duro como Gustav Husàk, pedir la unción de los enfermos y el viático antes de morir?
Al decir estas palabras, uno de los sacerdotes presentes se puso de pie y me corrigió: 'pero, Excelencia, ¡eso no tiene nada de sorprendente! Yo conocía mucho a Gustav en el tiempo de nuestros estudios universitarios. Para gran alegría de su madre, profundamente religiosa, cuando éramos estudiantes hicimos juntos los nueve primeros viernes' ".

Ésta es una devoción al Sagrado Corazón que Jesús reveló a Santa Margarita María de Alacoque (1647-1690), mística francesa, haciéndole la siguiente promesa:

"Te prometo, en un exceso de misericordia de mi Corazón, que mi amor todopoderoso concederá la gracia de la penitencia final a todos aquellos que comulguen nueve primeros viernes de mes sin interrupción. No morirán en mi desgracia ni sin recibir los sacramentos; mi Corazón se volverá su refugio seguro en esa última hora[97]".

---

[97] Sobre este tema, ver la revista *Le Triomphe du Coeur* de mayo-junio 2007, n° 31.

47

"Tocada" por el Espiritu Santo

Jesús decía a Sor Faustina: *"Di a las almas que es en el tribunal de la misericordia donde han de buscar consuelo; allí tienen lugar los milagros más grandes y se repiten incesantemente. Basta acercarse a los pies de mi representante y confesarle con fe su miseria, y el milagro de la Misericordia de Dios se manifestará en toda su plenitud. Aunque un alma fuera como un cadáver descomponiéndose de tal manera que desde el punto de vista humano no existiera esperanza alguna de restauración y todo estuviera ya perdido, no es así para Dios. El milagro de la Divina Misericordia restaura a esa alma en toda su plenitud. Oh infelices que no disfrutan de este milagro de la Divina Misericordia; lo pedirán en vano cuando sea demasiado tarde"* (Diario 1448).

Battistina es una mujer italiana de 47 años, bien de nuestra época. De profesión contadora, trabaja por Internet. Cuando su pareja la invitó a ir a Medjugorje, no se sintió interesada. Pero una mañana, escuchó en el auto un canto mariano transmitido por Radio María. Era la misma canción que durante años la irritaba tanto cada vez que se topaba con ella al buscar un programa de su interés. Sorprendentemente, aquel día la canción la emocionó hasta el punto de no poder contener las lágrimas. Comprende entonces que la Virgen la invita. Dejo que ella nos lo cuente:

"Después de una peregrinación a Medjugorje en Julio de 2012, todo cambió en mi vida. Mi conversión ocurrió durante la adoración al Santísimo Sacramento. Miles de fieles estábamos reunidos afuera, alrededor de la Rotonda[98]. De repente, me encontré de ro-

---

[98] Altar exterior protegido de la intemperie que se utiliza durante el período estival para

dillas y tuve la sensación de que tenía mi corazón palpitante entre las manos. Vi pasar ante mis ojos toda mi vida. Distinguía con claridad el bien y el mal, y todo lo que hasta entonces me había parecido bien, se tornaba en mal. Comencé a sentir un gran dolor relacionado con mi divorcio. ¿Cómo había podido yo romper una promesa hecha ante Dios? Las palabras: *'Que el hombre no separe lo que Dios ha unido'* (Mt 19, 6) resonaban en mi mente.

Entonces comprendí que mi serenidad sólo estaba en mi cabeza, pero mi corazón estaba congelado. Siempre me había sentido en el bando de los "justos", y pensaba que yo era una pobre víctima. En aquel momento vi hasta qué punto mi corazón era duro; vi el sufrimiento que habían vivido mis cuatro hijos, mi padre y mis suegros y, sobre todo, me di cuenta que no era en absoluto una víctima. En realidad, nunca había perdonado a nadie. Cuando mi hija mayor de nueve años, en tercero de primaria, me había insistido para hacer su Primera Comunión, le dije que aquello no tenía ningún sentido; ¡y mi último hijo ni siquiera estaba bautizado! Vi todos los libros que había comprado durante veinte años sobre la New Age (Nueva Era). ¿Cómo había podido ocupar todo ese tiempo en lecturas y en cursos de formación a la búsqueda de mí misma, que sólo habían servido para alejarme de Dios y de mi familia?

El dolor se volvía cada vez más fuerte y, poco a poco, me encontré postrada con la frente en tierra. Yo decía: 'Señor, hazme morir aquí, pues no soy ni siquiera digna de levantar mi cabeza del suelo'. Sentí entonces como un inmenso abrazo de amor y una alegría que no es de este mundo. Y pensé: 'En dieciocho años, creí haberles dado todo a mis hijos, pero en realidad, no les he dado nada porque no les he dado *esto*. Y si me quedo aquí para rezar por ellos por el resto de mi vida, ¿no será mejor que todo lo que podría hacer regresando a casa? ¡Si yo, como madre, el alma de la casa, hubiera cultivado la oración en lugar de cultivar las cosas inútiles, mis hijos tendrían hoy una familia unida!'

Cuando nos decidimos a liberarnos de la cruz del matrimonio, en realidad la ponemos sobre los hombros de nuestros hijos. En

---

celebraciones y conferencias, cuando el número de peregrinos lo requiere.

aquel momento sentí que debía permanecer ligada a mi promesa de fidelidad en el matrimonio y decidí hacer voto de castidad. Se lo ofrecí a Dios para que mil familias no se separaran. Mi compañero de vida sintió lo mismo y me dijo que deberíamos consagrarnos por completo.

De regreso a casa, empecé a confesarme con frecuencia. Algunos sacerdotes, frente a nuestra elección de castidad, me decían que eso no era necesario; otros, que era pura fantasía de nuestra parte, pero yo estaba muy segura y muy decidida, pues esto me parecía tan poco ante la infinita misericordia que había recibido.

Mis hijos pensaban que me había vuelto loca porque iba a misa y había colgado un crucifijo en el living. Mi hija mayor estaba muy enojada por mi entusiasmo y me dijo:

– ¿Y qué haces con todo lo que nos has contado durante dieciocho años?

– Lo siento muchísimo, me equivoqué.

En noviembre volví a Medjugorje con mis cuatro hijos para que también ellos pudieran comprender, y yo tenía una gran esperanza de que encontraran al Señor. Los observaba de lejos y durante aquella espera pensaba: 'Si yo, su madre, con el poco amor del que soy capaz, soy tan feliz al ver rezar a mis hijos, ¡cuánto más lo será nuestra Madre del Cielo! ¡Y qué triste estará por sus hijos que se pierden!'

Durante aquella peregrinación todos mis hijos fueron tocados en su corazón. Estudiamos juntos el Catecismo. Nueve meses más tarde, el más joven, de 10 años, fue bautizado y todos ellos recibieron su Primera Comunión en la misma celebración. ¡Fue el día más hermoso de mi vida! Era como si los hubiera visto renacer a todos al mismo tiempo. Mi compañero y yo permanecimos juntos, viviendo como hermanos durante un año. Pero cada día le pedía a Dios que pudiera comprender cuál era su voluntad; si debíamos permanecer juntos para sostenernos mutuamente o si debíamos separarnos del todo. Tuve esa duda en mi corazón durante mucho tiempo, pero poco a poco el Señor hizo que nuestros trabajos nos alejaran el uno del otro.

Después de mi conversión he vuelto a tomar contacto con mi ex marido. Durante nueve años, cada una de nuestras llamadas telefónicas terminaba a gritos de ambos lados, de manera que por un año no nos hablamos y sólo nos comunicábamos a través de los niños. Cuando reconocí mis faltas, cuando consideré los errores suyos como consecuencia de los míos, mi rencor se desvaneció. ¡Era yo quien debía pedir perdón! Poco a poco comencé a sentir el lazo profundo del matrimonio, sellado por Dios, y de nuevo me sentí esposa. Pero no comprendía por qué. Le pregunté a un sacerdote si estaba bien que yo me sintiera esposa, aunque mi marido estuviera ligado a otra persona y tuviera un hijo de esa unión. El sacerdote me respondió: 'El sacramento del matrimonio es indisoluble ante Dios'.

Hoy, este amor que pensaba anulado o que creía que nunca había existido, lo he vuelto a encontrar intacto en las profundidades de mi corazón. Lo conservo en su pureza y rezo cada día por la conversión de mi ex marido y por todas las familias. Agradezco a Jesús y María por la gracia infinita que mi familia recibe cada día y sigo avanzando por el camino de mi conversión".

48

FAMILIA, ¡NO TE DEJES DESTRUIR!

"Hijos míos, no vaguen sin rumbo inútilmente; no cierren el corazón a la verdad, a la esperanza y al amor. Todo lo que los rodea es pasajero y todo se derrumba; sólo permanece la gloria de Dios. Por ello renuncien a todo lo que los aleja del Señor. Adórenlo sólo a Él, porque Él es el único verdadero Dios. Estoy con ustedes y permaneceré junto a ustedes" (Mensaje del 2-9-2011).

Una familia amiga en nuestro bosquecito

¿Por qué la familia pareciera derrumbarse? ¿Por qué Satanás se obstina tanto en destruirla? ¿En qué le molesta la familia? Está claro: si la destruye, habrá destruido a la humanidad. Éste es su plan número uno, porque odia a la raza humana. De institución divina, la familia es una realidad espléndida de la cual él no soporta ni la belleza ni la grandeza.

La familia brilla como la joya de la creación de Dios, como su hija preferida, su obra de arte. La célula familiar permite que exista la raza humana porque en su seno es donde la vida se concibe, nace, se desarrolla y se multiplica. Sin la intimidad del núcleo familiar, la raza humana sería rápidamente borrada de la faz de la Tierra. La grandeza de la familia tiene su origen en la vida misma de la Trinidad, en las relaciones entre las tres Personas Divinas. ¡Es tan hermosa la familia! ¡El mismo Hijo de Dios quiso tener una!

Cuando Dios creó al mundo, contemplaba cada tarde la obra de sus manos. En los cinco primeros días, "*¡vio que era bueno!*"; pero en la tarde del sexto día, cuando contempló su obra maestra, el hombre y la mujer, "*¡vio que era muy bueno!*" (Gn 1, 31). El amor entre los esposos, la sexualidad tal como Él la creó, la fecundidad, el rol respectivo del padre y de la madre con sus hijos, la ayuda mutua, todo aquello refleja el esplendor del Creador que nos hizo a su imagen y semejanza. Pero Satanás está celoso. El sólo hecho de que se ensañe hasta tal punto contra la unión del hombre y la mujer es para nosotros una indicación luminosa del valor único de la familia. ¿Por qué concentraría sus armas más poderosas y destructivas sobre una realidad sin valor? ¡Tonto no es…!

Los videntes de Medjugorje son unánimes: la Virgen lleva en su corazón un gran sufrimiento, porque ve que pesa sobre la familia de hoy una suma impresionante de problemas, conflictos, desgarramientos, traiciones y dramas de toda clase. Entonces, Ella nos previene: "*Queridos hijos, hoy como nunca antes, Satanás quiere destruir a sus familias*". "*Él no duerme; trabaja día y noche*", dice también. Querámoslo o no, nos encontramos todos en un campo de batalla. ¡Y qué batalla! Quien ignore la identidad del enemigo y las armas a su disposición, tiene pocas posibilidades de salir airoso; está vencido de antemano. Es por ello que después de tantos años nuestra Madre del Cielo viene a decirnos y a repetirnos de qué combate se trata y cuáles son las armas seguras que nos permiten alcanzar la victoria.

Si la Virgen nos precisa que Satanás quiere destruir a la familia "*como nunca antes*" es que la hora es grave. Si recordamos los estragos ocasionados por el enemigo en los siglos pasados y hasta qué punto llega su crueldad, ¿qué decir de su actuación de hoy en día? María nos ama demasiado para abandonarnos "a la masacre"; por eso nos acompaña como una madre atenta e infinitamente amorosa. También nos educa y nos indica los medios eficaces puestos a nuestra disposición. Inútil ir a buscar al otro extremo del mundo armas sofisticadas, o seguir nuevas iniciativas complicadas y costosas. Inútil contar con los políticos. No, las armas ofrecidas por la Virgen son de una simplicidad sorprendente, hasta infantil diría. Después de Dios mismo, ¿quién mejor que Ella conoce los puntos sensibles y las debilidades del Enemigo?

La primera arma propuesta por la Virgen Inmaculada, arma imprescindible sin la cual ninguna batalla se ganará, es la oración en familia. *"Recen en familia, queridos hijos, y pidan por la familia. La oración en familia es el remedio para sanar al mundo de hoy"* (a Ivan, julio 2013). Luego nos explica por qué la oración en familia es tan poderosa para proteger y hacer crecer a la familia. A los jóvenes del grupo de oración que Ella misma formó en Medjugorje durante siete años consecutivos, les explicó (cito de forma resumida años de enseñanza): *"cuando los miembros de una familia se reúnen para la oración, Jesús llega a esa casa"*. ¡Esto es Evangelio puro! *"Cuando dos o tres se reúnen en mi nombre allí estoy yo en medio de ellos"* nos dice Jesús (Mt 18, 20). ¡En realidad la meta de la oración en familia es precisamente dejar entrar a Jesús en nuestra casa! (Cuando la Virgen habla de la "familia", se puede considerar que incluye también a las familias religiosas y a las comunidades).

Si la familia reza cada día, Jesús honra la invitación que le ha sido hecha y permanece entre los suyos. No creo que Jesús diga a estas personas: "Bueno, ahora que la oración está terminada, hago mi valija; buenas noches, ¡nos veremos en otra oportunidad!". Jesús mora verdaderamente en una casa donde se reza cada día y, como es fácil de adivinar, realiza en ella una obra divina, según está escrito: *"Mi Padre trabaja siempre, y yo también trabajo"* (Jn 5, 17).

¿Cuál es el trabajo que realiza Jesús? Con una inmensa felicidad, comparte sus tesoros con los suyos. ¡Los distribuye con generosidad! Da la paz a uno, el consuelo a otro, la salud a un tercero, el arrepentimiento, el valor de perdonar, la alegría de vivir, etc. Hace disminuir los niveles de todos los virus internos que destruyen a la familia: el odio, los celos, la envidia, sin olvidar las funestas prácticas del ocultismo o la pornografía, que se extienden como hongos venenosos y cuyos efectos destructores no necesitan demostración. Por otra parte, Jesús eleva el nivel de todo lo que construye y embellece a la familia: la unión de los corazones, el respeto mutuo, el cuidado del otro, la ayuda en las dificultades, etc.

Jesús reside entonces en esa casa con todo su entorno celestial, que la familia acoge en su oración. Toma posesión de los diferentes lugares, ocupa su espacio y la casa se llena de su perfume de santidad. Cuando Satanás y sus ángeles caídos, siempre a la búsqueda de nuevas residencias, se acercan a esta casa para destruirla y destruir a la familia, como ven que Jesús habita allí, ¡se sienten entonces desarmados y huyen aterrorizados! Jesús ha vencido a Satanás en la cruz y su sola presencia es para él una insoportable quemadura que lo ahuyenta. Satanás se vuelve impotente, no sólo en nuestras propias familias, sino en tantas otras que no conocen aún a Jesús y que se benefician con nuestra oración. En otras palabras, si nos preocupamos por invitar cada día a Jesús a nuestra casa, Él será nuestro fiel y seguro guardián, el garante de nuestra paz. Una familia que reza es una familia que construye una barrera contra el Destructor. ¿Y dónde está la barrera de las familias que no rezan[99]?

Muchas parejas piensan: "Nos está yendo bien en todo, nos amamos mucho, tenemos casa, trabajo, salud, tiempo libre; los niños tienen buenas notas en el colegio; no necesitamos rezar…" ¡Pero nada de esto atemoriza a Satanás! Sólo Jesús tiene el poder de desarmar al Enemigo por la sangre de su cruz. ¿Por qué tantas parejas jóvenes llenas de la mejor voluntad, y con un sincero deseo de fundar una familia duradera, se hunden al cabo de algunos años de matrimonio (¡a veces de algunos meses!) y piden el divorcio? ¡Asistimos hoy en día a una verdadera epidemia! Pensaban "tenerlo todo", pero sin Jesús en el centro de su vida ¿qué tenían en realidad?

"Que los padres recen con sus hijos, que los hijos recen con sus padres, – nos dice María –. ¡Así, unidos en la oración, Satanás no podrá nada contra ustedes!" (A Vicka, 1982). *"Queridos hijos, no piensen que tendrán paz en sus familias si no ponen a mi Hijo Jesús en el primer lugar".*

---

[99] Algunos padres dirán: "¡Entonces hemos hecho todo mal! ¿Qué debemos hacer ahora con nuestros hijos mayores? ¡Han sido 'formateados' en el ateísmo porque durante su infancia no nos habíamos convertido aún y ahora no quieren saber nada de Dios ni de la Iglesia!" ¡Nunca es demasiado tarde para actuar! La Virgen responde claramente a esta pregunta: *"No discutan con ellos. Pueden cambiar el corazón de sus hijos con su amor, su oración y su ejemplo"* ¡Tienen también la valiosa asistencia de los Ángeles Custodios! Envíen a su ángel en misión ante sus hijos, y recen a los ángeles de sus hijos. Tienen el poder de susurrar las cosas de Dios en el corazón de sus protegidos, porque conocen el plan de Dios para ellos. ¡Junto con los santos son sus mejores embajadores ante sus hijos!

¡Jesús es la piedra angular de la casa!

Los tiempos han cambiado. Antiguamente, el buen sentido común ayudaba a las familias a no permitir la entrada de lo que podía causarles daño. Hoy en día el mal ya no pide permiso para entrar en los hogares ni en las escuelas; se instala y se impone de forma automática, utilizando los medios de comunicación, las nuevas leyes impuestas por nuestros gobernantes, el Internet, y todos los aparatos electrónicos de los cuales los niños disponen desde muy temprana edad. ¡Felices los padres cuyos hijos de 6, 7 u 8 años no han sido ya contaminados en la escuela o fuera de ella por programas desastrosos, pornográficos o satánicos! ¡Ni hablemos de la teoría de género, que es el colmo de los colmos! ¡La frutilla de la torta! Un escándalo que nos ayuda a comprender la insistencia de la Madre de Dios para que, antes de que sea demasiado tarde tomemos las armas adaptadas al combate de la fe.

Existe un obstáculo mayor para la oración en familia: el tiempo. "¡No tenemos tiempo de orar, estamos muy ocupados!" Un sacerdote italiano me contó que un hombre le afirmó que no tenía tiempo para rezar. "¡Si tú no tienes tiempo para rezar, –le aconsejó el sacerdote–, entonces emplea para ello el tiempo de la comida! Ya verás… ¡siempre encontrarás tiempo para comer!". Esta ocurrencia chistosa dice muchísimo. El padre Slavko Barbaric, un franciscano de Medjugorje que tanto rezó e hizo rezar a su parroquia, solía decir: "Cuando uno tiene amor en el corazón, busca la manera de orar. Cuando no tiene amor, encuentra mil disculpas para no orar". ¡Esto es sabiduría! ¡Pensar que se ganará tiempo eliminando la oración es un mal cálculo que merece un cero en matemáticas!

Me explico: si Jesús vive en una casa, gracias a la fiel plegaria de los miembros de la familia, derrama allí sus favores y entre ellos la paz. Además, todo lo que se hace en paz, se hace mejor y más rápido. Jesús derrama también allí el espíritu de ayuda mutua; lo que se ejecuta con la ayuda desinteresada de los demás y compartiendo las capacidades, se realiza mejor y más rápido. Por otra parte, Jesús no llega solo. Su Madre está constantemente con Él; los dos no se han separado jamás desde el día de la Anunciación. Cuando la Virgen María acompaña a su Hijo, Ella realiza también su parte del trabajo. Con su delicadeza única, extiende su manto maternal sobre la casa y protege a sus moradores de muchas enfermedades y accidentes. Además, nos abre las puertas en diversos campos, como el trabajo o las relaciones públicas, puertas que no se abrirían sin sus buenos cuidados. ¡Y esto nos ahorra vacilaciones y tiempo! Ella nos precede en nuestros caminos y guarda nuestras almas del mal, pues Dios la ha elegido para aplastar la cabeza del Maligno.

Jesús viene también con el Espíritu Santo *"Que el Espíritu Santo reine en sus familias"*, –dice la Santísima Virgen–, *"Comiencen el día invocando al Espíritu Santo. Cuando el Espíritu Santo desciende sobre la Tierra, todo se vuelve claro y todo se transforma"*. La acción del Espíritu Santo nos resulta infinitamente valiosa porque nos ilumina en las decisiones que tenemos que tomar y en las elecciones que debemos hacer y así nos ahorra muchas equivocaciones que tendríamos que pagar muy caro, si no tomáramos en cuenta sus esclarecedoras indicaciones. ¿Es necesario mencionar aquí la presencia de los ángeles y de los santos que acompañaban a Jesús y María? He hablado de ellos en otros capítulos.

La Madre Teresa de Calcuta decía: "¡Si no tenemos tiempo de hacer lo que tenemos que hacer, es que no hemos rezado lo suficiente!". En efecto, aquellos que rezan mucho, con todo su corazón, no están estresados. ¡Su vida está bien encaminada pues Dios marcha delante de ellos! Como decía un sacerdote franciscano: "¡Si tu oración no te cambia, cambia tu oración!"

María insiste en que nuestra oración sea llena de vida, no tediosa. Para ello recomienda a las familias y a todos que se familiaricen con la Biblia y la vida de los santos. Que el padre de familia explique la vida de Jesús a sus hijos; así asimilarán la sabiduría divina y la luz que emana de la Sagrada Escritura. La vida de los santos representa uno de los mejores medios para sembrar la fe en el corazón de los hijos. ¡Cuántos han recibido su vocación leyendo la vida de tal o cual santo, o mirando un buen video! Los padres pueden ayudar a sus hijos, por medio de su ejemplo y de su amor, a encontrar a Dios en lo íntimo de su ser. Estos tesoros de fe los conservarán para siempre, incluso más allá de las crisis inevitables. ¡Que la oración, la misa dominical y la práctica del sacramento de la Reconciliación sean partes integrantes de la vida de sus hijos!

Es muy importante que los padres comprendan que, si Dios ocupa verdaderamente el primer lugar en sus corazones, debe palparse en sus diálogos con sus hijos desde la más tierna infancia, porque el niño capta el pensamiento de sus padres y sus ejemplos de vida.

Veamos:

Un día, su pequeño de cuatro años le dice a su madre:

– ¡Mamá, no quiero comer!

Usted le contesta:

– Sí, mi amor, ¡tienes que comer! ¿No ves que todo el mundo come? ¡Es algo muy importante para tener una buena salud!

El niño comprende entonces que debe comer; que es parte de la vida.

Una noche, el niño declara:

– ¡Mamá, no quiero ir a dormir!

– Sí, tienes que dormir; ya ves que papá también va a ir a la cama; ¡no se puede vivir sin dormir!

El hijo comprende que además debe dormir.

Un día exclama:

– ¡Mamá, yo no quiero rezar!

Y usted le contesta:

– ¡No importa, rezarás mañana; ahora puedes ir a jugar!

¿Qué es lo que comprende el hijo? Que comer, beber, dormir son las cosas primordiales, inevitables de la vida. ¿Y Dios? Bueno… podemos vivir sin él; ¡tanta importancia no tiene! De esta manera los padres están formando a un futuro no creyente. A los doce años, no verá por qué tendría que ir a aburrirse en Misa para encontrarse con Alguien que no es importante, cuando sus amigos lo han invitado a un partido de fútbol.

Por el contrario, si los padres viven en contacto con el Cielo de manera comunicativa y alegre, si hablan entre ellos de Dios muy naturalmente, si manifiestan su asombro ante las gracias que reciben, si citan episodios de la vida de los santos, el hijo captará enseguida que Dios existe y que es un amigo maravilloso. Por su lado, el niño comenzará a hablarle en su corazón. Si el hijo ve a sus padres ponerse habitualmente de rodillas ante Dios, si los oye rezar, concibe en su alma, desde su más tierna infancia, una dimensión espiritual que le será de una gran ayuda más adelante. Un hombre que ha rezado de niño se distingue de quien no lo ha hecho; lleva en sí esa apertura a las cosas del Espíritu que una persona sin formación cristiana tendrá más dificultad en desarrollar. Debido a su inocencia fundamental, los pequeños están más cerca de Dios que nosotros y sus "antenas" espirituales nos sorprenden por su agudeza. ¡Muchas veces nos dejan con la boca abierta!

*****

Palabras del Padre Daniel-Ange

"Queridos hijos, los invito a reflexionar sobre su futuro. Están creando un mundo nuevo sin Dios, únicamente con sus propias fuerzas, y por eso no están felices y no tienen alegría en el corazón. Este tiempo es mi tiempo; por eso, hijos míos, los invito de nuevo a rezar". (Mensaje del 25-1-1997).

La voz del padre Daniel-Ange ha resonado en estos últimos años, principalmente a favor de la protección de los niños, de los adolescentes y de las familias, ahora que, para hablar claro, son el blanco de planes diabólicos. Con permiso del padre, me gustaría citar aquí algunos fragmentos de sus escritos recientes que nos ayudan a tomar conciencia del combate que nos concierne y de la urgencia que tenemos de apropiarnos de las armas adecuadas para actuar.

Hablando de ciertos programas escolares, he aquí cómo él denuncia la situación:[100]

"¿Veneno de víbora inyectado en sus frágiles venas? ¿Acaso nuestros niños no están ya bastante golpeados por la invasión porno que les llega de todas partes, hasta en sus Ipods –e incluso, ¡y esto

---

[100] En *Mai 13–Rébellion* pág. 83 a 89. Leer este libro luminoso del padre Daniel-Ange sobre estos temas (prefacio del profesor Henri Joyeux). Opuesto al matrimonio homosexual y a la homoparentalidad, el autor denuncia la teoría de género, acusa al Presidente Hollande de tiranía y se preocupa por la destrucción de la familia. Le Sarment, 2013 Ed. du Jubilé, 10 €, www.editionsdujubile.com y www.daniel-ange.eklablog.com

Y *S.O.S! La vie, on la tue et La VIE l'emportera!* Ed. du Jubilé et de l'Emmanuel, 18€: www.editions-emmanuel.com (pág. 245)

ya es el colmo!–, en ciertos cursos que dicen llamarse de educación sexual? ¿Y cómo negar las conexiones entre la pornografía y la promoción de diversas orientaciones y prácticas sexuales…? En muchos cursos de la llamada *educación sexual,* se proyectan videos que dicen ser de información, pero que de hecho son de incitación y contaminan la memoria infestando la imaginación de los niños y de los adolescentes. Ésa es otra agresión que roza la violación psicológica y desborda el marco de la enseñanza".

"Según estas teorías habría que hacer conocer a los niños todas las desviaciones posibles de la sexualidad, todas las formas de "casamiento" imaginables. En este caso, veremos al adolescente, ya de por sí tan desestabilizado, obligado a elegir su *género* (o sea, su sexo) en medio de múltiples ofertas, así como también a elegir la experiencia precisa en que se iniciará en el ejercicio de su sexualidad física: ¿fornicación en grupo?, ¿sodomía?, ¿violación?; ¿con niñas?, ¿niños?, ¿jóvenes?, ¿adultos?, ¿animales? Menú a la carta, tenemos un gran abanico de opciones para elegir. ¿Están completamente locos?"

"Este tipo de adoctrinamiento provocará una dicotomía entre la escuela y la familia. Mientras que en su familia se le dice a la hija: '¡Eres una linda chica y puedes estar orgullosa de ser una mujercita!', en la escuela le preguntarán: '¿Tienes ganas de ser varón? ¿Sabes que puedes ser mujer y hombre a la vez? También puedes cambiar de sexo; en esto no hay ningún problema. ¡Tú eliges!' "

"¿Pero, cómo elegir? ¿Con qué criterio? ¡Si ni siquiera se sabe lo que quiere decir ser femenino y/o masculino, que se puede ser lo uno después de lo otro, o los dos a la vez! ¡Con todo esto, el niño puede terminar siendo esquizofrénico! ¿Por qué esquizofrénico? Porque se separa la anatomía de la psicología, lo carnal de lo espiritual, lo físico de lo psíquico, lo real de lo virtual; 'Tú eres macho, pero femenino; hembra, pero masculino'. Por supuesto estos *iluminados* creen, que con sus cinco añitos, un niño comprende todo esto muy fácilmente. ¡Pero si es tan evidente, tan simple! ¿Cómo hemos esperado tantos miles de años para descubrir esta verdad de Perogrullo?"

"¡Y desde el jardín de infantes e incluso la guardería, habrá que pasar a los trabajos prácticos! ¿Ciencia ficción? En ciertas escuelas de los países nórdicos, toda alusión a lo masculino o femenino ha sido erradicada. Se incita a los niños a llevar faldas y a jugar con muñecas, y a las niñas a practicar boxeo y jugar con ametralladoras (de plástico por el momento). Ya no se los puede dejar solos porque, en seguida, reanudan espontáneamente sus juegos *sexuados*. En Suecia, se quiere impedir a los niñitos a hacer pipí de pie, ¡discriminación intolerable!: '¿Por qué él sí y por qué yo no?' En los Estados Unidos, algunos padres hacen lo necesario para que nadie pueda sospechar cuál es el sexo biológico de su criatura, vistiéndola alternativamente de niño y de niña: 'Así tiene la libertad de elegir' ".

"No digan: '¡Esto ocurre en otras partes, pero no sucederá nunca en nuestro país!' ¡No seamos ingenuos! ¡Ocurrirá cuando menos imaginemos! Es de pura lógica pensar que, una vez inoculado el virus de la teoría de género, tarde o temprano se llegará a las cirugías transexuales de niños. Esos chicos terminarán perteneciendo a los *transkids*[101] (niños transexuales: nueva categoría de niños). En Suecia hay familias que se niegan a mandar a sus hijos a la escuela pública. Muchos se refugian en Noruega que ha abandonado la *teoría del género* en la escuela".

"En una edad tan vulnerable en la que el niño y el adolescente tienen ya serias dificultades para ubicarse, identificarse, estructurarse, llegar a ser ellos mismos, ¿cómo inocularles este veneno de la duda en cuanto a su identidad sexual? ¿Cómo, si ya están tan desestabilizados por el erotismo ambiental, heridos por padres que no viven o viven mal la complementariedad de las gracias específicas de la mujer y del hombre? ¿Cómo puede ser que se aproveche su naufragio interior para hundirlos en un pantano de donde no saldrán posiblemente nunca más?"

"Cuando se sabe hasta qué punto la homosexualidad revela ser, con mucha frecuencia, una herida vivida dolorosamente por la mayoría de los que la padecen (de eso sé bastante por tantas confidencias recibidas), ¿cómo atreverse a inclinarlos conscientemente, voluntariamente, en esa dirección? ¿Cómo atreverse a presentar la homosexualidad como la alternativa equivalente a la heterosexualidad cuando, en realidad, los privará para siempre de

---

[101] Ver: http://www.transkidspurplerainbow.org/

la alteridad y de su corolario, la fecundidad? A menos que se recurra a la procreación artificial rompiendo toda filiación".

"Me atrevo a gritarlo: todo esto es violar el alma del niño, engañar su inteligencia, falsificar su innato sentido común, pervertir su conciencia, destruir su instinto de lo real, torturar su razón, quebrantar sus últimos puntos de referencia, masacrar su inocencia y, al final de cuentas, estropear su existencia".

"¡No y no! No se juega con la vida de un niño, como tampoco se puede jugar con su cuerpo. No se falsifica su inteligencia, ni se debe excitar sus sentidos. ¡No y no! No podemos inyectarle veneno mortal. ¡No y no! Los niños no son conejitos de India[102]. No se puede utilizar a los niños para experimentos psicológicos, como ocurría en los campos nazis donde se valían de personas enfermas. Al igual que sucede con los medicamentos puestos a la venta al público antes de haber sido testados durante un tiempo. Algunos años más tarde, se inician juicios por los efectos secundarios, algunos mortales.

"En España el gobierno está retrocediendo en cuanto a la enseñanza de la teoría de género en la escuela. 55.000 familias hicieron objeción de conciencia, negándose a mandar a sus niños a la asignatura de Educación para la Ciudadanía e iniciando 2.300 procedimientos judiciales. En nueve de cada diez casos, los tribunales condenaron al gobierno (anterior) por atentar contra los derechos de los padres".

"En Rusia, una ley apunta a 'proteger a los menores de la propaganda homosexual y de las informaciones que ponen en peligro su salud y crecimiento moral y espiritual'. (Texto aprobado en la Duma, el 25-1-2013, con 388 votos a favor, 1 en contra y 1 abstención)".

"En Noruega, donde se ha comprobado el rotundo fracaso de la educación asexuada que neutraliza la diferencia sexual, han renunciando a ella. Es la prueba de que la realidad se impuso a la ficción".

*****

---

[102] Palabras retomadas por el Papa Francisco el 12-4-2014, después de haber hecho alusión a los totalitarismos: "Los niños no deben ser conejitos de laboratorio".

Palabras de la Venerable Marthe Robin a Yannik Bonnet

Padre Yannik Bonnet.
© *Yannik Bonnet – http://www.yannikbonnet.com/*

En sus mensajes a Mirjana, la Virgen María nos habla a menudo del Padre Celestial. Y Marthe Robin tenía un conocimiento profundo de la paternidad y del plan de Dios para con los padres de la Tierra, en unión con el Padre Celestial. En mi entrevista de la primavera de 2013 con el Padre Yannik Bonnet (ver capítulo 11 sobre Francia, pág. 66), éste me dio a conocer otro aspecto de su diálogo con Marthe Robin. En aquella época, Yannik acababa de ser padre por séptima vez.

– Marthe, –le preguntó–, ¿usted cree que es útil que los cristianos se comprometan en política? (Juan Pablo II aún no lo había explicitado).

– ¡Claro que sí! Pero usted, no antes de diez años.

– ¿Por qué?

– Porque acaba de nacer su última pequeña y ella necesita que su padre la estructure durante diez años.

¡Palabras luminosas para nuestra generación!

Y Yannik continuó diciendo:

"Marthe me habló mucho de la educación y del rol del padre, motivo por el cual había ido a visitarla. Era muy clara sobre la importancia del papel del padre, que prepara al niño para tener autonomía y lo estructura, mientras la mamá le da todo el amor para amar la vida. Los niños que no han sido amados por su madre suelen tener fuertes tentaciones suicidas.
Los jóvenes de hoy en día no están estructurados, por eso no aguantan las dificultades. Entre mis amigos del seminario de Roma, algunos ya han dejado el ministerio, porque no saben enfrentar las presiones; es gente muy afectiva pero no estructurada. En nuestros seminarios, tenemos buenos profesores, —lo veo a través de mis compañeros jóvenes—, pero faltan padres, en el sentido fuerte de la paternidad".

En Medjugorje, María nos indica el camino de la sanación:

"Hijos míos, a través de la oración escuchen la voluntad del Padre. Conversen con Él. Tengan una relación personal con el Padre, lo que hará aún más profunda la relación entre ustedes, que son la comunidad de mis hijos, de mis apóstoles. Como Madre deseo que, a través del amor hacia el Padre Celestial, se eleven por encima de las vanidades de esta Tierra y ayuden a los demás a conocer poco a poco al Padre Celestial y a acercarse a Él" (2-11-2013).

49

¡NO SE HAGAN DAÑO!

Kim pertenece a nuestra *Diáspora-Medjugorje* en los Estados Unidos. Vivió casi 2 años con nosotros en Medjugorje. De regreso a casa en California, bien impregnada de la escuela de María, no cesa de dar testimonio de su fe. Su alegría es contagiosa y atrae a muchos jóvenes hacia el Señor. En su parroquia se dedica a la formación de los catecúmenos. Un día se encontró con una tal Mona Galia.

Mona es una mujer muy hermosa. Educada por sus padres en la Iglesia Adventista del Séptimo Día, abandonó toda práctica religiosa durante su adolescencia. Aficionada a las fiestas, a la cultura de la noche y a las discotecas, gozaba entonces de una vida sin preocupaciones, sin imponerse muchas reglas de conducta. Muy popular por su belleza, le gustaba atraer la atención de sus amigos y divertirse sin privarse de regarlo todo con buenas dosis de alcohol.

A los 21 años Mona se dio cuenta de que estaba embarazada y decidió quedarse con el niño. ¿Esta elección provenía acaso de alguna convicción religiosa que hubiera influido en ella? Ciertamente no, pero sabía en lo más hondo de su ser que su bebé era una persona aún antes de nacer. Hoy, feliz por su decisión, no esconde su alegría al ver crecer a su hijo, aunque le ha sido difícil criarlo sola.

Siguió saliendo con otros hombres y terminó por encontrar uno, Martín, que la hacía muy feliz. Un verdadero amor había nacido entre los dos. Ella se fue a vivir con él y hablaron de matrimonio. Sin embargo, su amigo le planteó que, como él era católico, no se veía casado con una mujer que no compartiera su misma fe. Por lo tanto, le propuso que descubriera su religión para ver si quería hacerse bautizar. Muy abierta por naturaleza, Mona no tuvo nada en contra. "¿Por qué no?" le dijo.

En 2012, Martín la llevó a la misa de Pascua y allí Mona quedó muy impresionada por la espléndida liturgia de aquella parroquia; durante la celebración se sintió cada vez más conmovida. Poco tiempo después, deseosa de conocer más, se inscribió en el programa de formación RICA (*Ritual de iniciación cristiana para adultos*) y comenzó su formación católica.

Fue entonces confiada a nuestra amiga Kim. Su experiencia interior durante la Pascua había hecho nacer en ella un amor tal por la misa, que comenzó a asistir a ella con frecuencia. Por el contrario, su amigo católico se contentaba con ir a misa en Pascua y en Navidad. Con mucha sabiduría y delicadeza, considerando su pasado, Kim le explicaba a fondo los principios de nuestra fe cuidando de ir a la par de su corazón

Cuando ella supo que los católicos debían asistir a misa cada domingo, no se contentó con ir los domingos y algunos días de semana, sino que intentó entusiasmar a Martín. Después de todo, ¡había sido él quien le había pedido que fuera católica! Sin embargo, cada semana, mientras ella se preparaba para ir a la Iglesia, él siempre encontraba una excusa para no ir con ella: no quería salir de casa o no podía faltar a un cierto acontecimiento deportivo, etc. Ella se sorprendía y se entristecía por ello, pero continuaba yendo a misa sola.

Todo lo que descubría sobre las enseñanzas de la Iglesia Católica la maravillaba y, gracias a ello, le encontraba cada vez más sentido a su vida. Dotada de un espíritu curioso y muy abierto, acogía con gusto todos los puntos de su catequesis. Llegó el día en que descubrió el plan de Dios sobre la familia, la pareja humana, la belleza y la grandeza de esta creación. Con mucho tacto, Kim le informó sobre la moral sexual enseñada por la Iglesia y cuán importante era mantenerse casto antes de entregarse mutuamente en el sacramento del matrimonio, a fin de vivir bajo la bendición de Dios. Cuando Mona preguntó a su amigo sobre estas enseñanzas, él le dijo: "Sí, pero ya nadie hace caso a esas normas[103]". Sin embargo, como catecúmena, todo lo que ella descubría

---

[103] Felizmente muchos siguen estas reglas, y no sólo los católicos. Todas las iglesias cristianas enseñan lo mismo, al igual que los judíos y muchas otras religiones. ¡Benditos sean ellos! La Virgen dijo en Medjugorje: *"Queridos hijos, yo no puedo ayudarlos si no viven los mandamientos de Dios"*. En América del Norte, ha nacido un movimiento llamado *"Pure Hearts"* (corazones puros) para unir a los jóvenes que deciden vivir en castidad hasta el matrimonio. Algunos llevan una pulsera donde se lee *Pure Hearts*. En

sobre el valor de la persona humana y el carácter sagrado del acto sexual le impactó profundamente. Tanto, que le fue imposible ignorar la doctrina de la Iglesia al respecto y decidió asumirla. Tomó entonces la decisión de dejar la casa de su novio para vivir con su madre hasta el día de su casamiento. Todo sucedió con la mayor sencillez, sin crisis ni lágrimas. Mientras hacía las valijas Mona le explicó a Martín que, si él quería que fuera cristiana, ella deseaba ser una verdadera cristiana.

Para su gran alegría recibió el bautismo en la Pascua del 2014. Ahora quiere continuar su formación en la fe cristiana, consciente de que Dios es tan grande que nunca terminará de descubrirlo. En cuanto a su matrimonio, lo ha postergado, pensando: "ahora que soy creyente, no me veo casada con un hombre que prefiere quedarse en la cama el domingo por la mañana antes que responder a la invitación de Dios.

¿Qué nos reserva Mona en la Iglesia de Cristo? Me hace pensar en aquellas palabras del Cura de Ars: "Los santos no todos empezaron bien, ¡pero todos terminaron bien!"

*****

¡Marthe Robin tenía la respuesta!

En su pequeño cuarto en penumbras, esa gran mística estigmatizada veía desfilar a personas de todas las procedencias. Conociendo su profunda unión con Dios y sus dones de sabiduría y de profecía, la gente iba a pedirle consejo y confiaba sus cargas y problemas a su poderosa intercesión. Marthe escuchaba, rezaba y con su voz infantil soltaba a veces una simple palabra que cambiaría la dirección de toda una vida (ese fue mi caso y el de varios amigos míos).

Cierto día un hombre y una mujer vinieron a visitarla. Los dos

---

Italia, un movimiento similar nace con Ania Goledzinowska, los "Cuori Puri" www.cuoripuri.it – www.facebook.com/cuoripuri. Estos jóvenes pronuncian una oración de consagración y una promesa de castidad en la continencia, en presencia de un sacerdote que los bendice; luego reciben un anillo como signo de pertenencia a esta familia. En otros países, los fundadores de ese movimiento todavía no se han dado a conocer. ¡Que aparezcan pronto!

estaban casados por la Iglesia, pero no entre sí; en realidad se habían casado apresuradamente y sufrían terriblemente con sus respectivas parejas. Los dos tuvieron una conversión tardía. Habiendo tenido la ocasión de trabajar juntos en un apostolado con los más pobres, se enamoraron el uno del otro con un amor fuerte y profundo. Pero, como estaban ya ligados por el sacramento del matrimonio, no convivían a pesar de la enorme tentación que los atormentaba. Esta magnífica armonía que sentían entre los dos, nunca conocida anteriormente, les hacía pensar que estaban hechos el uno para el otro, si no hubieran cometido ese error de rumbo. Además de la duda sobre si eran realmente el uno para el otro, también le expusieron a Marthe su sufrimiento y su amor, esperando recibir de ella una luz sobre su porvenir.

Marthe era conocida por su profunda admiración por la pareja humana y por el amor que se puede vivir en ella. Veía en el matrimonio uno de los más hermosos regalos del Creador para sus hijos hechos a su imagen, por amor y para el amor. En el profundo sentimiento amoroso de esos dos seres, ella no podía ver más que la presencia de Dios y un admirable potencial que les había sido concedido para conocer mejor al Dios-Amor y servirlo. Les dio entonces esta respuesta admirable:

"¡Ámense, pero no se hagan daño!"

En otros términos, ¡Marthe los invitaba a amarse mucho más, a sobrepasarse en el amor del uno por el otro por medio del sacrificio de la castidad, bajo la bendición de Dios!

50

LA ORACIÓN DE LOS NIÑOS, ¡UNA MARAVILLA!

"Hoy, tráeme a las almas mansas y humildes y a las almas de los niños pequeños, y sumérgelas en mi misericordia. Éstas son las almas más semejantes a mi corazón. Ellas me fortalecieron durante mi amarga agonía. Las veía como ángeles terrenales que velarían al pie de mis altares. Sobre ellas derramo torrentes enteros de gracias. Solamente el alma humilde es capaz de recibir mi gracia; concedo mi confianza a las almas humildes" (Jesús a Sor Faustina, Diario §1220).

El pequeño Jakov tenía 10 años cuando comenzaron las apariciones de Medjugorje en junio de 1981. Huérfano de padre, no tenía más familia que a su madre y vivía con ella en una minúscula casa de piedra y adobe, no lejos de la casa de Mirjana. Como todos los niños de Bijakovici, una de las siete aldeas de Medjugorje, Jakov había experimentado el hambre, el frío, la incertidumbre del mañana y la necesidad de luchar muy duramente para sobrevivir.

Una tarde, durante una aparición, la Virgen le pidió que rezara constantemente, es decir que estuviera siempre abierto a la presencia de Dios en su corazón. Le aconsejó que rezara con frecuencia pequeñas oraciones muy cortas, al ir a la escuela, al caminar por la calle, al jugar con sus amigos, al sentarse a la mesa, etc. Por ejemplo: "Jesús, ¡te amo!", "Señor, ¡bendito sea tu nombre!", "Virgen María, Madre mía, ¡ayúdame, te necesito!", "Dios mío, ¡te adoro!", "¡Gloria a Dios en las alturas!", "Jesús, ¡en vos confío!", "Padre mío, ¡me abandono a Ti!" En una palabra, pequeñas oraciones que broten del corazón. Jakov comprendió muy bien el pedido y decidió ponerlo en práctica.

Al día siguiente, tenía un partido de fútbol con sus amigos. Es preciso mencionar que Jakov es un apasionado por el fútbol. Se alistó, corrió

— 270 —

hacia la cancha, y de repente se dio cuenta de que se había olvidado de rezar por el camino. ¡En realidad ni pensaba rezar, pues se concentraba en el partido de fútbol y en la alegría que lo esperaba! Pero como ama enormemente a la Santísima Virgen, se detuvo y le rezó un "Avemaría" a toda velocidad antes de alcanzar a los jugadores.

Por la noche, durante la aparición, la Virgen le dijo: "*Te agradezco, Jakov, por la oración que me ofreciste, aunque la rezaste muy rápidamente*". Después le mostró una escena en China, un país muy extraño para él. Jakov vio una casa y, en una de las habitaciones, una cama. Sobre ella yacía un hombre. La Virgen le dijo: "*¿Ves a este hombre, Jakov? Está muerto. Era un hombre muy malo e iba a caer en el Infierno. Pero gracias a tu oración he podido concederle una gracia especial, se ha arrepentido de sus faltas en el último momento y se salvó*".

Una bendición fraterna.
© *Bernard Gallagher www.medjugorje.zenfolio.com*

Inútil precisar que Jacob quedó profundamente conmovido por esta experiencia. ¡Una sencilla oración hace que un hombre cambie de rumbo para toda la eternidad! ¡Qué poder tiene la oración! Por otra parte, María lo ha dicho: *"Queridos hijos, si conocieran el valor de la menor de sus oraciones, ¡rezarían sin cesar!"*

*****

¡Enseñen a sus hijos a adorar!

Medjugorje, 16 de agosto de 1988. Durante la misa de la tarde, nuestra amiga Thérèse Stoop recibe unas palabras en su corazón: *"Dirígete a los niños; ¡los grandes y poderosos se convertirán por sus oraciones!"*. Más tarde, escuchó: *"Quiero una casa que tenga tres dimensiones: la acogida, la escucha y el compartir."* Más tarde el Señor le indicó: *"La llamarás **Nazaret"**.*

Entonces, con la ayuda espiritual del Padre Slavko, fundó un grupo de niños adoradores en Bélgica, convencida de que el mundo se salvaría por los "pequeños adoradores". Efectivamente, muchas vocaciones y santas familias han prosperado con esas hermosas iniciativas. El Padre Pope, un sacerdote belga en proceso de canonización, que animaba a los niños a adorar, decía: "¡Hagan que sus niños adoren y las iglesias se llenarán!"

Thérèse puso manos a la obra para crear ese equipo de pequeños adoradores. Como durante el primer año sólo tuvo a 3 niños, su cura párroco pensó que debía desistir: "Estos pequeños tienen toda la vida por delante para adorar" le dijo. Ella aceptó aquella decisión con dolor, pero el mismo Jesús se ocupó del asunto de la manera más inesperada: suscitó una fuerte reacción en el corazón de los pequeños, quienes dirigieron una carta al párroco, diciendo que querían continuar adorando. ¡Jesús había ganado!

Dos años más tarde se produjo el primer milagro por la oración de los pequeños. Se les había pedido que rezaran por un joven enfermo de leucemia, al que le quedaban sólo unas horas de vida. Los niños rezaron y confeccionaron una flor de papel que pusieron delante de la casa del muchacho. Un año después aquel mismo joven, que ellos no habían conocido, llegó durante la oración para decir que estaba estudiando en la universidad. Se había sentido movido a agradecer a los niños porque el día que debía morir sintió de repente que la sangre corría por sus venas; se sentó en la cama del hospital y al día siguiente, en medio de la estupefacción de los especialistas de hematología, volvió a su casa. ¡Aquel joven venía para pedir que lo dejaran rezar con los niños, porque hacía tiempo que había abandonado la oración! Todos los niños lloraban de alegría por aquel inmenso regalo del Cielo.

En otra oportunidad, unos días antes de Navidad, Thérèse dijo a los niños: "Esta noche ustedes animarán la adoración y yo los ayudaré". Junto con otros adultos y los padres de los niños adoradores, vino un joven, Joel, a participar de aquella Hora Santa. Nicolás, de seis años, rezó así delante de Jesús Eucaristía: "¡Perdón, Jesús, tú me hablas muchas veces, pero yo no te hago caso!". Entonces Joel se echó a llorar amargamente. Más tarde le confesó a Thérèse: "Sí, cuando tenía 12, 16, 20 años... Jesús me llamaba al sacerdocio y yo no le prestaba atención; huía de Él. Hoy voy a seguirlo. En la actualidad Joel es sacerdote desde hace 12 años y ejerce su ministerio con mucha entrega.

Thérèse compartió las vivencias de un pequeño de 6 años (ahora tiene 24) que peregrinaba a Medjugorje por primera vez con ella y el grupo de niños adoradores. Nos cuenta:

"Mientras ascendía el Krizevac participando en el Vía Crucis, una chica mayor que él lo tomó de la mano hasta la décima estación, pero lo dejó allí. Enojado por sentirse desprotegido, agarró una piedra y me dijo que se la tiraría a la chica. No sabiendo qué hacer, recé un *Padrenuestro* a toda velocidad... El Señor me interrumpió para susurrarme al corazón: '*Dilo lentamente con todo tu corazón*', y así lo hice. Luego, me uní a mi grupo de 53 niños en la undécima estación. Allí, ante mi gran asombro, el Señor me mostró la importancia de rezar con el corazón. Aquel niño había dejado la piedra detrás del bajorrelieve de la estación, se había quitado los zapatos y continuaba caminando con los pies descalzos a pesar del intenso frío del mes de marzo. Al bajar del monte vi que se persignaba delante de cada estación. Al llegar al pie del Krizevac me dijo: 'Jesús me pidió que hiciera la señal de la cruz ante cada estación, porque es una oración'.
Al año siguiente, ese mismo chico participó en una peregrinación sobre la vida de Don Bosco. Durante la adoración el niño vio a Jesús que encendía 7 velas. Al salir de la capilla me contó: 'Sabes,

Jesús me dijo: ¿ves esas velas? Mira, las apago una por una y te quito todos tus miedos a la oscuridad'. Efectivamente, algunas semanas más tarde, me encontré con su madre que me dijo: 'Es curioso, ya no le teme a la oscuridad y no tengo que dejar la luz encendida en su habitación durante la noche'. Finalmente, en el curso de otra peregrinación me dijo con una gran calma: 'Jesús me ha vuelto a hablar, pero me pidió que no dijera nada de lo que me decía' ".

Muchos niños han traído a sus amigos a esta adoración infantil y desde entonces varias familias han vuelto a la Iglesia. Algunos inclusive ¡han llegado a ser profesores de religión!

Thérèse me refirió también estas palabras de una niñita de tres años cuyos padres no rezaban; pero ella no cesaba de decir: "¡Yo amo a Jesús, a María y a José!". Como Thérèse la iba a buscar a la escuela los días miércoles, la niña le contaba su vida: "A veces desde mi cama, canto a *María llena de gracia* para mi hermanito Anatole" (18 meses).

Thérèse da testimonio de que veinticinco años de adoración semanal con pequeños de dos años y medio a once años han producido ya varias vocaciones religiosas, sacerdotales y misioneras, y familias santas. ¡Habría tantas otras hermosas anécdotas que contar sobre todas esas *"gracias"* que los niños dan a Jesús cada semana y esos *"perdón"* que brotan de sus corazones sin miedo ni vergüenza! "¡Perdón, Jesús, porque estoy celosa: a mi hermana mayor le han regalado un bonito vestido y a mí no!". "¡Perdón, Jesús, pues papá me pidió que le abriera la puerta del garaje y le contesté una grosería!". "¡Gracias, Jesús, porque tenemos todos los días algo para comer y podemos ir a la escuela!". "¡Perdón, Jesús, porque no he obedecido a mamá cuando me pidió que pusiera la mesa!". "¡Gracias, Jesús, por poder venir a adorarte todos los miércoles!"

¡Ojalá el Espíritu Santo suscite a varias Thérèse en nuestras parroquias, para que muchos niños aprovechen la ocasión de poder adorar a Jesús!

* * *

Palabras de niños.

Es hermoso ver cuán cerca de los niños está el Cielo, y cómo sus ángeles, *"que contemplan sin cesar la faz de Dios"*, los inspiran a veces de manera magnífica. Sus antenas espirituales, aún completamente frescas, captan de manera privilegiada la unción del Espíritu Santo y nos entregan tesoros inesperados.

"El que recibe a este niño en mi Nombre me recibe a mí, y el que me recibe a mí recibe al que me envió; porque el más pequeño de ustedes ése es el más grande" (Lc 9, 48).

Una familia amiga de Roma viene cada año a recargar baterías en Medjugorje. Ellos viven los mensajes lo mejor que pueden y rezan juntos cada día. Estas son unas perlas recogidas de la boca de su hijo todavía pequeño:

– Mamá, cuando vayas al Cielo, ¿me podrás decir si la Virgen tiene los ojos azules o negros?

– Pero, mi amor, si estoy muerta ¿cómo podré decírtelo?

– Me lo dirás en mi corazón.

Una mamá me escribe: "Es muy hermoso ver que la Virgen es una persona real en la vida de los niños y que, para ellos, existe un lenguaje del corazón. En estos días esperábamos la visita del padre Antonello a quien los niños quieren mucho.

– Mamá, ¿el padre Antonello llega hoy? pregunta Francesco.

– ¡Sí!

– ¿Es él quien vendrá a buscarme a la escuela?

– Creo que sí.

– ¡Qué lindo sería que bendijera a todos los niños de la escuela!

Al saberlo, el padre Antonello quiso ir enseguida a esa escuela. La familia pudo hablar con la hermana responsable, la cual se sorprendió y se conmovió mucho por la petición de Francesco. ¡Y al día siguiente todos los niños de la escuela recibieron la bendición!

Un niño de cuatro años estaba gravemente enfermo de los pulmones. Como ya había sufrido mucho en mano de los médicos, les tenía miedo.

Pero el radiólogo intentó tranquilizarlo, diciéndole que él le haría un examen que no le causaría dolor, una tomografía, para ver todo lo que había en su interior y así poder sanarlo mejor. El niño se extrañó: "¿Verás todo lo que hay en mi interior?". "Sí", afirmó el radiólogo. Después del examen, éste explicó a los padres el diagnóstico en términos muy complicados y el niño se volvía cada vez más impaciente. No aguantando más, interrumpió al médico y le preguntó: "Si has visto todo lo que está dentro de mí ¿entonces has visto a la Santísima Virgen que está en mi corazón?

En un pueblo de Eslovaquia, un niño de siete años se apasionaba por todo lo que se refería a la Iglesia y a la liturgia. Le gustaba observar al sacerdote y ayudarlo en las tareas a su alcance. Un día, el sacerdote se preparaba para exponer al Santísimo Sacramento para una hora de adoración. En la Sacristía le pidió al niño que preparara todo lo necesario sobre el altar, mientras que él se revestía con los ornamentos. El niño, muy contento, entró en la iglesia, lo preparó todo y esperó la llegada del sacerdote. Cuando entró, lo encontró todo perfectamente preparado, ¡incluso la Hostia ya colocada en la custodia!

Una mamá que ha perdido a su niño a los seis meses de embarazo le explica a la pequeña Sara, de cuatro años, que su hermanito no nacerá. Y la niñita exclama: "Entonces, mamá, ¿se ha quedado en el Cielo?".

En Mzorsko Gonica (Eslovaquia), una hermana de la *Familia de María* da clases de catecismo. Lleva un hábito que indica su consagración a Cristo. Una niñita de cinco años le pregunta por qué lleva una alianza en el dedo, si no está casada. Ella le explica que no está casada con un hombre, pero que es la esposa de Jesús. La niñita exclama con admiración: "Entonces, ¿vas todas las noches a dormir al Cielo?"

Rezar en familia es el regalo más hermoso que los padres puedan ofrecer a sus hijos, en este mundo y para la eternidad.

51

TONY DAUD, EL BRUJO DE JAVA

"Queridos hijos, esta noche su madre los quiere prevenir de que en estos tiempos Satanás los busca y quiere atraparlos. Basta con un pequeño vacío espiritual para que pueda trabajar en ustedes. Por esto su Madre quiere que empiecen a rezar, porque su arma contra Satanás es la oración. Con la oración del corazón, lo vencerán" (Mensaje del 5-9-1988 al grupo de oración).

A veces ocurre que, antes de tener la última palabra, la paz de Dios sigue un recorrido tan extraño como inesperado.

Estamos en Indonesia, el 19 de marzo de 2014. Mis queridos amigos de Jakarta que habían preparado mi misión en Java y Sumatra me invitan a su oficina y allí Tony Daud nos canta por teléfono el canto que los ángeles le enseñaron un día crucial de su vida…

Tony Daud (Antonio David) nació en Indonesia en el centro de la larga y estrecha isla de Java. Es mitad indonesio, mitad chino. Hoy en día tiene 39 años. Su bisabuelo era un brujo famoso que lideraba a todos los brujos del país. Pero prefiero dejarle la palabra:

"Nací un sábado del año que, según el calendario javanés, correspondería al "Día D", señalado por los códigos de la brujería como el día en que se designaba al elegido, a quien sería digno de *recibir los poderes*. Hay que aclarar que, en el mundo de la magia negra, los brujos no podían morir sin haber trasmitido previamente sus poderes a personas cuidadosamente seleccionadas. ¡No es cuestión de dejar que se pierdan semejantes poderes!

Tenía tan sólo nueve años cuando mi bisabuelo se convirtió en mi maestro y me transmitió sus poderes. También fui iniciado por mi bisabuela, que pertenecía al Devil Fire (fuego del diablo). Al igual que su marido, tampoco ella podía morir sin haber trasmitido sus poderes. Era la asesina más rápida que nunca dejaba rastro cuando practicaba sus embrujos. Tuvo una muerte muy, muy difícil".

Tony Daud me describió toda la serie de poderes que recibió entonces, poco a poco, desde la primera lección. ¡Impresionante! No voy a detallar aquí esos poderes entre los cuales están el de desaparecer sin dejar rastro y el de cambiar de lugar en una fracción de segundo. Su cabellera no debía cortarse.

"A la edad de 12 años –me dijo– cuando estaba en el colegio recibí, antes de la muerte de mi maestro, un nuevo poder mágico. Dotado con aquel poder especial no podía ni enamorarme ni casarme. Tenía que quedarme soltero.
Después de haberme trasmitido el último poder, mi maestro me dijo: 'Esta tarde a las 14:30 moriré. Antes de morir quisiera decirte el secreto de tu destino: En tu 18º aniversario verás una luz muy brillante. A la edad de 19 años, encontrarás a *un Rey venido de Oriente.* Ése es tu destino'. Mi bisabuelo murió exactamente a las 14:30. Después de su muerte me encontré desamparado, perdido y sin rumbo. Entonces busqué desafiar a gente poderosa. Quería confrontar mis poderes con cualquiera que pretendiera igualarse conmigo. Así fue como logré salir victorioso sobre los magos más poderosos de Java. Después de haber vencido por mucho a toda aquella gente, desafié a un pastor protestante, el reverendo Gilbert Luis de la ciudad de Solo.
Este pastor había dado un testimonio en la televisión, declarando que ningún cristiano verdadero, protestante o católico, podía ser destruido por las prácticas de brujería porque 'hemos recibido de Dios el sello del Espíritu Santo y la sangre de Cristo nos protege de todo mal'. Habló también de la fe, gracias a la cual un cristiano es portador del poder de Cristo.
Aquellas declaraciones me azuzaron e intenté saber si aquello era verdad. Fui a preguntarle al pastor cuáles eran sus poderes y de quien los había recibido. Pero el pastor, como el pequeño David contra el gigante Goliat, se presentó ante mí sin otra arma que su fe en Jesús. Me explicó que no poseía ningún poder en sí mismo y que nadie le había trasmitido poder mágico alguno. Este lenguaje era nuevo para mí. Entonces le pedí al pastor que nos enfrentáramos en un cara a cara, una especie de duelo, para ver cuál de los

dos vencería[104]. El reverendo no tenía ningún deseo de luchar, pero ante mi amenaza insistente tuvo que aceptar el desafío. Su única arma era el poder de Jesucristo, su Maestro, a quien amaba de todo corazón y al cual servía con una gran fe. Revestido con la fuerza de la palabra divina (¡como tantos protestantes, conocía muy bien la Biblia!), sabía que Dios no abandona al que se confía a Él con humildad, como un niño se confía a su padre.

Durante tres mañanas enteras hasta el mediodía, nos mantuvimos a un metro de distancia el uno del otro en un terrible cara a cara. Intenté con todas mis fuerzas aniquilar al pastor. Durante toda aquella prueba, el reverendo no cesó de rezar a su Dios, al Dios vivo, alabándolo y dándole gracias. Yo no conseguía nada. ¡Por primera vez en mi vida alguien se me resistía!

Hacia el final del tercer día, vi una fuerte luz que envolvía y protegía al pastor. Conocí en espíritu la oración que rezaba el pastor; escuché los *Aleluya* que repetía sin cesar en su corazón. Utilicé entonces mis poderes más devastadores para destruirlo. A continuación, el pastor gritó: '¡En el nombre de Jesucristo, vete!'. En aquel momento fui proyectado a una distancia de 12 metros. Estaba vencido. Inmediatamente perdí el conocimiento y durante un año entero fui privado de inteligencia y de memoria; ni siquiera sabía ya quién era ni de dónde venía. Erraba, moviendo mis piernas como un autómata, como un hombre privado de sentido. Era como si mi cerebro se hubiera vaciado.

Quedó de manifiesto que mis poderes procedían del mismo Lucifer. Efectivamente, cuando el pastor gritó: '¡En el nombre de Jesucristo, vete!', él vio a Lucifer salir de mi cuerpo pronunciando su propio nombre, Lucifer, en medio de un alarido atroz e inhumano como para rubricar su acción antes de irse.

Un año más tarde, en 1993, alcancé la edad de 19 años. Fue entonces cuando una luz enceguecedora llegó hasta mí y escuché las siguientes palabras: *Yo soy el Alfa y la Omega. Yo soy el que soy*'[105]. La luz se convirtió entonces en Jesucristo en persona y lo vi. '*¡Mi-*

---

[104] Este episodio recuerda el pasaje de la Biblia donde Elías manifestó la victoria del Dios Verdadero contra los 70 profetas de Baal, en el Monte Carmelo (1 Reyes 18, 20-40).

[105] Son las palabras del Apocalipsis (Ap 1,8) seguidas de las palabras que Adonai dirigió a Moisés en el episodio de la zarza ardiente (Ex 3, 13-14).

rame! –me dijo– ¡Estuve muerto y he resucitado! ¿Quieres creer en mí?" Yo contesté: '¡Sí, creo! Eres una fuerza que me hace creer en ti'.[106] En una efusión muy fuerte del Espíritu Santo vi entonces todos mis pecados y fui embargado por un profundo dolor de contrición frente a todo el mal que había cometido. Jesús me dio la fuerza del Espíritu Santo para que me guiara y me ayudara a darme cuenta de todos mis pecados. Le confesaba a Jesús cada nuevo pecado que iba descubriendo de mi pasado. Tuve que admitir mis pecados de magia negra. Cuando me arrepentí y los confesé todos a Jesús, inmediatamente perdí cada uno de mis poderes mágicos. Nunca vi el rostro de Jesús porque era más brillante que el sol y mis ojos no soportaban tanta claridad. Veía tan sólo su manto, ya extremadamente luminoso. En cambio, sí vi a los ángeles que cantaban a su alrededor. Luego escribí canciones con las letras que había escuchado cantar a los ángeles. Al final de aquel encuentro tan impactante, Jesús me dijo: '*¡Predica el Evangelio!*' Aquel momento con Jesús fue para mí muy corto y muy intenso".

Durante mi conversación con Tony Daud, me cantó algunas de aquellas canciones con sus melodías originales, tal como las había escuchado (en Baasa, el idioma local). Por supuesto no comprendía el sentido, mientras que mis amigos indonesios expresaban su admiración ante el esplendor de aquellas palabras. Tony dijo que los ángeles descendían del Cielo con tesoros y cantaban aquellos himnos con voces inimitables.

Tony Daud fue en busca del reverendo Gilbert que lo acogió calurosamente en su parroquia en Solo, en el centro de la isla de Java. Llegó a ser como un padre para Tony. Como es fácil imaginar, la experiencia que habían vivido juntos los había marcado profundamente y había forjado un fuerte vínculo entre ellos. Al principio de su conversión, Tony iba a tientas, porque lo ignoraba todo de la fe cristiana, pero comprendió que tenía que dejarse guiar por el pastor y obedecerle sin más.

Cursó la escuela de Teología en Solo y en 1996, obtuvo su diploma. Tony es ahora pastor evangélico en la parroquia del reverendo Gilbert llamada Glow (palabra inglesa que expresa a la vez el brillo, el resplandor, el fuego y el ardor).

---

[106] Tony Daud dijo exactamente: "ERES un poder" y no: "tienes un poder".

Gracias al conocimiento que posee de su antiguo ambiente de brujería, Tony Daud es capaz de desenmascarar los actos de magia y brujería que podrían perjudicar tanto a los fieles cristianos como a la población en general. Él sabe cómo identificar dónde se practica la magia negra y es capaz de luchar contra ella. En realidad, alía su fe en Jesús como discípulo suyo con su conocimiento de las técnicas del pasado. De esta manera se ha convertido en un poderoso instrumento en las manos de Dios. Lo mismo que sucede en el ambiente de la droga: un ex adicto entiende muy bien a otro con problemas de adicción y sabe cómo actuar para ayudarlo.

¡Hoy Tony está casado y es padre de familia! Viaja por toda Indonesia para predicar el Evangelio y dar testimonio de su experiencia[107]. Cuando le pregunté por qué, en su opinión, no había podido destruir al Pastor, y cuál había sido el mayor obstáculo que se lo había impedido, Tony me contestó sencillamente: "¡Su fe!"

¡Esta es la clave de lo sucedido! La fe tan grande del reverendo Gilbert permitió a Dios actuar a través de él. ¡Tony me confirmaba así la palabra de san Pablo citada por el reverendo en la televisión! Aquel que, de verdad, pertenece a Cristo y vive de Él no tiene por qué tener miedo de magos y hechiceros; lleva consigo el sello divino que lo protege del Mal.

Ojalá este testimonio anime a todas las almas pequeñas que oran y se sacrifican todos los días en los monasterios o en medio del mundo, en el secreto de su soledad y que seguramente nunca se enteran de este tipo de conversiones. Al menos no todavía… ¡Que estas almas estén alegres y festejen! Un día –y está ya cerca– el Señor les dirá que, gracias a su profunda vida cristiana y a sus méritos, su querido hijo perdido Tony Daud está vivo y que también para él, ¡la paz ha prevalecido sobre la muerte!

---

[107] Tony Daud escribió un libro sobre su experiencia. Hasta la fecha, sólo existe en las lenguas de Indonesia (Ilmu Hitam Dunia puth Ilmu) e inglés (Delivered from Hell - Liberado del infierno-). Prefacio por el Rev. Gilbert Lumoindong, Tele-evangelista. Publicado por Belén Publishers, Indonesia, 2006. http://yehudaministry.blogspot.com/2012/10/kesaksian-daud-tony-dukun-santet-yang. html.

52

La medalla que atrae milagros

"Hoy, tráeme a todos los paganos y a aquellos que todavía no me co-
nocen. También pensaba en ellos durante mi amarga pasión y su futuro
celo consoló mi corazón. Sumérgelos en el mar de mi Misericordia"
(Jesús a Sor Faustina, Diario § 1216).

Cinco hombres se aburren como ostras en su estrecha celda de la prisión de Vicksburg (Mississippi). Uno de ellos, Claudio Newman, descubre en el cuello de su compañero una pequeña placa ovalada, sujeta por un cordón. Le pregunta qué es. "¿No lo ves? ¡Es una medalla!", le contesta irritado. Claudio sigue preguntando: "¿Qué es una medalla?" El otro recluso, todavía más nervioso y blasfemando, la tira a los pies de Claudio: "¡Agárrala, y cállate!"

Claudio Newman (1923-1944) es un hombre de color. Separado de su madre Floretta a la edad de cinco años, creció junto con su hermano mayor en casa de su abuela, Ellen Newman, en Bovina (Mississippi). Allí, tuvo que participar en las duras tareas de las plantaciones de algodón, donde también era empleado de Sid Cook, el segundo marido de su abuela.

El joven de diez y nueve años presenciaba diariamente los malos tratos y los golpes infligidos por Sid a su querida abuela. Un día de diciembre de 1942, no soportando más aquella situación, Claudio tomó un arma y mató al malvado Sid. Trató de huir, pero fue rápidamente descubierto y condenado a morir en la silla eléctrica por homicidio. En la cárcel esperaba el día de la ejecución.

Después de haber recogido la famosa medalla lanzada por su compañero de celda, Claudio se la puso alrededor del cuello. ¡Estaba muy lejos de adivinar el origen de esa medalla![108] Pero no tardaría en conocerlo...

Durante la noche, mientras dormía en su lecho rudimentario, fue despertado repentinamente por alguien que le rozaba delicadamente la muñeca. Diría más tarde: "Tenía delante de mí a la mujer más hermosa que Dios haya creado jamás". Asustado y desconcertado, Claudio no sabía qué hacer. Antes de desaparecer, la Señora lo tranquilizó: *"Si me quieres por Madre y si quieres ser mi hijo, haz venir a un sacerdote de la Iglesia Católica"*. Nuevamente solo, Claudio se puso a gritar tan fuerte que los demás prisioneros se despertaron. Siguió gritando a voz en cuello: "¡Llamen a un sacerdote católico!"

En la mañana siguiente, el joven padre O'Leary visitó a Claudio quien le contó lo que le había sucedido durante la noche. Con gran sorpresa para el padre, Claudio y los otros cuatro prisioneros le pidieron ser instruidos en la fe cristiana. El sacerdote permanecía muy escéptico. Sin embargo, sus compañeros de celda, aunque sin haber visto a la Señora ni escuchado su voz, confirmaron con vehemencia el relato de Claudio. El misionero prometió darles clases de catecismo.

Al día siguiente llegó puntualmente a la prisión para la primera lección. Allí constató con sorpresa que Claudio Newman no sabía ni leer ni escribir, ya que nunca había ido a la escuela. Su ignorancia sobre la fe era total. ¡En realidad no sabía nada, pero realmente nada de nada! No conocía a Jesús, hasta ignoraba totalmente que un Dios pudiera existir. El Padre O'Leary comenzó desde cero con Claudio y, cosa sorprendente, sus compañeros lo ayudaban en su iniciación.

---

[108] EL 27 de noviembre de 1930, en la Rue du Bac en París, la Virgen María se apareció por segunda vez a Santa Catalina Labouré, Hermana de la Caridad. Catalina vio en los dedos de la Virgen "anillos adornados de piedras unas más bellas que las otras, y que lanzaban rayos..." Al final de la aparición, la Nuestra Señora desapareció para dar lugar a una medalla y Catalina oyó estas palabras: *"Manden hacer una medalla según este modelo. Todas las personas que la lleven al cuello recibirán grandes gracias. Las gracias serán abundantes para aquellos que la lleven con confianza"*. Poco tiempo después, la Virgen María se apareció nuevamente a Catalina. Ella le mostró el globo terráqueo que representa al mundo. La Sta. Virgen llevaba aún sus anillos y Catalina observó que de ciertas piedras no salía ningún rayo. Entonces María le explicó: *"Las piedras de las cuales no salen rayos son gracias que han olvidado de pedirme"*.

Dos años más tarde, la medalla –llamada a partir de entonces medalla milagrosa– fue acuñada en centenares de miles de ejemplares y con ella los milagros se multiplicaron.

Pasaron algunas semanas y durante su catequesis, el sacerdote declaró: "Bueno muchachos, ¡hoy vamos a hablar del sacramento de la Reconciliación!" Claudio respondió inmediatamente: "¡Sobre este punto estoy al tanto! La Señora me dijo que cuando nos confesamos, no nos arrodillamos delante del sacerdote, sino delante de la cruz de su Hijo. Y cuando nos arrepentimos verdaderamente de nuestros pecados y los confesamos, la Sangre que Él ha derramado por nosotros nos lava y nos purifica de nuestros pecados". El padre O'Leary estaba asombrado. Quedó atónito y necesitó reponerse del shock. "No se enoje –se disculpó entonces Claudio– no quise interrumpirlo", "No, no estoy enfadado, estoy solamente sorprendido. Entonces, ¿has visto de nuevo a la Señora?" le preguntó el sacerdote. Pero Claudio esperó estar a solas con él para decirle confidencialmente: "La Señora me dijo que si usted tenía alguna duda, le recordara la promesa que le hizo a Ella en 1940 en Holanda, tumbado en una trinchera, porque todavía está esperando que usted la cumpla". Más tarde, el Padre O'Leary debió testimoniar: "Claudio me describió con precisión en qué consistía aquella promesa. Este hecho increíble terminó por convencerme sobre la veracidad de estas apariciones".

Nuevamente con el grupo de catecúmenos, Claudio continuó dando ánimo a los cuatro hombres que, en cierta manera, habían pasado a ser sus alumnos: "¡No le tengan miedo a la confesión! Verdaderamente es a Dios a quien le dirán sus pecados, y no al sacerdote. Saben, Nuestra Señora me lo ha explicado: 'A través de él le hablamos a Dios, y Dios, a través del sacerdote, nos habla a nosotros' ".

Una semana más tarde, el padre O'Leary preparó para sus cinco alumnos prisioneros, una enseñanza sobre la Eucaristía. Una vez más, Claudio le dio a entender que la Santísima Virgen lo había instruido también sobre ese punto. "Nuestra Señora me dijo que la Hostia tiene solamente la apariencia de un trozo de pan pero que en realidad es su Hijo. Además, me explicó que Jesús se quedaría poco tiempo dentro de mí, y que en el transcurso de esos minutos yo no debía pensar en nadie ni preocuparme por nada, sino estar a solas con Él. Y que yo debía pasar mi tiempo de la misma forma que Ella lo había hecho durante su vida: amándolo, adorándolo, alabándolo, pidiéndole su bendición y dándole las gracias.

El 16 de enero de 1944, al término de la catequesis, los cinco prisioneros recibieron el bautismo y fueron recibidos en la Iglesia Católica.

La ejecución de Claudio debía tener lugar cuatro días después. El día anterior, el sheriff Williamson le dijo: "Claudio, puedes expresar un último deseo. ¿Qué quieres?". El prisionero respondió: "Ustedes están todos muy agitados, hasta los guardias están apesadumbrados, porque no comprenden. Sólo mi cuerpo morirá, yo me iré con Ella. Por eso quisiera organizar una fiesta". "¿Qué quieres decir con esto?", le preguntó el sheriff. "Bueno... ¡una fiesta!" respondió Claudio con calma.

"¿Podría pedirle al sacerdote que organice una fiesta con pasteles, helados, y permitir a los prisioneros del segundo piso que se muevan libremente en la sala principal para que todos podamos festejar?"

"Alguien podría atacar al sacerdote..." advirtió uno de los guardias. Claudio se dirigió a sus compañeros de celda y preguntó: "Muchachos no harán eso, ¿verdad?". El sacerdote fue entonces a visitar a una rica benefactora de la parroquia que proveyó los pasteles y los helados. ¡Imaginemos un poco aquella fiesta con los prisioneros! Para concluir el festejo Claudio había deseado que todos los invitados pudieran participar de una Hora Santa en la misma sala. El Padre O'Leary los ayudó a meditar sobre las estaciones del Vía Crucis; luego rezaron por Claudio y por la salvación de sus almas.

Cuando los prisioneros volvieron a sus celdas el padre O'Leary le dio la comunión a Claudio. Los dos se arrodillaron y rezaron juntos con todo su corazón ¡Claudio estaba feliz!

Al día siguiente, quince minutos antes de la ejecución ¡cambio de programa! El sheriff Williamson subió la escalera de cuatro en cuatro y se puso a gritar: "¡Prórroga, prórroga! El gobernador había aprobado una prórroga de dos semanas". En efecto, el sheriff y el abogado del distrito habían hecho todo lo posible con los organismos competentes para salvar la vida de Claudio. Cuando éste lo supo se puso a llorar. ¿Eran lágrimas de alegría y de alivio, como lo pensaban el padre O'Leary y Williamson? ¡De ningún modo! Ahogado por los sollozos, Claudio tartamudeaba: "¡Ustedes no comprenden! Si hubieran visto solamente una vez "Su" rostro, si la hubieran mirado a los ojos, ¡no querrían vivir ni siquiera un día más! ¿Qué tontería he hecho yo esta semana, le preguntó al sacerdote, para que Dios rehúse llamarme a Él? ¿Por qué tengo que pasar todavía dos semanas más en la Tierra?"

El padre O'Leary tuvo una idea luminosa: le recordó a Claudio el caso de James Hughs, otro detenido que, a pesar de haber sido educado en la fe católica, había llevado una vida totalmente inmoral y había sido también él condenado a morir a causa de un asesinato. Hay que precisar que este último sentía un profundo odio por Newman. "¿Puede ser que Nuestra Señor desee que tú ofrezcas el sacrificio de no ir inmediatamente al Cielo por la conversión de Hughs?" le dijo el sacerdote. "¿Por qué no ofreces a Dios cada instante pasado lejos de Ella para que este prisionero no esté separado de Dios por toda la eternidad?"

Claudio aceptó la propuesta de inmediato. Le pidió al sacerdote que le enseñara unas oraciones para ofrecer este sacrificio a Dios. Éste ayudó a su protegido quien le contó: "¡Padre, aquí en la prisión, Hughs siempre me detestó, pero ahora es cien veces peor!" Claudio, que había cumplido veinte años dos semanas antes, ofreció generosamente cada vejación, cada sacrificio y cada plegaria por la intención de James Hughs.

Dos semanas más tarde, Claudio Newman accedió a su más anhelado deseo: fue ejecutado y entregó su alma a Dios. Más tarde el padre O'Leary comentó: "Jamás había visto a alguien caminar hacia la muerte de manera tan serena. También los testigos oficiales y los periodistas quedaron estupefactos; no comprendían cómo el rostro de un condenado a muerte en la silla eléctrica pudiera expresar tal serenidad".

Las últimas palabras de Claudio fueron para el padre O'Leary: "Padre, me acordaré de usted y cuando necesite pedir por alguna intención, re-curra a mí y se la transmitiré a la 'Bella Dama' ". Era el 4 de febrero de 1944. ¡Pero la historia no termina aquí!

James Hughs, enemigo mortal de Claudio Newman, debía ser ejecu-tado tres meses más tarde, el 19 de mayo de 1944. El Padre O'Leary cuenta: "Era el hombre más deshonesto e inmoral que yo haya conocido jamás. No hay palabras para describir su odio hacia Dios y en contra de todo lo que era espiritual". Algunos minutos antes de que el sheriff lo viniera a buscar a su celda para conducirlo al lugar de la ejecución, el médico del distrito, el doctor Podestá, pidió con insistencia al detenido que por lo menos se arrodillara y rezara un *Padrenuestro*.

Pero el condenado blasfemó y el médico recibió un escupitajo en plena cara. Una vez que Hughs estuvo sujeto a la silla, el sheriff hizo una última tentativa: "Si tienes todavía algo que decir, ¡dilo ahora!". La respuesta fue otro insulto. Pero de repente James se quedó mudo y mi-rando fijamente hacia un rincón de la sala, aterrorizado y con los ojos desorbitados, gritó con una fuerte voz al sheriff: "¡Traigan a un sacerdote!"

La ley del Mississippi, en aquella época, prescribía la presencia de un sacerdote. El padre O'Leary estaba ya presente en la habitación, oculto detrás de algunos periodistas. En efecto, James Hughs había amenazado con lanzar un torrente de blasfemias si veía a un "cura" cerca de él. El Padre O'Leary se aproximó al condenado quien le dijo: "Soy católico, pero a los dieciocho años me alejé de la Iglesia, viviendo de manera inmoral".

En aquel momento, todo el mundo salió del recinto, salvo el sacerdote y el prisionero. James Hughs se confesó como un niño, con un profundo arrepentimiento. Terminada la confesión, el sheriff volvió a la sala con su gente y preguntó con curiosidad: "Padre, ¿qué provocó este cambio en Hughs?" "No sé, respondió el padre O'Leary, no se lo he preguntado" "¡Si no lo averiguo no podré pegar un ojo en toda la noche!, dijo el sheriff". Y dirigiéndose al condenado le preguntó: "¿Qué te hizo cambiar de parecer?".

Un James totalmente transformado le contestó: "¿Se acuerdan de Claudio Newman que me era tan antipático? Pues bien, ¡él estaba aquí, en aquel rincón! ¡Lo vi! Y detrás de él, con las manos apoyadas sobre sus hombros, estaba la Virgen María. Entonces Claudio me dijo: 'He ofrecido mi muerte en unión con la de Cristo crucificado por tu salvación. La Santísima Virgen obtuvo para ti la gracia de que pudieras ver el lugar del Infierno que te está destinado, si no te arrepientes'. En ese momento fue cuando grité que quería hablar con un sacerdote".

Poco después, James Hughs fue ejecutado; ¡se convirtió en el último instante[109]!

Aún hoy en día María nos dice:

"Queridos hijos, estoy con ustedes". *"Si supieran cuánto los amo, llorarían de alegría"* (Mensaje del 18-3-2009)

Medjugorje, el 31 de mayo de 2014 en la fiesta de la Visitación.

---

[109] Ver la revista "Le Triomphe du Coeur", noviembre y diciembre 2013, N° 69.

ANEXO 1

¡Algunas recetas aconsejadas para el pan de ayuno!

Algunas personas, después de haber empezado a ayunar según el pedido de María en Medjugorje, cansadas de comer sólo pan, abandonan esta buena práctica. Muchas veces la solución radica en cambiar de pan.

Como es difícil ayunar con un pan poco nutritivo (como lo es el pan blanco común), quienes ayunan deberían comer un pan integral bastante completo para estar suficientemente alimentados en esos días. Lo ideal es preparar pan casero, porque de esta manera uno adecúa la masa según el estado de salud de quien lo comerá. La Virgen María amasaba pan, como lo hacían las madres de familias de los siglos pasados. Santa Hildegarda de Bingen (doctora de la Iglesia) recomienda utilizar harina de espelta[110] porque es un cereal que contiene todos los nutrientes necesarios para el ser humano y, además, actúa regulando el sistema digestivo, fluidificando la sangre y regulando su PH, de manera que a medida que nos alimenta también nos sana.

He aquí algunas ideas de recetas.

---

[110] Ya se consigue harina de espelta en Argentina. Generalmente la venden en las ferias itinerantes de productos orgánicos. Para averiguar ubicación y días de venta comunicarse con MAPO – www.mapo.org.ar o www.facebook.com/org.mapo

A. – La receta de *Marie-Line*

Para 650 grs. de harina de espelta integral:

En un bol pequeño colocar una cucharada de harina, 5 mg de levadura seca, 80 ml de agua a 37° centígrados y 5 mg de azúcar. Dejar reposar unos 10 minutos.

En un bol grande disponer 350 ml de agua tibia, una cucharita y media de sal fina, 20 ml de aceite de coco licuado o de aceite de oliva y el contenido del pequeño bol. Mezclar e ir incorporando gradualmente la harina, haciendo movimientos envolventes para que la masa resultante se airee.

Cubrir con un paño húmedo y dejar reposar 60 minutos en un lugar a una temperatura entre 25° y 30°.

Quitar el paño, golpear la masa y dejarla reposar 30 minutos más con el paño húmedo a una temperatura de alrededor 28° para que leve.

Engrasar un molde con aceite.

Retirar el paño y formar el pan con un poco de harina sobre una superficie plana.

Dejarlo nuevamente levar unos 20 minutos en un lugar bastante caliente.

Colocarlo en un molde o sobre una asadera en el centro del horno a 175°C (350°F) cocinarlo durante 50 minutos.

Nota 1: Para levarla, muchos ponen la masa en el horno a baja temperatura pensando que de esta forma el proceso será más rápido. Esto un error porque resulta demasiado caliente y el pan se apelmaza. El levado debe ser lento, a temperatura ambiente. Colocar el bollo en el horno con sólo su luz encendida es una buena técnica.

Nota 2: Existen máquinas para hacer pan (en algunos países a precio económico) en 2 ó 3 horas según los distintos modelos. Basta poner en ellas los ingredientes indicados y el pan sale listo para ser consumido. Esto permite a quienes ayunan poder elegir su harina y obtener un "pan casero" sin mucha pérdida de tiempo.

B. – La receta de *Sor Sarah*

Ingredientes:
1 kg. de harina integral de espelta.
40 gr. aprox. de levadura de panadería (si no es instantánea, hacerla levar agregando un poco de agua tibia con azúcar).
1 cucharadita y media de sal fina,
2 cucharas soperas de aceite de girasol u otro.

Preparación:
Amasar la harina con la levadura, la sal y el aceite, agregando poco a poco una cantidad suficiente de agua para formar una masa que se desprenda bien de las manos.
Dejarla levar cerca de una fuente de calor.
Ponerla en moldes (3 moldes para un kilo).
Poner nuevamente a levar.
Introducir en el horno termostato 5, durante 25 a 30 minutos y vigilar.

C. – La receta de galletas de centeno

Ingredientes:
– 1 kg. de harina blanca de espelta.
– 1 kg. de harina integral de centeno.
– 15 ml de aceite vegetal.
– 1 1t. de agua.
– una pizca de bicarbonato.
– una pizca de sal.
– una cucharita de café de azúcar.
– 1 sobre de levadura seca.

Preparación:
Mezclar la levadura, una cuchara de harina y una cucharita de café de azúcar y agregar medio litro de agua tibia y dejar reposar durante aproximadamente 10 minutos.
Mezclar los demás ingredientes y agregar la mezcla con la levadura y el medio litro restante de agua.
Amasar hasta obtener una bola de masa compacta y lisa.
Dividir en 20-25 pedazos y hacer bolitas.

Tapar con un paño húmedo y poner en el refrigerador. (Puede guardarse 2 ó 3 días).

Antes de hornear, extender las bolitas de masa en forma de pizza miniatura y colocarlas en el horno a temperatura máxima.

Servir las galletas en cuanto estén cocidas pues pierden gusto y calidad al enfriarse.

D. – La receta de *Flavia:* galletas de pan sin levadura.

(estilo *Chapatis* de la India o *Matza* de la Pascua Judía)

Ingredientes:
– 200 grs. de harina integral de espelta
– 50 grs. de harina blanca tipo 000 (si es posible también de espelta)
– 500 ml de agua
– ½ cucharita de café de sal.
– 2 cucharas soperas de aceite de oliva.
– 15 almendras o nueces molidas.
– 2 cucharas soperas de pasas de uva.

Preparación:
Estas galletas pueden cocinarse tanto en una sartén de teflón como en el horno en una fuente engrasada.

Remojar las pasas de uva en agua muy caliente durante más o menos 15 minutos.

Mezclar todos los ingredientes en una fuente. La mezcla debe estar bien mojada.

Calentar ligeramente la sartén o precalentar el horno a 200 grados.

Esparcir la mezcla con las manos o una cuchara de modo uniforme por el fondo del recipiente elegido.

Si se elige la sartén, habrá que cocinar la galleta a fuego moderado dándola vuelta para que se dore de ambos lados.

Si se la cocina al horno, colocarla sobre la parrilla superior durante 15 minutos.

Luego volver a colocarla sobre la parrilla de abajo durante otros 15 minutos.

Cuando esté firme al palparla y que los lados están crujientes y se separan de los bordes de la fuente, la galleta está lista.

Dejar enfriar y servir inmediatamente.

E. – La receta de *Mira Vasilj,* de Medjugorje

Ingredientes
– 1 kilo de harina blanca (mejor si es de espelta).
– ¾ de litro de agua tibia.
– 1 cucharada sopera de levadura fresca.
– 2 cucharadas soperas de aceite.
– 1 cucharada sopera al ras de sal.

Preparación:
Diluir la levadura en un poco de agua.
Mezclar la harina con la sal, el aceite y el agua sobrante.
Agregarle la mezcla de levadura y amasar.
Cubrir con un paño y dejar reposar durante 1 hora por lo menos, hasta
     que la masa haya duplicado su volumen.
Cortar la masa con un cuchillo.
Colocar en una fuente o molde engrasado con aceite.
Hornear a 250° por 20 minutos; o a 160° durante 40 minutos.

Desde los primeros meses de las apariciones, la Virgen ha recomendado a todos que se retome el uso del agua bendita. En la aldea de Medjugorje, existía ya una fuerte tradición en las familias católicas: todos los sábados, las madres de familia daban la vuelta a la casa y a la propiedad rezando, mientras echaban agua bendita y sal exorcizada. Sería bueno adoptar en todas partes esta costumbre, pues se trata de "sacramentales", muy poderosos para la protección de las personas, de las casas, campos, lugares de trabajo, etc. Muchos se preguntan cómo protegerse de las influencias espirituales nefastas, ¡he aquí un medio sencillo y eficaz! Esas bendiciones de los sacramentales han de ser hechas por un sacerdote o un diácono; **un simple laico no las puede hacer en su lugar**.

En los libros de piedad y en Internet podemos encontrar los ritos de bendiciones y de exorcismo ofrecidos por la Iglesia en la actualidad. Ponemos aquí las fórmulas anteriores al Concilio Vaticano II, más difíciles de encontrar. Después de una misa u otra ceremonia se puede llevar estas fórmulas a un sacerdote para que bendiga el agua y la sal.

Rito de bendición y de exorcismo para la sal y para el agua[111]

1. Exorcismo de la sal:
Te exorcizo, criatura sal, por el Dios + vivo, por el Dios + verdadero, por el Dios + santo, por el Dios que ordenó, por intermedio del profeta Eliseo, que fueras puesta en el agua para sanar su esterilidad, para que te conviertas como sal exorcizada en salud para los creyentes, para que seas salud del alma y del cuerpo para todos aquellos que te consuman; para que huya y se aparte del lugar donde seas puesta toda maldad, toda acción del demonio, todo espíritu inmundo, conjurado por este Señor

---

[111] En el sitio http://padrefabian.blogspot.com.ar/2011/06/bendicion-del-agua-para-ser-usada-solo.html encontrarán la fórmula completa del Ritual Romano antiguo, TitIX,C.II)

que ha de venir a juzgar a los vivos y a los muertos y al siglo por el fuego. Amén.

Oremos:

Imploramos humildemente tu inmensa clemencia, omnipotente y eterno Dios para que te dignes con tu piedad bendecir + y santificar + a esta criatura sal que Tú creaste para uso del género humano, a fin de que se convierta en salud de alma y cuerpo para todos los que la consuman y para que todo aquello que sea tocado por esta sal carezca de toda inmundicia y de toda impregnación del espíritu del mal. Por Jesucristo Nuestro Señor. Amén.

Exorcismo del agua:

Te exorcizo, criatura agua, en el nombre de Dios + Padre omnipotente, y en el nombre de Jesucristo + su Hijo, nuestro Señor, y con el poder del Espíritu + Santo para que seas agua exorcizada, para ahuyentar toda fuerza del Enemigo y para que puedas erradicar y arrancar al mismo Enemigo, con sus ángeles apóstatas, por virtud del mismo Jesucristo nuestro Señor, que ha de venir a juzgar a los vivos y a los muertos y a este siglo por el fuego. Amén.

Oremos:

Oh Dios, sé propicio a nuestras súplicas e infunde la fuerza de tu bendición + a esta agua que hemos preparado con estas purificaciones, para que ésta tu creatura sirva para alejar a los demonios, sanar las enfermedades; para que al ser derramada sobre las casas y los hogares de los fieles, éstos queden libres de toda inmundicia y de todo mal, que no resida allí un espíritu pestilente, se alejen todas las insidias del Enemigo y, si hay algo que perjudique a los que habiten en ella o a su tranquilidad, por la aspersión de esta agua huyan, para que la salud que te pedimos por invocación de tu Nombre quede defendida de toda impugnación del Maligno, por Jesucristo nuestro Señor. Amén.

"Les digo esto para que encuentren la paz en mí. En el mundo tendrán que sufrir, pero tengan valor: yo he vencido al mundo" (Jn 16, 33).

Material para seguir profundizando los temas de este libro:

En español:
Florida Center for Peace - info@fcpeace.com - www.fcpeace.com
(ir luego a Tienda/Medjugorje)

En francés:
Maria Multimedia, Tel (33) 2 99 09 92 10 - Fax (33) 2 99 09 92 29
www.mariamultimedia.com - Mucho del material puede ser bajado
directamente por Internet adquiriéndolo en el sitio católico:
www.exultet.net

En inglés:
Children of Medjugorje inc USA - www.sremmanuel.org

Información de interés sobre Medjugorje
¿Cómo conocer el mensaje del 25?
En español: www.centromedjugorje.org
Distintos idiomas: www.medjugorje.hr

Para suscribirse al **Boletín de Sor Emmanuel**
y recibirlo por mail: gisele.riverti@gmail.com

<h1 style="text-align:center">OTRAS OBRAS DE LA AUTORA</h1>

Argentina:
Editorial Paulinas - Larrea 44/50
Ciudad Autónoma de Buenos Aires - Tel/fax (54 11) 4952-5924
editorial@paulinas.org.ar - www.paulinas.org.ar
– *Medjugorje, el triunfo del corazón*
– *El Niño escondido de Medjugorje*
– *La Paz tendrá la última palabra*
– *Fátima explicada a los niños,*
  ¡Ayuden a que triunfe mi Corazón!

Editorial San Benito – Gradifco s.r.l. – Viamonte 2632 – Caseros – (1678)
  Buenos Aires, Tel (54 11) 4750-5688 – editorial@gradifco.com.ar –
  www.gradifco.com.ar
Alba Impresores s.r.l. – Av. Amancio Alcorta 3910 – Ciudad Autónoma
  de Buenos Aires – Tel (54 11) 4562-4100 – albaimpresores@gmail.com
– *El sorprendente secreto del Purgatorio*
– *El poder desconocido del ayuno:*
  curación - liberación - alegría.
– *Mariam de Belén, "la Pequeña Árabe"*

Editorial Mater – editorialmater@hotmail.com – Tel: (54911) 66921607
– *Escandalosa misericordia: cuando Dios excede todo límite*

España:
ADADP, c/Alicante 3, 08195 Sant Cugat del Vallès (Barcelona)
Tel (34) 629 792 849 - (34) 609 283 706 - afpersona@gmail.com -
www.hijosdemedjugorje.com

– *Medjugorje, el triunfo del corazón*
– *El Niño escondido de Medjugorje*
– *¡Niños, Ayudad a mi Corazón a vencer!!*
– *La extrema misericordia: ¡No Judas, no es demasiado tarde!*
– *El maravilloso secreto de las almas del Purgatorio*
– *Mariam de Belén, "La pequeña árabe"*
– *Contemplación de los misterios del Rosario*

– Los misterios de la compasión y de la misericordia
– Familia, no te dejes destruir
– La bonita historia de Medjugorje contada
a los niños de 7 a 97 años
– La Paz tendrá la última palabra
– El poder desconocido del ayuno:
curación - liberación - alegría
– Escandalosa Misericordia:
cuando el Señor rompe moldes

En otros países de habla hispana:

Chile: Foyer de Caridad Nuestra Señora del Carmen,
Casilla 15, Tomé, VIII Región
Tel (56) 41 265 1332 - Fax (56) 42 265 1127, foyertome@gmail.com -
www.foyerdecaridad.cl

Ecuador: Fundación Jesús de la Misericordia,
P.O. Box 6252 CCI, Quito,
Tel (593) 2 226 4519- Fax (593) 2 256 1445
info@fundacionjesusdelamisericordia.com

Estados Unidos: Florida Center for Peace,
Miami 9779 SW St, Miami, Fl 33173
Tel (1) 305 412 1700, Fax (1) 305 412-1777,
info@fcpeace.com - www.fcpeace.com

México: Dulce María Landa - Tel (52) 33 31 223 223,
dulcelanda@hotmail.com

Perú: Librería Magnificat - Tel (51) 1448 1789,
lilypesa@hotmail.com

El poder desconocido del ayuno:
curación - liberación - alegría

"Leí su libro del principio al fin. Sus palabras me cautivaron y me convencieron sobre la importancia del ayuno. Ya conocía sus beneficios, pero no era consciente de todos sus atributos, que usted explica tan bien. Sabemos que Nuestra Señora en Medjugore insiste mucho en la importancia del mismo, pero evitamos llevar algo a la práctica cuando implica un sacrificio de parte nuestra. Las razones y los ejemplos presentados en este libro muestran muy claramente el motivo por el cual la Santísima Virgen insiste reiteradamente con algo tan valioso para el alma y el cuerpo, para el apostolado en la Tierra, y para llevar alivio a las almas del Purgatorio. Le agradezco por ilustrarnos sobre tan importante práctica, muy frecuentemente mencionada en la Sagrada Escritura. La parte final de su obra, con los testimonios de los santos, convencerá hasta al lector más reticente. Para quien lo lea, este libro será un verdadero descubrimiento del ayuno".

Don Gabriele Amorth

Editorial San Benito, Argentina
www.gradifco.com.ar
albaimpresores@gmail.com

Hijos de Medjugorje, España
www.hijosdemedjugorje.com

Mariam de Belén,
la Pequeña Árabe

¿Quién es la Pequeña Árabe? Mariam Baouardy nació en Galilea de una familia pobre y muy creyente. Su vida es una sucesión de manifestaciones sobrenaturales dignas de una Catalina de Siena o de una Teresa de Avila, desde los estigmas hasta los combates singulares contra Satanás. Nos enseña a vencerlo con las armas apropiadas, algo sumamente valioso hoy en un día, ya que estamos todos en un verdadero campo de batalla. Fue canonizada en Roma el 17 de mayo de 2015. Es difícil descubrir a Mariam sin enamorarse de ella, sin desear llegar a ser santo viviendo sus enseñanzas. Éste es un librito verdaderamente imperdible.

www.gradifco.com.ar
albaimpresores@gmail.com

Hijos de Medjugorje, España
www.hijosdemedjugorje.com

El Niño escondido de Medjugorje

"La lectura de *Medjugorje, el triunfo del corazón,* me dejó tan deslumbrado y tan profundamente impresionado que me empujó a ir a Medjugorje. Tenía que ver con mis propios ojos las maravillas espirituales que se contaban en el libro. Ahora, con *El Niño escondido,* el rescoldo de amor hacia María recibe un nuevo aire fresco, un viento de Pentecostés. ¡Sor Emmanuel es realmente uno de los mejores ecos de María! ¡Enhorabuena por este testimonio maravilloso! No me sorprendería que la misma Gospa se convirtiera en su más ávida lectora".

Mons. Denis Croteau, OMI

"Algunos libros están tan llenos de riquezas y tan bien escritos, que esconden perlas únicas. El libro de sor Emmanuel es uno de ellos; contiene las más bellas perlas con las que enriquece al lector. A través de sus narraciones y anécdotas, éste disfruta al conocer a gente de gran valía, a la vez que aprende de las distintas vivencias narradas. Este libro te ayudará a conocer más profundamente un camino aún muy poco transitado: el camino de la Reina de la Paz".

Padre Jozo Zovko, ofm

"¡Qué increíble fuerza narrativa la de sor Emmanuel! Con su extraordinario don de saber contar al mundo los maravillosos frutos del amor divino, consigue con ésta, su nueva obra, colmar al lector de una sorprendente alegría, enorme paz y dulce esperanza. ¡Ningún regalo podría venir mejor al corazón herido del hombre de hoy! Empiezo a sospechar que tiene enchufe en el Cielo, y que son los mismos ángeles los que le susurran cada capítulo al oído…".

María Vallejo-Nágera

Ediciones Paulinas, Argentina
www.paulinas.org.ar

Hijos de Medjugorje – España
www.hijosdemedjugorje.com

Medjugorje, el triunfo del corazón

Con los años este libro se ha convertido en un clásico. No solamente inspira a los peregrinos a profundizar en las propias experiencias, sino que también Sor Emmanuel nos ofrece ecos de Medjugorje y de los acontecimientos que se produjeron en aquella aldea desde el inicio de las apariciones en 1981. Comparte algunos de los testimonios personales de los pobladores, de los videntes, y de los peregrinos que acuden de a miles recibiendo grandes sanaciones. Ha sido traducido en 27 idiomas. Estas 89 historias ofrecen un pantallazo de los milagros del amor maternal de María.

Ediciones Paulinas, Argentina
www.paulinas.org.ar

Hijos de Medjugorje – España
www.hijosdemedjugorje.com

El sorprendente secreto del Purgatorio

No es frecuente que un libro toque profundamente el alma, como sucede en este caso. María Simma, fallecida en marzo del 2004 vivió humildemente en las montañas de Austria. Cuando tenía 25 años, le fue concedido el muy especial carisma de ser visitada por las almas del Purgatorio y poder comunicarse con ellas. María comparte, con sus propias palabras, algunos de los increíbes secretos de las almas en el Purgatorio. Contesta a muchas preguntas como: ¿qué es el Purgatorio?, ¿cómo llegan las almas allí?, ¿quién decide si un alma va al Purgatorio?, ¿cómo podemos ayudar a las almas a liberarse del Purgatorio?

Editorial San Benito, Argentina
www.gradifco.com.ar
albaimpresores@gmail.com

Hijos de Medjugorje, España
www.hijosdemedjugorje.com

Fátima explicada a los niños, ¡ayuden a que triunfe mi corazón!

Cuando la Madre Teresa de Calcuta conoció este libro, se conmovió tanto que envió la siguiente carta a los niños que ayudarían a la Virgen:
"Queridos niños: ¡Mantengan en sus corazones la alegría de amar a Jesús y compártanla con todos! La Virgen María es nuestra madre. Conságrense a su Corazón Inmaculado para crecer en santidad. Oren siempre juntos en familia y ámense los unos a los otros como Dios los ama a cada uno de ustedes. ¡Que Dios los bendiga!"

Ediciones Paulinas, Argentina
www.paulinas.org.ar

¡Niños, ayudad a mi corazón a vencer!
Hijos de Medjugorje – España
www.hijosdemedjugorje.com

Escandalosa Misericordia
cuando el Señor excede todo límite

¿Escandalosa, por qué? Descubriremos a lo largo de estas páginas aspectos inexplorados del corazón de Dios que nos dejarán boquiabiertos, pudiendo rayar con la locura: ¡la locura del Amor! La veremos en acción de una manera muy viva y personal, logrando verdaderas resurrecciones allí donde todo parecía perdido.

Encontraremos en este libro una magnífica selección de testimonios que nos harán llorar, reír y vibrar; y cuyo común denominador será el de maravillarnos. A medida que nos vayamos sumergiendo en las distintas realidades, estas 46 extraordinarias historias cautivarán nuestra atención y estimularán nuestra fe. Ellas nos darán claves para alimentar nuestra esperanza en medio de las vicisitudes de la época actual.

Veremos a una Madre Teresa, a una Mariam de Belén, a un criminal nazi, a un abortista de alto vuelo, a un traficante brasileño, a una suegra furiosa... y en medio de todos ellos, a nuestro Dios que nos aguarda con infinito amor.

Con la Misericordia corremos un solo peligro: ¡el de no acogernos a ella!

Editorial Mater
editorialmater@hotmail.com
Tel: (54911) 66921607
Buenos Aires, Argentina.

La bonita historia de Medjugorje
contada a los niños de 7 a 97

En este libro compartirás las experiencias de seis jóvenes elegidos por el Cielo, su *shock* ante la "hermosa Señora" que se les apareció de improviso en 1981 y su vida muy sencilla. Verás como Vicka y Jakov nos abren los ojos sobre las realidades del Más Allá, a raíz del viaje más conmovedor de su vida cuando la Sma. Virgen los llevó consigo a visitar el Cielo, el Purgatorio y el Infierno. Comprobarás su valentía bajo la persecución del régimen comunista. Descubrirás con alegría los mensajes de una Madre que sólo piensa en ayudarnos y que nos ama mucho a cada uno, -a ti y a mí- de una manera muy especial. Te enterarás de las sanaciones de cuerpos y almas que suceden allí, al igual que en Lourdes. Es una historia de aventuras, pero es real y está ocurriendo ahora mismo.

Sor Emmanuel Maillard

www.hijosdemedjugorje.com
España

ACERCA DE LA AUTORA

Sor Emmanuel Maillard nació en Francia en 1947. Estudió teología con el Cardenal Daniélou y en 1971 obtuvo una licenciatura en literatura e historia del arte en la Universidad de la Sorbonne. En 1973 tuvo una fuerte experiencia del amor de Jesús, y en respuesta consagró su vida a Dios. Fue uno de los primeros miembros de la Comunidad de las Bienaventuranzas en Francia en 1976 y sigue siendo hoy en día un pilar en esa Comunidad. Después de varios años en Israel, en 1989 Sor Emmanuel sintió el llamado de ir a Medjugorje. Fue enviada allí por su superior para fundar una casa de la Comunidad y servir a la Virgen María de distintas maneras. Desde 1992 viaja por el mundo evangelizando y llevando esperanza en el curso de sus misiones. Sus libros han sido traducidos en varios idiomas y tocan los corazones de los lectores por doquier, transformándose rápidamente en best sellers. Sus charlas y testimonios han sido publicados en CDs, shows televisivos,Internet y otros medios de comunicación.

Para recibir el Boletin mensual de Sor Emmanuel, por favor envíanos tu dirección e-mail:
En español *gisele.riverti@gmail.com*
En francés *gospa.fr@gmail.com*
En inglés y en alemán *commentscom@childrenofmedjugorje.com*
En italiano *vannalvisepg@gmail.com*
En flamenco *gclaes@scarlet.be*
En croata *djeca.medjugorja@gmail.com*
En árabe *friendsofmary@live.com*
En portugués *medjugorje.portugal@gmail.com*
En chino *teresamedj@gmail.com*